本书受到国家自然科学基金面上项目（72074126）、中央高校基本科研业务费专项资金（ZB22000101）资助。

旅游特殊性

——熵减·需求漂移·行为异化

李春晓　李琳　著

TOURISM

中国社会科学出版社

图书在版编目（CIP）数据

旅游特殊性：熵减·需求漂移·行为异化 / 李春晓，李琳著 . —北京：
中国社会科学出版社，2023.7（2025.7 重印）
ISBN 978 – 7 – 5227 – 1989 – 4

Ⅰ. ①旅…　Ⅱ. ①李…②李…　Ⅲ. ①旅游学—研究　Ⅳ. ①F590

中国国家版本馆 CIP 数据核字（2023）第 097268 号

出 版 人	季为民
责任编辑	党旺旺
责任校对	杨　林
责任印制	张雪娇

出　　版	中国社会科学出版社
社　　址	北京鼓楼西大街甲 158 号
邮　　编	100720
网　　址	http://www.csspw.cn
发 行 部	010 – 84083685
门 市 部	010 – 84029450
经　　销	新华书店及其他书店

印　　刷	北京明恒达印务有限公司
装　　订	廊坊市广阳区广增装订厂
版　　次	2023 年 7 月第 1 版
印　　次	2025 年 7 月第 2 次印刷

开　　本	710 × 1000　1/16
印　　张	18.25
字　　数	282 千字
定　　价	98.00 元

序　一

　　旅游管理自 20 世纪 80 年代入列中国高等教育学科目录，其学科发展迄今已走过 40 年的历程。其间，对旅游现象和旅游产业的研究吸引了来自不同传统学科众多学者的积极参与。这些来自不同学科视角的观察固然有很多值得吸收和借鉴之处，但难免也给旅游学研究对象的规范以及学科基础理论体系的构建带来了某些混淆。如同其他成熟的传统学科一样，旅游学的形成和立足终究需要有其体系完整的基础理论。旅游学科的学术进步，不仅需要明确自身的独特性和研究任务，而且有必要发展自己独立的研究范式和知识体系。在百年未有之大变局的当今背景下，旅游管理作为指导旅游业医治新冠疫情带来的创伤、提升国民幸福指数的重要学科，迫切需要有新的理论血液，以分析、预测、谋划和指导我国旅游业的发展实践。

　　近些年来，南开大学李春晓博士和她的研究团队一直致力于旅游特殊性与相关基础理论的研究。我很高兴地看到，他们新近完成的大作从旅游需求的特殊性、旅游消费环境的特殊性、旅游消费行为的特殊性以及旅游研究思维的特殊性等四个方面系统地梳理和阐释了旅游学科独立存在的必要性，并基于从旅游"第二人生"中寻求"熵减"这一深层次视角，探讨和归纳了旅游非惯常环境属性所带来的旅游者"需求漂移"及"行为异化"规律。这些研究发现和相关结论的得出不仅拓展了营销学理论的边界，也推进了旅游基础理论研究的新深化发展。

李天元[*]

2023 年 2 月

---

　　[*] 李天元，南开大学旅游与服务学院教授，南开大学旅游教育奠基人，《旅游学概论》作者。

序　二

　　旅游学科自建立以来长期面临理论构建的困境，难与关联学科进行平等的知识互换。作为我国最早开办旅游本科专业的重点高校，素有中国旅游教育"黄埔军校"之称的南开大学，积极依托服务于国家战略需求推进旅游学科建设。南开大学自设立旅游学系以来，一直致力于推进扎根祖国大地实践的旅游基础理论探索。

　　在以旅游学科支撑中国式现代化建设的背景下，以我院百名青年学科带头人培养计划入选者李春晓老师为代表的科研团队，致力于推进旅游特殊性与基础理论的构建研究，回应"旅游消费之所以区别于其他消费行为""旅游学科之所以区别于其他学科"等关键学科发展问题。同时，扎根于祖国大地的前沿学术理论转化为"知中国，服务中国"的特色行业实践，为以推动旅游产业发展提升国民幸福感，助力高质量开展中国式现代化建设而不断努力。该著作专注于从"熵减"视角，探索旅游非惯常环境下旅游者从需求结构到生活行为模式的系统性改变规律这一主题，主要探索旅游非惯常环境特殊性及其对消费行为的影响、旅游目的地决策特殊性及其对消费偏好的影响、数智时代旅游需求特殊性及供给侧结构性改革策略等重要内容，为构建旅游学科基础理论体系、拓展当前营销学理论边界做出积极探索。

　　在现实的旅游活动中存在着许多与日常消费习惯和行为有明显区别的有趣而特殊的消费行为，比如：为什么人们在家里节省，在旅游时大方（穷家富路）？为什么某些平时不会做的冲动恣纵行为在旅游时被合理化（裸辞旅游、圣地巡礼、品尝怪味火锅）？为什么旅游者的行为忠诚那么难获得（即使满意，下次旅行也会倾向新的目的地）？旅游产业具有极强的综合性，旅游消费体验涉及日常消费环节的多个方面，每个环节对消费者而言都是一次"概不退换"的决策。因此，旅游目的地的决策与日常消费品决策有哪些不同？旅游者决策为什么呈现出"喜新厌旧的花心、货比三家的慎重、瞻前顾后的犹豫"等看似难以捉摸的行为表现？这些问题都能在本书中得到答案。

对以上这些有趣的现象进行理论探讨和反思研究是一种积极的探索，要获得令人满意和接受的结果也许困难重重，但我坚信李春晓老师及其科研团队一定会不畏艰险持续探索下去，为旅游学科健康成长做出百青带头人应有的贡献。说到这里我已迫不及待地想早日阅读纸质版的大作，那将是一种惬意的享受！我相信各位读者一定和我一样期盼该书早日面世！

徐虹[*]

2023 年 3 月

---

[*] 徐虹，南开大学旅游与服务学院教授，院长。

序　三

2003 年秋，我在美国德州 A&M 大学游憩、公园和旅游科学系开始了博士学习。和大部分旅游专业的博士生一样，在最初一阵子苦读文献后，我发出了灵魂三问：旅游是什么？旅游研究该有怎样的学科地位？我该研究什么？这三个问题的答案其实都根植于一点：旅游现象究竟有何特殊性？某日，听到系里的资深教授 John Crompton 在课上指出：旅游并不存在，旅游不过是在路上的游憩。旅游领域的泰山北斗居然如是说，一瞬间我的世界坍塌了。为了拯救我的世界，两年后博士论文选题伊始，我热血沸腾地打算专攻旅游的特殊性。在一番文献梳理和研究设计后，我默默地改换了方向：不是不想做，真的太难了。

2021 年初冬某日，李春晓老师打电话给我，提到她和她的博士生李琳在写一本关于旅游特殊性的书。长久困扰我的硬骨头难题有人要啃，我的惊讶、好奇自不必说。几番催更之后，不久前我收到了她们的文稿。一口气读完，畅快淋漓之外更是钦佩叹服。掩卷细思，简述二三感想。

一　为什么要研究旅游特殊性？

自其诞生起，旅游研究的多学科属性就成了一把双刃剑。融合多学科意味着我们可以从广袤的科学疆域中吸取养分，但驳杂不明的学科身份也给我们的教学、科研、审稿乃至招聘升职等实践带来了困扰。单就论文而言，最方便的做法是将旅游作为一种情境或场景，将各大主流学科的理论或方法复制、粘贴到目的地、酒店、餐饮等旅游相关情境中。这样的拿来主义能否称之为旅游研究，是否会做出有价值的理论贡献值得商榷。《市场营销杂志》前主编 David Stewart 言犹在耳："场景很难成为发表论文的充分理由……仅仅因为某种现象在某个特定场景（例如，特定的行业或国家）尚未被研究，算不上开展一项研究的好理由……基于场景的研究需要证明场景出于某些重要原因具有重要意义，进而展示这些原因导致了预取差异的存在。这是一个相当高的门槛"。

每个理论都有其适用的情境边界，研究旅游特殊性就是为了划定旅游领域的边界，明晰其性质特点，乃至将旅游从面目模糊的研究背景升华为有意义的研究现象。对于以旅游现象为主要对象的研究，我们需要了解旅游现象的特殊性以确知外来理论的适用性和发展本领域自有理论的可行性；对于以旅游为情境的主流学科研究，我们需要了解旅游情境的特殊性以揭示 Stewart 所指的"重要原因"。可以说，厘清旅游的特殊性关乎旅游研究的价值，旅游与其他学科领域的关系界定，乃至旅游领域存续的合理性。兹事体大！

二 本书有何特点？

本书视野宏阔、立论新颖、有理有据、自成体系，是近期难得的旅游基础理论佳作。首先，作者秉持开放心态，兼顾中西文献，除了旅游本领域的资料外，营销、管理、心理学、社会学、人类学乃至生物、物理等学科论著均有涉猎。他们的功底扎实，思维活跃，对旅游动机、旅游决策等经典话题，不盲从传统理论，亦不标新立异，以各学科较为前沿的理念、成果为基础，融会贯通后推出自己独特的观点，所提出的第二人生、熵减、元需求、需求漂移等概念新颖且有说服力，每每让人有耳目一新之感。

第二，本书在探讨理论话题的同时，融合了作者这些年来发表的多篇论文作为实证研究案例。研究广泛使用了多种定量、质性研究方法，视角独特，推理严谨，结论更是有理有据有趣。在美国的研究型高校中，评价教授工作的一个核心标准就是是否在特定领域中形成了所谓连贯的、自成体系的研究叙述。李春晓老师自 2013 年底博士毕业至今，十年不到，已在国内外知名顶刊上发表了一系列的精彩论文。最难得的是，当她将这些研究个案串联起来，以旅游特殊性为主线来加以统合，隐隐已形成了一整套较为完整的研究体系和有其个人风格的研究思想。

这样兼具广度、深度的研究叙述实在难得。

最后，作为一部基础理论著作，文风灵动，文字易晓。作者剖析较为艰深的话题时如庖丁解牛，游刃有余，抽丝剥茧，鞭辟入里，使得本书既有深度又不失可读性。从论文选题和案例选择可以看出作者的活力、敏锐和学术想象力。从这个意义上说，这本书不单单是一本学术专著，更可以启发学生、青年学者以及有志于深度思考的从业者们以全新视角看待旅游现象，探索旅游业的未来发展方向。

三　前路何在?

本书出版时，全球旅游业正从疫情中迅速恢复，但也正面临着全球变暖、经济衰退、地缘政治纷争等诸多挑战。后疫情时代的居家办公潮、劳动力短缺、科技发展、服务创新，旅游行业吸引力降低等因素正在悄然改变旅游业的供需关系和旅游者的消费习惯，也在改变着旅游高等教育与科研的格局和走向。回顾过去，（中国）旅游研究伴随过往几十年的旅游业发展，经历了营销导向、服务导向和规划导向等多次转向。某种程度上，我们的研究一直滞后于、而非引领行业发展。这一现状呼唤旅游研究者们深入挖掘现象的本质，更多关注旅游基础理论研究。《旅游特殊性》一书正是作者在旅游基础理论领域多年耕耘的结晶。德不孤必有邻，旅游基础理论探索的道路虽然曲折但必不孤独，谢谢李春晓老师和李琳带给各位在旅游基础理论研究道路上砥砺前行者的信心，也帮我重拾博士论文时的梦。

是为序[*]。

李想[**]

2023 年 3 月 31 日于美国费城

---

[*] 谢谢陈钢华（中山大学）、贺泽亚（山东大学）、王媛（华东师范大学）三位老师对本文的反馈意见。

[**] 李想，美国天普大学旅游与酒店管理系教授，美—亚旅游酒店研究中心主任，Arthur F. McGonigle 高级研究员。

目　　录

第一篇　旅游需求的特殊性

第二篇　旅游消费环境特征及影响

第四篇 旅游思维及其应用

第一篇
旅游需求的特殊性

第一章

宏观审察研究方法

第一章　旅游与旅游者

　　社会现象是一个万花筒，当我们在这个万花筒里探索旅游现象的奥秘时，会感受到旅游现象是具有其特殊之处的。旅游是一个十分复杂的社会现象，是万花筒里的万花筒，它千变万化，使人莫知深浅①。

　　关于旅游现象的起源目前众说纷纭，早期具有代表性的说法有：人类行迹开始说、原始探险说、贸易起源说、祭祀说、宴飨说、质疑反抗说、休闲说、商品经济条件说、"古代休闲行为和审美意识"说等②。总的来看，以上假说暗含了旅游的必备条件——异地性，即旅游是一种空间意义上的移动，是非居住者在旅游目的地与惯常的"家"之间的流动。不同于其他任何一种日常生活的消费体验，旅游体验是包含了"食、住、行、游、购、娱"各方面的一种综合体。其次，从目前关于旅游本体论的多种说法中，如愉悦的休闲体验、非惯常环境的体验、诗意地栖居，不难发现，旅游现象还需要具备一个条件就是停留暂时性，即旅游者主体的流动是短期的、暂时的，最终都要返回惯常的"家"。史密斯将旅游者定义为一群为了体验一种"变化"而自愿离开家去另一个地方游历并因此获得短暂休闲的人③，此"变化"可以被理解为打破惯常生活中（第一人生）原有的平衡、趋向非惯常环境（不一样的第二人生）新的目标，并在新的水平上重获平衡（第一第二人生的融合）。在这样一个过程里，旅游者在自我与他者的世界不断流动，通过

---

① 申葆嘉：《论旅游现象的基础研究》，《旅游学刊》1999 年第 3 期。
② 陈海波：《旅游的起源及相关问题再考》，《旅游学刊》2020 年第 9 期。
③ ［美］纳尔逊·格拉本：《人类学与旅游时代》，赵红梅译，广西师范大学出版社 2009 年版，第 113 页。

凝视和参与非常态的"别人家"的生活，享受和沉浸在不同的人生中（另一种身份状态、另一种生活节奏、另一种需求结构等），从而在某种意义上拓展了自己有限的生命空间，也实现了自我的内在平衡。因此，生命空间延展性和流动与停泊的交织性构成了旅游现象的两大核心特征。

第一节　旅游现象特殊性

一　生命空间延展性

（一）生命意义的循环创造

人们生活的大部分时间都在编织各类大小不同、复杂抽象或简单具体不一的意义之网。——Baumeister, R. F. 1991[①]

大众旅游的持续发展，将旅游者的身份拉出"神坛"，旅游不再是可望而不可即的活动，渐趋成为人们日常生活的"必需品"。在学界，大众对旅游的需要被看成是对现代性的突破或妥协，可被总结为追求全面、自由、完整、休闲的人的发展，后者则被认为是一种符号猎奇[②]。但不论哪种观点，都需承认，旅游选择取决于生活的机会和约束[③]。现代性社会为旅游流动的开始创造机会，如经济基础、带薪休假、便利交通、多样化旅游吸引物、多渠道旅游信息。但同时，科技和经济的进步也增加了社会对工作实践质量和数量的需求，提升了对个体价值期待以及整体价值观的水平，这塑造了现代化的"生活方式"——工作、学习、生活都已被按照高效、经济、实用的标准模式化安排。程式化的行为会逐步失去对人的刺激作用，人所感知的生命意义也逐步减少或变得狭窄，但追求新奇被认为是一种遗传倾向，人类都试图保持一颗好奇

---

① Baumeister, R. F. , *Meanings of life*, Guilford Press, 1991.

② 方芳：《从反日常到日常：当代旅游实践的还原和再认识》，《旅游学刊》2022 年第 1 期。

③ Wang, D. , Kirillova, K. , & Lehto, X. , "Tourism mobilities through time in china: A developmental and holistic lens", *Journal of Travel Research*, Vol. 59, No. 6, 2020.

心，并寻求"人为的刺激"，以改变现状，避开混乱与乏味，弥补环境的不足①。人类普遍拥有倒转生活体验的习惯，例如世俗的/乏味的/居家的/向神圣的/不寻常的/旅游的转变，目的就是要寻找生命的体验，体验不同的人生②。

旅游就是满足对不同人生体验的超越性活动，超越固有的身份、超越世俗的枷锁、超越对想象的限制、超越资本和功利的生活，是内在精神世界和外在物质世界的双重超越③。踏上旅程便开启了"第二人生"，旅游者的超越需求得以实现。例如，被996"折磨"的青年人时刻幻想着可以躺平的退休生活，当其来到旅游非惯常环境中，面对阳光、海浪、沙滩和不时响起的消息提示音、DDL，躺平的需求被无限放大，甚至沉浸于海风拂面，忘记吃饭、喝水、与人对话，此时，其超越了工作的枷锁；生态旅游者选择追求先驱性、体验未曾被开发过的极致景色，哪怕基础设施简陋，需要承担的风险高于正常水平，旅游者也欣然挑战生存技能的阈值，其超越了"安稳、中庸"的处世哲学，在有限的生命空间里，短暂地感受到了第二人生中自由、自我掌控、与原生态对话的魅力；一辈子在乡村务农的父母，在城市工作的孩子陪同下进行了城市旅游，感受到了大城市的沉浸式娱乐和餐饮文化，在有限的生命里短暂体验了不一样的人生，拓宽了对世界的想象和认知。旅游，是一种能为人类在有限的时间内带来人生极大丰富的活动。旅游者生命空间的大门被打开，从封闭转为开放，从单一可能转为无数可能，实现了对生命空间的延展，从而增加生活丰富性的可能。但这种转变的体验、这种不同的人生不会是对已有价值观的完全对立，而是结果可逆，过程自主。例如对清贫、孤独、困难、危险的体验都是暂时的，感知到"痛苦"便可自主结束；部分旅游者也只是对简单而平凡的生活方式的暂时回归，回归自然、回归历史，而非对立。基于此，不管旅游动机是为了求

① ［美］纳尔逊·格拉本：《人类学与旅游时代》，赵红梅译，广西师范大学出版社2009年版，第81页。

② 王欣、邹统钎：《非惯常环境下体验的意义》，《旅游学刊》2011年第7期。

③ 朱运海、戴茂堂：《论旅游是合乎人性的生存——对旅游现象的哲学生存论诠释》，《旅游学刊》2014年第11期。

知、自我变革等"宏大叙事"、灵感迸发的临时起意、还是因为情感失利、职场失意的自我激励①，归根结底都是为了找寻新的意义。

旅游者对反向生活的好奇横向拓展了其有限的生命空间，同时也创造了适应惯常环境的机会，延展了惯常环境的意义空间。当旅游者决定一切从简，只带上一个背包选择没有网络的地方进行"失联"旅游时，他可能会享受暂时逃离信息轰炸的压力，也会感受到没有网络的不便捷，甚至要处理一切在出发前不能预知的矛盾、麻烦和不确定，但随着时间的推移，旅游者会不断适应"第二人生"，甚至从不可预测中获得自由感，当回到第一人生时，这种适应力、自由感和对生活的掌控感会让旅游者以全新的心态去感知"信息爆炸"并泰然处之。旅游者不仅在努力寻找一种惯常生活所缺少的意义感，还在努力追求惯常生活中家庭、工作、休闲等的平衡状态。旅游与日常生活的关系不再是割裂的，并非一种生活的开始标志着另一种生活的结束，而是相互促进，以寻求生命整体的平衡。人生处在有意义和无意义感的不断交替循环中，且会伴随着一定的地点转换和时间间隔。当人们发现惯常生活无意义时，便会踏上旅途寻求新的意义感，以获得生活的动力，现代性社会的"稳定"居家生活是通过不断移动的旅游方式获得的②。

（二）生命状态的不断激活

Gibson 的生态知觉理论指出，人能够感知环境中有意义的刺激模式，非惯常环境和惯常环境的差异在一定程度上决定了有意义的刺激模式的差异，其将带来对生存要素的重新感知、对身份状态和社会关系的重新认知、对过去、现在和未来的重新联结，这将为人的发展，生命意义感的找寻带来新的参照和思考③。

旅游重新定义了人类的生存要素。首先，满足人类赖以生存的基本要素具有地理差异性，城市/乡村、沿海/内陆、山地/河谷，不同的地

---

① 张凌云：《旅游：非惯常环境下的特殊体验》，《旅游学刊》2019 年第 9 期。

② ［美］纳尔逊·格拉本：《人类学与旅游时代》，赵红梅译，广西师范大学出版社 2009 年版，第 3 页。

③ 陈海波：《非惯常环境及其体验：旅游核心概念的再探讨》，《旅游学刊》2017 年第 2 期。

理特征也塑造了空间生产和人类感知的差异性，在城市，快节奏的生产生活与流动会带来拥挤感和相对陌生感，在乡村，慢节奏和开敞的空间会在一定程度上满足人们对自由的向往，这种差异驱使城市和乡村双向流动的产生，生活在城市的旅游者向往田园牧歌，生活在田园的旅游者期盼车水马龙，同样的生存要素在不同旅游者的认知里被重新定义。其次，环境的转变能够帮助旅游者暂时远离附着惯常意义符号的生存要素，以新的状态、情绪、身份融入对新环境的感知中，将自己对人生的理想赋予了环境，使其有了人文内涵和精神意义[①]。

旅游提供人生角色变换的机会。由于非惯常环境的异地性、匿名性、停留暂时性，旅游者可以暂且放下其在惯常生活中的身份、责任及社会关系，进行理想主义或满足好奇的角色扮演，在不同的自然和文化环境中，体验不一样的生活，扮演不一样的角色。环境和角色的转变使人们主动并乐意去思考日常生活中的各种关系[②]，通过对自己与自己、自己与他人、生活空间与外界空间关系的了解，拓宽了自我对世界和生命的认知。

旅游搭建了个体关于过去、现在、未来三个时空的新联结。旅游者的惯常环境是时空的参照点，旅游者可以选择回到过去、重审当下，抑或放眼未来，一定程度上感知世界发展的"可逆"。自然选择的多样、城市发展的差异和社会结构的异质为旅游者抚今追昔、放眼未来提供可能。旅游者可以找到记忆里的袅袅炊烟，抑或是唐诗宋词里的华夏河山，与过去产生联结，同时也能够看到发展速度和质量优于惯常环境的他者世界，对人类未来的发展产生期许[③]，同样也可以在类惯常的环境中以最直接的方式感受到他语言、他人种、他价值观的魅力。

环境的转变使得旅游者能够自我发现赖以生存的基本要素的新意义，以获得精神和身体世界的富足；身份的转换使得旅游者能够感知到

---

① 王欣、邹统钎：《非惯常环境下体验的意义》，《旅游学刊》2011 年第 7 期。

② ［英］加文·杰克、艾利森·菲普斯：《旅游与跨文化交际——旅游何以如此重要》，王琳、匡晓文译，商务印书馆 2019 年版，第 3 页。

③ 陈海波：《非惯常环境及其体验：旅游核心概念的再探讨》，《旅游学刊》2017 年第 2 期。

不同的生命状态以不断刺激并塑造身心平衡的惯常状态；对过去、现在、未来的"穿越"或许会带来剥夺感、优越感抑或是对当下的"反思"，但这都持续暗示着生命的动态性，它标志着人有能力使人生的天平摇摆，也有能力使其稳定。

二 流动与停泊交织性

人，渴望新鲜感，总是期待不一样的体验，所以不断地寻找，保持流动的状态；但是漂泊久了，也渴望安定，旅游就是这样一种能够为旅游者提供流动与停泊相结合的体验。在流动的过程中，旅游者感受时空变化赋予的生命的新意义，在停泊间，旅游者的心逐渐安定下来，获得一种精神上的稳定，这种稳定或将延续至惯常环境，实现旅游者的内在平衡。

（一）时空质量的积极掌控

人是时间和空间二维状态下的活动主体。快节奏的生活加深了个体对时间稀缺性的感知，人们认为时间总是不够用的，这也反向刺激了个体对时间掌控的渴求，人们希望拓展有限时间的意义，将数量和质量最大化，正如 Toffler 所说，"在过短的时间中做出过多的变化"来应对"未来休克"[1]。旅游正是可以让人在短时间内感受环境和自己的变化、体验多种人生的活动。

除了对时间掌控的渴求，人类还有一种对空间扩展的欲望。自古以来人类对未知的空间便充满好奇，郑和、哥伦布、迪亚士、达伽马、麦哲伦等的航海探索、加加林、阿姆斯特朗等对太空的寻觅，人类对自由迁徙的保持，此类对原有边界突破与改变的习惯，不断塑造着人类的生存格局。所以，人一直保持着对于诗和远方的期待，并希望永远在前进的路上[2]。旅游是人类挣脱来自外部世界的束缚与禁锢，形成健康稳定的精神世界的重要方式。

提升时间的质量，体验不一样的人生，满足对空间拓展的渴求，就

---

[1] ［英］加文·杰克、艾利森·菲普斯：《旅游与跨文化交际——旅游何以如此重要》，王琳、匡晓文译，商务印书馆 2019 年版，第 24 页。

[2] 韩升：《自由迁徙的后现代哲思》，《求索》2018 年第 4 期。

需要旅游者不断地从惯常环境出发来到非惯常环境，成为一种"在路上""流动"的状态，同时也需要在非惯常环境中驻足，体验流动与停泊的交织。流动是对扩展空间渴求的满足，在惯常环境与非惯常环境、目的地与目的地，景点与景点之间流动。停泊是为了更好地感受第二人生，在景点、城市街道漫步、观察、欣赏，在餐厅品位、在民宿互动、在酒店休憩，短暂的停留将会带来更充分的碰撞。在民族志研究中，研究者需要一个可以休息、写作、反思的"幕后"的空间，增加反思体验的质量①。旅游者也同样需要类似的空间，暂缓流动的状态，例如相对私密和安静的酒店房间、民宿房间、餐饮包间。这样的空间能够让旅游者远离异文化的其他旅游者和本地居民，以获得暂时的停顿。此时，旅游者可以稍作休整，从而恢复对外界的掌控力。回味在非惯常环境的体验、与惯常环境进行粗略的碰撞（短暂恢复与惯常的熟人网络、熟悉事件的"联结"，当然，这取决于旅游者的选择，有些旅游者更喜欢体验信息流被切断，与日常社会连接完全断开的第二人生），并计划着重新开启的非惯常之旅，这或将激发新的意义附着点。

（二）价值序列的重新组合

流动和停泊预示着时空约束性、暂时性、不确定性、反思性和惯习的可改变性，其也将引起个体对价值的重新解读，这也约束了旅游者的选择权衡。惯常环境中原本重要的东西，来到非惯常可能变得不再重要，也可能受作用于非惯常环境的特殊性而变得格外重要。加文和艾利森在书中举例写到，入住酒店时，在决定哪些贵重物品需要放在车里，哪些需要带进酒店时，他们只拿了装着衣物和洗漱用品的帆布包，这些是最有价值的。可以发现，其对价值的判别依据并非以实体的经济价值上的贵重为主，而是转变为以"有用、让人心安、能够暂且满足惯常的身体仪式"为主，此时满足最直接的个人需求、创造更舒适的环境体验超越了经济价值的"贵重"，价值序列发生了明显的改变。

旅游者在旅游中的一系列有别于日常生活状态的心理和行为都可归

① ［英］加文·杰克、艾利森·菲普斯：《旅游与跨文化交际——旅游何以如此重要》，王琳、匡晓文译，商务印书馆 2019 年版，第 41、111 页。

结于价值序列的重新排序，旅游者进入另一种状态，在这种状态中心理的、有特殊意义的或文化的需求占了上风①。例如，经济行为上表现出穷家富路，一贯省吃俭用的旅游者在非惯常环境中也表现得积极消费、享乐追求，占有意识外显、凡勃伦效应等②；社会行为上表现出性格转向、语言宽化、兴趣转移、宽容倾向、服饰异化、互助和冒险倾向等方面③；惯常环境沉浸在拥挤的社交互动，旅游时则享受人烟稀少、偏僻空旷、可以独处的非惯常环境④。

（三）时间视野的重要改变

我常觉得死亡不是生命的敌人，而是生命的朋友，因为正是认识到我们的生命是有限的，才使它们变得如此珍贵。——Rabbi Joshua L. Liebman

马斯洛理论表达了人会对需求重要性/优先级进行排序的观点，在某些条件下，会存在一些需求优于另一些需求的可能。需求的排序会随着年龄的变化而变化，也会随着一些需求的满足或极度不满足而发生改变，例如：婴儿只关心生理需求，如饥饿和口渴，而对情感的需求大概是在发育后期才出现的；当一个人爱的需求被满足后，他或她就会越来越专注于获得尊重的需求，而对爱的需求就会逐渐淡出视线；如果一个人正在挨饿，获取食物的需求将压倒其他需求，占据首要位置并支配这个人的思维和行动过程⑤。同时，需求优先级的存在也意味着，一种需求的满足实际上可能会减损另一种需求的满足，例如：穿高跟鞋可以满足社交需求，但是个体需要放慢走路的速度，不能快跑、不能长时间站

---

① ［美］纳尔逊·格拉本：《人类学与旅游时代》，赵红梅译，广西师范大学出版社2009年版，第113页。

② 李春晓、冯浩妍、吕兴洋、李晓义：《穷家富路？非惯常环境下消费者价格感知研究》，《旅游学刊》2020年第11期。

③ 李志飞、夏磊、邓胜梁：《旅游者社会行为变化及其影响因素研究——基于常居地—旅游地二元情境》，《旅游学刊》2018年第1期。

④ Gottlieb, A., "Americans' vacations", *Annals of Tourism Research*, Vol. 9, No. 2, 1982.

⑤ Kenrick, D. T., Griskevicius, V., Neuberg, S. L., & Schaller, M., "Renovating the pyramid of needs: Contemporary extensions built upon ancient foundations", *Perspectives on Psychological Science*, Vol. 5, No. 3, 2010.

立，这在一定程度上损害了能力需求和舒适需求①。在旅游的过程中，选择跳伞、蹦极、潜水，这可能满足了刺激、兴趣的需求，但损害了安全和舒适的需求。但需要强调，需求的满足或者减损并不是一个"全有或全无"、持续恒定的现象，它是动态的，能够随着个体和外界环境的变化而进行有机调试。因此，虽然个体拥有可以同时满足不同需求的能力，但是在一定的时空条件下个体的各种需求是处于不同水平上的，个体的行为对于不同需求的满足程度是不同的，总有某一刻是以一种或者少数几种需求的满足为主导，且不同需求的重要性排序会发生改变，相同需求的重要程度也会发生改变。

人拥有多种多样的需求，它们可以被认为是处于同一层次，也可以被认为是处于金字塔式、阶梯式或者帆船式层级，但需要承认，时间视野会改变人类对需求认知的优先级。人们总是能意识到时间——时间不仅仅是时钟和日历上的度量单位，更是对生活和生命的写照。在人类发展的长河中，时间无时无刻不扮演着重要的角色。对时间的监测和感知是人类的基础功能，它成就了人类的进化过程，同时，进化过程也不断塑造着人类的时间观念。在当下，人们对时间的重要性以及流逝速度越来越敏感，甚至超越了对货币价格的感知，在医疗服务、等待、旅行中尤其如此②。

社会情绪选择理论（Socioemotional Selectivity Theory）认为，时间视野是可塑的，时间的认知评估在社会目标的选择、行为的优先排序和执行中起着重要作用，有助于人们平衡长期和短期目标，以便有效地适应他们的特定环境。当时间视野被认为是开放的、长远的，一个人的目标层次中最重要的目标往往是那些关注长期知识获取的目标（例如，寻求新的经验，学习新的技能）。当时间视野是有限的，人们将转变成为一种更直接、更面向现在的状态，注意力将从过去或未来中解脱出来，

① Desmet, P., Fokkinga, S., "Beyond maslow's pyramid: Introducing a typology of thirteen fundamental needs for human-centered design", *Multimodal Technologies and Interaction*, Vol. 4, No. 3, 2020.

② Jacoby, J., Szybillo, G. J., Berning, C. K., "Time and consumer behavior: An interdisciplinary overview", *Journal of Consumer Research*, Vol. 2, No. 4, 1976.

聚焦在当下发生的经历上，这种时间视野上的转变导致了对直觉和主观的强调，而不是计划和分析。对当下的短暂关注会增加人们对生活和情感的重视，最重要的目标往往是更直接的、短期的情绪调节目标（例如，保持积极的情绪，增强心理健康），行为取向可能涉及获得情感意义和体验情感满足①。

对时间有限性的感知发生在生活的各个情境中，旅游情境亦是如此。对于大多数旅游者而言，非惯常环境不如惯常环境那样拥有比较长的时间视野，旅游的开始时间和结束时间是可以预知和提前计划的，且往往是惯常状态的短暂抽离，因此在旅游中，"这可能是最后一次来这里""还有一会儿我们就要回家了""马上要上车去下一个目的地景点了"等关于"最后时间"的感知尤为明显，这会反作用于旅游者对于第二人生体验过程的价值、需求和行为排序。新的人生视角感，会使得旅游者更加注重对积极方面的欣赏，暂且抛开繁杂、琐碎、会降低时间价值的事情，聚焦眼下，而非过去和未来。旅游者会减少深思熟虑、对抽象理想的追求和对长期最优决策的权衡，而是暂时以情感目标为主，体验具象的、瞬时的愉悦和满足。因此，旅游的特殊性使得人们的需求在第二人生的体验中发生着结构和层次的改变。

（四）内在平衡的动态实现

从心理动力学角度看，满足需求是人类行为的根本目的和动力。幸福心理学家发现，所有的基本需求都应该在一定程度上得到满足，这样一个人才能获得幸福，无论这个人是否有意识地重视这些需求。用一种需求替代另一种需求是不可能的，例如，当一个人意识到自己缺乏关联性需求时，他可能尝试通过将注意力放在工作上，通过能力需求的不断满足来弥补关联性需求的缺失，但从长远来看，这不会有效的。因此，心理学家越来越重视平衡需求满足的重要性。

稳态论主张有机体内有一种自我保护和自然平衡的倾向，强调人具

---

① Carstensen, L. L., Isaacowitz, D. M., Charles, S. T., "Taking time seriously: A theory of socioemotional selectivity", *American Psychologist*, Vol. 54, No. 3, 1999; Rudolph, C. W., "Lifespan developmental perspectives on working: A literature review of motivational theories", *Work, Aging and Retirement*, Vol. 2, No. 2, 2016.

有通过适应性行为去获取新的平衡的能力。稳态并不是一成不变的停滞状态，它表示一种可变又保持相对稳定的情况。平衡概念能够充分体现稳态的心理学意义，它并非静止，而是蕴含变化，体现为过程性、动态性。因为平衡既表示了一种活动的目标或结束，也预示了下一次活动的准备或开始，目标的设立已然蕴藏了动力作用。勒温在稳态论的动力模式基础上，提出了心理紧张系统。他把平衡看作一个动力概念，并提出了"打破原有的平衡，趋向新的目标，并在新的水平上重获平衡"这一社会变化三步法，强调了人与环境的关系和相互作用①。自我决定理论认为，人们不会被动地等待不平衡，人们天生倾向于对自己的内外部环境采取行动，参与他们感兴趣的活动并走向人际和谐②。从惯常环境到非惯常环境，正是对原有平衡的打破，走向第二人生的新体验，并在体验的过程中重获平衡。

从人类需求分类的角度来看，平衡的实现也意味着不同类型或层级需求的转换融合。帆船模型将人类的需求分为两类，一类是缺乏需求（D需求：安全、联系和自尊），另一类是成长/存在需求（B需求：目的、爱和探索）。追求D需求的个体，是由缺乏满足感所驱动。而追求B需求的个体，则是被对他人和自己的接受和爱所驱动。该模型指出过分关注这两种需求中的任何一种，不仅会阻碍一个人的独特潜力，而且从长远来看也会导致有问题的结果。人类的不同需求是相互关联、相互影响的，D需求与B需求能够一一对应，安全与探索、联系与爱、自尊与目的，人类具备可以同时追求不同类型需求的能力。要想实现一种最佳的生活，需要在满足D和B需求之间取得平衡。而旅游就是个体追求D和B平衡的一种体验，呼应了"一个好的生活是一种平衡行为"的观点③。

D需求的满足揭示了普通的、日常的人性，惯常环境的生存资料能

---

① 申荷永：《论勒温心理学中的动力》，《心理学报》1991年第3期。

② Deci, E. L., Ryan, R. M., "The 'what' and 'why' of goal pursuits: Human needs and the self-determination of behavior", *Psychological Inquiry*, Vol. 11, No. 4, 2000.

③ Yu, T. T. F., "Sailing away from the pyramid: A revised visual representation of maslow's theory", *Journal of Humanistic Psychology*, 2022.

够实现个体对 D 需求的追求，满足实际、现实、世俗等当下需求，提供安全和防御。但如果一个人想要成长并成为完整的人，他们需要走出主要满足 D 需求的惯常环境，进入有更大可能实现 B 需求满足的非惯常环境。这意味着，虽然惯常生活能够满足我们食物、性、安全感和物质财富的基本渴求，但非惯常环境和旅游的第二人生为个体更好地感知 B 需求、不断创造意义和价值提供了条件。在现代社会，人类的 D 需求在很大程度上能够得到满足，大部分个体不再能够受到 D 需求的激励，其必须通过新的刺激实现人生的超越。旅游为个体提供了非惯常环境，一个可以用新视角感知世界的条件。在这里，旅游者可以进行社会比较，可以满足惯常环境缺失的需求，可以看到比自己拥有更伟大生活目标、欲望和责任的人群，也可能看到还在为 D 需求的满足付出极大努力的人们。此时，旅游者能够因为看见真善美而喜悦，也能够因为见到假丑恶而伤心、同情、怜悯，通过自我技能和环境挑战的博弈拥有一个"更哲学的、整体的、客观的看待自我、世界和宇宙方式"的新认知，然后能够用清晰的镜头来看待惯常环境的人、事、物，并因此成长。

旅游第二人生与惯常生活第一人生的差异程度决定了旅游者心理和行为的非惯常程度。因此，旅游者对不同人生的需求越强烈，其心理和行为的非惯常程度越大，加之时间视野的改变，其在非惯常环境中，价值序列的变动更大，会发生需求结构的改变，即需求漂移。旅游者需求的改变可能不按常理出牌，也可能是对常理的加强，前者多指需求结构、类型、程度的综合变化，强调对某一种和几种需求的显著扩大，非惯常程度较高。例如，惯常生活中追求食物、性、安全感和物质财富的满足，可能会使个体不得不暂时舍弃兴趣、爱好、社交和印象管理。比如"996""007"的上班族，其很大程度上无法自主地分配资源、时间和精力，不用加班、有充足的睡眠已是奢求，该类群体的惯常生活需求相对单一，且以生存需求为主导。但是，当休假前往非惯常环境旅游的时候，该类群体能够重拾被生存需求占据的兴趣需求、社交需求，能够舍弃珍贵的睡眠，早起看日出，晚睡观星空，从不发朋友圈，到精心挑选九宫格，体会到了不一样的人生意义，能够重新思考工作和生活的平衡。旅游在真正意义上扭转了惯常生活中以固定需求为主导的状态，生存需求对处于非惯常环境的该类群体而言，重要性最低。短暂的旅游体验使其拥有了有别于惯常的需求结构和行为表现。同时，享乐需求的极化，会使旅游者聚焦于对不一样的第二人生的享受，甚至表现出一系列的越轨行为。

而后者多是需求结构和类型没有发生明显的改变，只是需求间的程度/配比发生了变化。比如，惯常生活中喜欢探索美食的群体，他们能够在工作之余的探店、打卡，获得一定的味觉体验。但惯常生活的美食资源有限，不能满足其体验需求。该类群体倾向于选择以寻觅美食为主的旅游体验，只为吃到更地道、正宗的美食。如为了品尝火锅、串串、螺蛳粉、海鲜等前往重庆、成都、柳州、大连旅游。此时，能够牺牲身体舒适，忍受舟车劳顿，花费时间金钱，只为品尝到垂涎已久的美食。该类与美食相关的需求是其惯常生活中的重要组成部分，同样也是非惯常环境中的主要需求，只是变得尤为重要。不管旅游者需求改变的出发点是否为调整惯常自我的状态以实现内在平衡，时空的改变都或多或少会刺激旅游者的惯常状态，找到惯常的意义和生命的平衡点。

对个体而言，旅游亦是一个周期性活动，当惯常环境的无意义感积攒到一定程度、当对第二人生的憧憬达到一定水平，个体对旅游的渴求便增加了，旅游也得以实现。旅游者在不同的旅游目的地间穿梭，驻足在他者生存的空间，实践着他者人生的节奏和方式，感受着他者的魅力与他者人生的意义，从而与自我进行对话，实现生命空间的延展和自我的内在平衡。旅游者所体验的不一样的第二人生也是他者的第一人生，他者在第一人生中的食、住、行、游、购、娱提供了旅游者体验的基本要素。这也正是旅游和非惯常环境的魅力，同一空间拥有两种截然不同的实践者，同一空间要素赋予了两种实践者不同的体验意义。车水马龙是城市居民为了获得生存资料而努力奋斗的表征，但在旅游者眼中，它是一种城市景观，一种活力、现代化的城市形象。乡村、民族地区是本地居民的生命、生活、生产空间，但对旅游者而言更多的是一种有别于惯常生活的文化空间。西递宏村的徽派建筑，传递了本地人对天圆地方概念的重视，无规矩不成方圆，四周高墙林立带来了居住的安全感和规矩生活的信条，而在旅游者眼里青瓦白墙是一种质朴、清冷、如画般的景观。正是这种意义差异，使得凤凰古城、千户苗寨、龙脊梯田等地能够进行旅游化转型。空间意义的特殊性使得空间内部的旅游产业具有特殊意义，产业本身具有先在性，因服务对象由本地人转变为旅游者而得以界定。

第二节　旅游产业特殊性

一　旅游产业界定的特殊性

旅游者实现生命空间的延展，离不开流动与停泊中各个产业的支撑。旅游是对第二人生的综合性体验，故而旅游产品是一种整体性的经历或体验，这显现出旅游产业与其他产业的不同特色，也决定了旅游产业涵盖人们消费的众多方面，体现在食、住、行、游、购、娱多个领域，从酒店入住、景区购票、餐饮服务、交通客运出行，再到如今兴起的旅游线上代理业务等，都是旅游消费的重要构成部分。旅游消费范围无法以某种产品或服务来进行界定，这让旅游产业在概念确立方面具有独特性。

传统产业一般通过供给方来进行产业命名和概念确定，例如钢铁产业、汽车产业、房地产业等，产业名称明确指向了各自相对应的产品门类[1]。旅游业作为新兴的产业门类，并不像传统产业一样边界分明。关于旅游业的界定依据也众说纷纭，有部门组成视角、功能组成视角、类型组成视角、泛旅游产业视角等。上述视角认为可以按照不同部门的特点、旅游消费的内容、旅游产品供给的功能、程度、直接或间接性划分旅游产业的类型。虽然不同说法各有侧重，但都能清晰地认识到旅游业是围绕旅游者的需求而发展的[2]。《旅游业基础术语》（中国国家标准）对旅游业的定义是"旅游业是向旅游者提供旅游过程中所需要的产品和服务的产业集群"[3]。旅游产业的界定需要依据人们在旅游过程中的消

---

① 李天元：《旅游学概论》（第7版），南开大学出版社2014年版，第150—153页。

② 罗明义：《旅游经济发展与管理》，云南大学出版社2008年版，第8页。

③ GB/T 16766-2017，旅游业基础术语［S］。

费内容，以其服务对象进行界定，也就是说，旅游的需求方——旅游者成为产业界定的关键因素。

严格来说，旅游产业并非一个经济实体，而是社会有关部门、机构、单位在旅游活动中不同时空条件下为旅游者提供服务的合作关系。满足旅游者对人生消费的食、住、行、购等企业/行业/产业的存在具有先在性，只因服务对象从日常世界的普通消费者转换成为旅游者，其也被称为旅游企业/行业/产业[①]。同时，旅游者需求和消费的异质性也决定了旅游企业/行业/产业的多样性和交叉性，其需要满足同一旅游者在不同时间、地点的服务需求。因此，衡量旅游业的经济贡献需要剥离普通消费者的消费，更精确地计算由于旅游消费引发的各行业的直接和间接旅游产出，从而实现测量的全面性和区域可对比性，旅游卫星账户应运而生。

2000 年 3 月，联合国统计委员会批准了世界旅游组织（WTO）、经济合作与发展组织（OECD）、欧共体统计局（Euro Stat）和联合国统计司合作编制的《旅游卫星账户：推荐方法框架》。旅游卫星账户是联合国世界旅游组织和其他权威组织公认的测量旅游经济影响的方法框架[②]。由此，旅游业成为唯一需要用卫星账户来计算贡献的产业。旅游卫星账户（Tourism Satellite Account，TSA）能够追踪旅游者的消费活动[③]，记录和衡量旅游者旅行中的最终消费，以及在特定时期内对国内生产总值和就业的直接影响，分析出旅游业与其他产业经济的联系[④]，从而实现对旅游产业经济规模和国民经济中旅游经济贡献程度的测量。

---

①　申葆嘉：《旅游学原理》，中国旅游出版社 2010 年版，第 62、73 页。

②　Wu, D. C., Liu, J., Song, H., Liu, A., Fu, H., "Developing a Web – based regional tourism satellite account（Tsa）information system", *Tourism Economics*, Vol. 25, No. 1, 2019.

③　Odunga, P. O., Manyara, G., Yobesia, M., "Estimating the direct contribution of tourism to Rwanda's economy：Tourism satellite account methodology", *Tourism and Hospitality Research*, Vol. 20, No. 3, 2020.

④　Smeral, E., "Measuring the economic impact of tourism：The case of Lower and Upper Austria", *Tourism Review*, Vol. 70, No. 4, 2015.

二 旅游产业影响的特殊性

(一) 八爪鱼效应

旅游能带动很多产业的发展，其辐射效应类似八爪鱼的触角，伸向四面八方。八爪鱼效应具有传播速度快、辐射范围广的特点。虽然旅游产业链上的企业所有权各自分散，但实质上产业范围内各主体的利益都紧密共联①。旅游产业主要沿着三条线路发挥产业波及效应。一是逆向波及，旅游服务产品的生产需要相关产业投入产品作为旅游业的中间投入，产业影响始于旅游业向先行产业波及；二是顺向波及，小部分旅游服务产品被其后续产业用作中间产品，其中后续产业以建筑业、工业、行政机关、金融业为主，产业影响沿着旅游业向后续产业波及；三是间接波及，大部分旅游服务产品被用作最终产品投入居民消费或旅游出口，产业影响由旅游业向先行产业和后续产业的直接或间接相关产业波及②。早期以北京为案例地的研究表明，受旅游直接影响的行业有 14个，间接影响的行业有 54 个，引致影响的行业有 20 个③。旅游产业通过对交通运输、文体和餐饮等互补性产业的影响，进而影响与交通运输、文体、餐饮产业相关的行业与事业，最终将旅游价值触角渗透到各个领域，旅游产业具有的强产业关联性造就了旅游产业的强大渗透能力。

旅游产业影响辐射广泛不仅体现在不同类别的产业带动作用上，还体现在对地区的带动作用。据研究，旅游产业的发展有助于区域合作与发展，是区域合作的"纽带"。旅游产业聚集了人流、物流、信息流，使区域之间能够共享与交流外来技术、设备、人力、管理经验和资金。且对于发展中国家和地区，发展旅游能够引致旅游目的地基础设施的改善，这为其他产业的发展和区域经济结构的优化提供了有利的条件④。

① 李天元：《旅游学概论》（第 7 版），南开大学出版社 2014 年版，第 159 页。
② 李江帆、李冠霖、江波：《旅游业的产业关联和产业波及分析——以广东为例》，《旅游学刊》2001 年第 3 期。
③ 戴斌、束菊萍：《旅游产业关联：分析框架与北京的实证研究》，《北京第二外国语学院学报》2005 年第 5 期。
④ 生延超、钟志平：《旅游产业与区域经济的耦合协调度研究——以湖南省为例》，《旅游学刊》2009 年第 8 期。

同时，旅游发展既对传统意义上的城镇化有影响，影响城市质量、城市人口、城市规模发生变化，又会促进一种特殊的城镇化——旅游城镇化的发展，受旅游业发展的带动，产生旅游消费，促使非城镇人口的移动，形成旅游空间①。除此之外，旅游产业本能以一种新的发展方式促进当地脱贫并走向富裕，给当地带来收入，缩小贫富差距，提升居民的幸福感②。在旅游过程中，旅游者与当地居民、其他旅游者的互动，有利于促进文化的传播与交流，促进文明的进步。

（二）重塑产业生态

伴随经济社会发展，传统行业发展逐渐步入饱和期，行业进入壁垒高且开放性弱。当前形势下，产业协同下的内生经济增长已成为时代的呼声。只有打破传统行业之间的壁垒，才可以为产业联动创造可能。旅游产业作为多产业融合的特殊性产业，具备极高的合作开放性，为高质量发展阶段的产业协同联动打下良好的基础。早期"旅游+"和"+旅游"的发展，以旅游业为优势产业，整合区域内经济和社会资源，如资源开发、经营管理、公共服务、组织管理、机制体制、素质人才等，使得其他相关产业与旅游产业充分融合，也增加了其他相关产业之间的互动频率和共赢机会。以文旅融合为例，旅游产业和文化产业在经营和管理方面的协作发展能够激发新的理念和灵感，进而催生新业态；政策引导与扶持、管理模式的学习与借鉴、价值链的整合与发展能够达到双赢的产业融合效果，促使两个产业都能够迸发新活力，开辟新路径③。

旅游产业类似于基础平台，其关联性、互补性为其他产业的集聚、集群化发展提供了强大推力，促使企业建立物质投入—产出关系，并基于此形成垂直和水平联系，提高区域协作能力和生产服务水平，从而提升旅游目的地的整体竞争能力，实现旅游目的地附加值的不断创造。旅游产业边界广泛、上下游产业链条丰富，随着旅游产业的发展，旅游者

---

① 刘敏、刘爱利、孙琼等：《国内外旅游城镇化研究进展》，《人文地理》2015 年第6 期。

② 贺爱琳、杨新军、陈佳等：《乡村旅游发展对农户生计的影响——以秦岭北麓乡村旅游地为例》，《经济地理》2014 年第12 期。

③ 翁钢民、李凌雁：《中国旅游与文化产业融合发展的耦合协调度及空间相关分析》，《经济地理》2016 年第1 期。

不断涌入，不断刺激其他产业的分工协作与创新创造，加速其他产业基于旅游市场的一体化进程，形成产业矩阵。

（三）创造产业增益空间

旅游能够让其他相关产业在满足其原有功能定位的基础上，赋予资源更多意义，为产业发展创造增益空间。一方面，旅游增益体现在对功能属性的拓展。旅游像兼容多种尝试的思维容器，启发其他产业进行功能创新。当前，乡村旅游的开发规划，正是将村民习以为常的事物，赋予新的观赏和消费功能，为资源提供附加经济价值，获得了更高的利润空间。例如，广西龙胜各族自治县旅游发展的核心吸引物是龙脊梯田，起初只具备水稻生产的农业功能，但将其进行旅游开发后，便具备了观赏、拍照打卡等艺术、体验价值。云南丽江在乡村旅游开发之前，民俗文化只是融于居民日常的生活方式。但旅游的到来，使民族风情被赋予了观赏、求异的价值，成为旅游者逃离惯常环境的依托。随着旅游品牌的打响，丽江迎来以旅游带动第一、第三产业有机结合的机遇，围绕民族文化打造的一系列演艺表演、特色民宿和民俗小吃等具有商业开发价值的产品应运而生，为原有的民俗文化赋予了新的经济意义①。可以说，旅游开发能够真正在不破坏原有资源的情况下，充分发挥资源禀赋优势，将资源优势转化为发展优势。

另一方面，旅游增益体现在对产业的价值延伸，提升原有产品的价值层次。此处所说的"价值"，是指同样事物，对旅游者而言有着更为深层次的其他精神意义附着。不能仅把旅游理解为单一的经济体系，除商业价值之外，旅游在发展过程中也不乏人文视角的关怀，肩负着呼唤本真社会回归的使命。从旅游赋权、旅游可持续发展，再到文旅融合时代，坚持以文塑旅、以旅彰文，推进文化和旅游融合发展……旅游产业的价值内涵不断通过人文精神加以扩充，能够通过延伸产业价值，打造区域符号与形象特质。在此理念下，"为城市文化而生"的餐饮品牌长沙文和友得到广泛关注。从普通的市井门店发展到众多资本加持的文旅品牌，文和友通过以地方特色小吃和怀旧文化为抓手，构建起本地人

---

① 贾荣：《乡村旅游经营与管理》，北京理工大学出版社 2016 年版，第 30—33 页。

与外来旅游者关于城市文化的集体记忆，最终实现了溢价增值。旅游不仅帮助旅游者实现了对不一样的第二人生的追求，还赋予了他者生存空间新的意义，能够丰富本地居民的休闲与文化生活，增进本地居民对旅游产品的认同和地方依恋，这又将为旅游产业的增益注入发展的灵魂。

三　旅游产业经营发展的特殊性

（一）发展条件的特殊性

1. 异质需求导向性

旅游产业区别于传统的制造业，并非强调技术导向和标准化生产，而是强调以能够满足旅游者异质需求的区域资源差异化发展①。随着旅游者对"享受不同的第二人生"期许的增加，旅游者的价值需求组合多样化、追求需求的即时满足、注重当下的享乐和自由化体验、愿意投入时间和金钱换取不同层次的第二人生的体验机会，这为旅游产业的发展由依靠资源禀赋向异质需求导向提出更高的要求。

随着景点旅游发展模式向全域旅游发展模式加速转变，旅游产业步入供给侧改革，逐步从供给侧主导，向需求侧转变。旅游者心目中的旅游产品内涵大为转变。2017 年，亚太最大旅游体验预订平台 KLOOK 首次发布港台"打工仔裸辞及请假旅行意向调查"，结论显示四分之一香港人表示曾裸辞，近半数人裸辞去旅行；2018 年马蜂窝旅游网的调查发现，动漫的"圣地巡礼"一词在国内热度较 2017 年增加了 313%，无数宅男宅女千里迢迢去往日本，只为在现实中体验一把"二次元"；北京故宫角楼限时限量提供的火锅，人均消费近三百元，尽管口味一般，却仍被热捧疯抢，很多旅游者表示就算为了拍照也值了。随着时代的发展，旅游者的需求不再满足于"上车睡觉、下车拍照"，新衍生出的特殊性需求促使产业升级。传统的旅游演艺已不再能够满足旅游者的新异需求，行进式、漂移式、沉浸式、大型实景式旅游演艺应运而生。

---

① 赵小芸：《旅游产业的特殊性与旅游产业链的基本形态研究》，《上海经济研究》2010年第 6 期。

印象系列旅游演艺完美融合了自然禀赋和文化底蕴，汲自然之灵气，取文化之大成，以新科技加持，为旅游者带来了别开生面的视觉盛宴。《知音号》《今时今日安仁》《又见平遥》等室内沉浸式旅游演艺，打破了观众和舞台的界限，增加了情境的多元性、感官刺激的多样性，通过全方位身临其境的氛围营造，赋予观众自主选择叙事线的权利，塑造了"人人都是主角"的沉浸式体验。因此，即便是疫情当下，新型演艺的热度仍旧不减，被"禁锢"的灵魂对自由和新异的向往丝毫没有减退。2020年1月23日《又见平遥》暂停演出，160多天后恢复演出，观众需缴纳定金预约实名购票，仍然一票难求。10月1—7日每天五场演出和8日的四场演出均达到满座率90%以上。2021年1月12日演出再次暂停，2月20日（农历正月初九）恢复常态化演出，首日四场演出均售罄。

与此同时，旅游目的地的变革性发展也带来了旅游者的动机需求转向，旅游产业需要捕捉变革性发展之于旅游者的新意义。例如，汶川地震发生前，旅游者入蜀的需求多是观赏大熊猫和自然景色、品尝川味美食，而汶川地震后，便增加了教育、学习、感受生命力量、关怀灾后重建等新动机和新需求。当地旅游产业发展需要进行相应的调整，增加目的地产品的教育意义，使其有别于传统的娱乐休闲产品。

突如其来的疫情迫使全国旅游目的地思考新机遇，谋求新发展，武汉是国内第一个遭受重创的旅游城市，也是率先书写疫后旅游新篇章的城市，疫后武汉的旅游发展无不体现了新需求、新导向。2020年3月，武汉进入疫情"解封"倒计时，此时"樱花"的搜索热度超过"口罩"，"武大樱花""武汉东湖樱园"热搜频率居高不下[1]。疫情当下，武汉樱花被赋予了更多生命的力量，除了曾经人们赋予的纯洁、幸福、高雅等美好寓意外，它开始象征着"重生""希望""生命至上""回家""感谢""英雄城市"。樱花开放意味着疫情将要过去，武汉和国家将会迎来"新生"。樱花是那些身在外地、心系家乡的武汉人能够"回

---

① 黄永进：《武汉进入"解封"倒计时，"樱花"3月搜索热度超"口罩"》，2020年3月26日，极目新闻（https://www.163.com/dy/article/F8LT4RCK053469LG.html）。

家"的希望，是对所有为抗击疫情付出努力的人民的最好的感谢。樱花成为武汉和中国人民、武汉人民和所有援鄂医护人员的情感联结，也是中国抗击疫情有效道路的标志"符号"。2020 年 3 月"想见你武汉"AR 云赏樱活动上线当日，10 万多网友涌进，是樱花旺季时武大的接待量的 5 倍①。2021 年 3 月武汉推出"相约春天赏樱花——2021 武汉等你"系列樱花主题旅游产品；2022 年武汉继续提出云赏樱直播、抗疫医护赏樱专场；同年 3 月，武汉市民"真想邀请总书记来看一看武汉的樱花"引起万千共鸣。人民至上、生命至上，赋予时代意义的樱花成为无数旅游者前往武汉的重要动机。消费者需求的改变，消费者赋予原有景观、产品的"新意义"是旅游产业经营变革的方向。

2. 产品质量非标准性

从供给的角度而言，旅游产品是为了满足旅游者需求所提供的单项产品和服务的总和，因旅游者需求的差异性与多元性，旅游产品本身具有质量的非标准性，即不同的旅游者对同一产品质量的感知存在差异，不同产品之间质量的可对比性较低。不同于以往的功能性产品，有质量检查的操作性标准，旅游产品的好坏，由旅游者的体验和感知来定夺，而体验和感知又受到预期水平、旅游经验、文化差异、人格特质等多方面影响②。也正因此，旅游产业的经营发展可以有两种路径，一种满足大众的偏好，设计普适性产品；另一种提供定制化服务，将多种旅游产品用多种组合方式销售给旅游者③。

同时，由于旅游产业与物质生产部门的供需相反，不是从产地朝向旅游者所在地移动，而是把旅游者从消费所在地运输到旅游景点所在地，移动的不是产品而是消费者④。旅游者需要离开惯常环境，产生地理位移，前往异地进行游览体验，旅游产品，是旅游者产生位移后的消费对象，产品价值的实现是在非惯常环境中。但由于旅游产品依附于其

---

① 秦璐敏：《想见你武汉！樱花季超 10 万网友在家看"云樱花雨"》，2020 年 3 月 6 日，中国天气网（https://3w.huanqiu.com/a/b1c82f/9CaKrnKpKL7）。

② 厉新建：《旅游产品特点、消费技术与景区解说系统》，《人文地理》2004 年第 2 期。

③ 马跃如、余航海：《"互联网＋"背景下社群旅游的兴起、特征与商业模式构建》，《经济地理》2018 年第 4 期。

④ 申葆嘉：《旅游学原理》，中国旅游出版社 2010 年版，第 68 页。

所处的自然、社会大环境，而大环境本身存在地理差异性和旅游者的感知差异性，使得相同的产品在不同的非惯常环境中存在价值路径差异，不具备统一的衡量标准，需要因地制宜。比如，近年来玻璃栈道、高空滑梯、悬崖秋千等成为许多山地景区青睐的产品，但产品本身能否成为持续的核心吸引物，取决于山地景观原本的资源特性、产品建设与资源本底的协调性、主要客源市场的特征及偏好等。景点周边的旅游者可能满足于产品的娱乐属性，但是远距离旅游者可能存在无特色、同质性等感知。同样，大部分旅游产品不具备唯一性，旅游者可能会在不同的旅游目的地体验相同的产品，购买到功能相同的纪念品，但产品和纪念品的质量不仅仅取决于其本身的功能质量，还叠加了文化质量和情感质量，这使得相同的产品被赋予了不同的文化背景、情感记忆，导致了统一质量评价的难以实现。

3. 权威推介依赖性

在一定意义上，旅游产品是无形的体验产品，不可贮存，不可移动。这使得旅游者无法先验地对旅游产品形成直观的判断和感受，并且在购买和消费之前，旅游者无从检验旅游产品的质量。这一旅游产品的特征，决定了旅游营销的重要性，以及旅游营销部门的关键地位。旅游营销部门必须以旅游者信服的方式进行产品的推介，以具有公信力的机构主导，例如政府相关部门。因此，与传统制造业需要高度市场化运作不同的是，旅游产业的发展需要政府在产业支持、产品营销方面进行积极有效的主导①。

（二）发展形式的特殊性

1. 生产消费时空同一性

旅游生产部门同时具有生产属性和消费属性，旅游产品与一般产品不同，其不可移动、不可贮存，这也决定了旅游产业具有生产与消费的时空同一性。

从旅游产品和服务来看，其所有权不可转移，亦不能从生产地运输

---

① 赵小芸：《旅游产业的特殊性与旅游产业链的基本形态研究》，《上海经济研究》2010年第6期。

到销售市场，消费都是当即发生的，一经产出立刻消费①。旅游产品的效用需要在"使用"时才能体现，具有很强的时间性，旅游者只能在规定的时间进行使用，不可保存至后期。这将使得旅游资源和设施的价值存在一定的时间衰减，旅游产品的效用与价值同时固着在空间和时间上②。这同时意味着，旅游者能够参与到产品的生产过程中，并成为最终产品的组成部分。旅游产业的产品供给与服务过程也是旅游者的体验与消费过程，旅游产业间的联系是通过旅游者的活动实现的③。

2. 产业协作运营网络化

旅游产业生产部门之间的关系不同于传统制造业。传统制造业生产的是完整单一的产品，部门之间是建立在物质投入产出和技术性分工基础上的分工合作关系，而旅游产业生产的最终产品是能够满足旅游者实现第二人生的组合性产品，这决定了旅游产业生产部门之间是建立在旅游者需求基础上的并列合作关系④。

旅游者"第二人生"的质量不仅取决于非惯常环境核心要素的吸引力，还在于其他辅助性产业的质量和效率，如酒店、餐厅、交通、休闲设施等。旅游产业将不同类型的产业串联成一个相对完整的服务产业网格，将孤立的要素连接。各类产业之间处于为旅游者在不同时间、不同地点提供服务的交叉关系。该服务产业网络类似一个目标统一的"团队"，致力于提供多种不同效用的产品以满足旅游者需求。

旅游产业内部成员相互依赖，进行资金、技术、品牌、创新等多方合作，其分别生产的单个旅游产品能够组合成满足"第二人生"需求的整体旅游产品，为旅游者提供完整的"第二人生"经历，它们之间是"一荣俱荣、一损俱损"的关系。"团队"牵一发而动全身，需要默契配合才能取胜，如果一个产业提供的服务存在时空偏差与错位，那么

---

① 郑德胜：《黑龙江省森林旅游可持续发展问题研究》，《中国软科学》2009 年第 S1 期。

② 申葆嘉：《旅游学原理》，中国旅游出版社 2010 年版，第 138 页。

③ 尹贻梅、刘志高：《旅游产业集群存在的条件及效应探讨》，《地理与地理信息科学》2006 年第 6 期。

④ 赵小芸：《旅游产业的特殊性与旅游产业链的基本形态研究》，《上海经济研究》2010 年第 6 期。

将会导致全军覆没，旅游体验质量整体降低①。

高质量的合作具有更大的价值创造力，能够为旅游目的地及相关产业创造附加价值，包括提高市场知名度、核心竞争能力、产品及服务创新性，增加机会和创收，形成良性的创新和竞争的环境②。

3. 产业管理季节性

旅游产业具有明显的季节性特点，季节性对旅游企业的经营与管理产生重大影响。旅游目的地主要以客流量来划分旅游淡季、旺季和平季，不同阶段客流量存在差异。究其原因，一方面，不同目的地的自然资源呈现季节吸引力差异，自然季节性因素是造成以自然吸引物或自然—文化吸引物为特征的旅游地客流季节变化的主导因素③；另一方面，诸如假期分布、热播电视剧等引起的社会季节性也会导致客流量的变化，甚至会与自然季节性因素产生叠加作用④。为避免季节性差异造成的旺季过盛和淡季低迷，旅游企业通常会在产品规划、市场营销、员工流动等方面灵活管理，以适应旅游目的地淡旺季切换带来的需求波动⑤。旅游管理者会针对不同情况下的季节性旅游采取各具特色的营销规划方案。

在产品管理方面，从资源弥补的角度看，由于旅游产品在初级阶段主要依靠资源禀赋来满足旅游者需求，供应者可以在淡季对稀缺资源进行弥补或填补新的活动业态。以崇礼太舞滑雪小镇的"全季运营"模式为例，除了冬季常规的滑雪项目之外，在其他季节也将提供不同类型的活动项目。春季以会展、团建、踏青为主，夏季以家庭避暑度假、青少年营地为主，秋季则以观景和摄影摄像为主。产品的差异化供给大大消减了季节性对旅游者的影响，迎合人们多元化的消费需求，保持场地

---

① 申葆嘉：《旅游学原理》，中国旅游出版社 2010 年版，第 62 页。

② 尹贻梅、刘志高：《旅游产业集群存在的条件及效应探讨》，《地理与地理信息科学》2006 年第 6 期。

③ 冯学钢、孙晓东、于秋阳：《反季旅游与旅游季节性平衡：研究述评与启示》，《旅游学刊》2014 年第 1 期。

④ 安文、彭建、徐飞雄等：《热播电视剧对关联旅游景区网络关注度的影响》，《地域研究与开发》2019 年第 5 期。

⑤ 冯学钢、孙晓东、于秋阳：《反季旅游与旅游季节性平衡：研究述评与启示》，《旅游学刊》2014 年第 1 期。

运营与收益的稳定性①。从营销刺激的角度看，对于难以通过资源弥补实现供需平衡以及季节稀缺性构成核心吸引力的产品，企业可以采取营销刺激的形式策划旅游活动。比如，如一年一度的林芝桃花节，尽管其旅游路线产品价格高达万元，仍是供不应求；许多旅游者在每年三月中旬赶往西藏赴约；国内航空公司和旅游电商平台联手推出"机票盲盒"产品，将盲盒营销模式纳入旅游营销中，以低廉票价和未知目的地作为卖点，刺激消费者的好奇心理和购物欲望，将航空公司的尾仓产品打造成热门话题，大大提升了旅游淡季之下旅游企业获取客源的能力和价值收益②。

　　企业和员工管理方面，当旅游目的地处于旺季时，企业应尽可能满足旅游者需求，进行相应的流量管理，同时雇佣短暂性劳工，控制用工成本。当旅游目的地处于淡季时，旅游企业可以实行改革重组，合理安排好员工的假期。同时，企业可选择将一部分旅游产品暂停销售，在淡季对旅游资源和基础设施进行维护、维修；对公司运营进行复盘、调整、改革、推进。

第三节　旅游者特殊性

　　旅游是一段短暂的"第二人生"体验，这决定了旅游产业的综合性、关联性、异质需求导向性、生产消费同一性等特征，旅游产业的特殊性也在一定程度上塑造了旅游者需求和行为的特殊性。"圣地巡礼""牛粪火锅""悬崖酒店"是产业联动创新、对旅游者需求进行剖析的结果。但旅游者对"享受不同的第二人生"的期许不会止步不前，旅游供给侧改革仍需不断推进。国务院印发的《"十三五"旅游业发展规划》指明要推动旅游业由低水平供需平衡向高水平供需平衡提升，本质

---

　　① 新旅界：《夏季"遇冷"，看冰雪旅游全季运营如何破题》（https：//www.163.com/dy/article/GI8ORO190519B14G.html）。

　　② 河南舆情研究院：《盲盒时代的花式新玩法"机票盲盒"为什么那么吸引年轻人》，2021 年 4 月 29 日，腾讯网（https：//new.qq.com/omn/20210429/20210429A07DXA00.html）。

就是让旅游供给更符合旅游消费需求且更能有效地满足旅游消费需求。故而，实现供给侧改革的大前提是从宏观层面把握旅游者需求的特征与规律，这就需要深度剖析旅游者的特殊性。

一 身份角色重塑

当旅游者离开惯常环境的同时，原有稳态的社会身份会根据"第二人生"需求变化的方向进行重新定义。由于惯常环境是人们重复性思维和实践的空间，人们的身份角色会受到多种因素的限制而处于一种相对稳定且多元复杂的状态，例如一位中年男性，可能同时兼具儿子、父亲、领导、下属、游戏爱好者等多元身份，在惯常环境中需要进行不断切换，且往往以维系生存维度需求的满足为身份状态维持的主要动力（包括对食物、性、安全感和物质财富的渴求，对父母的赡养和子女的抚养等），在工作中、生活中不断观察、思考、理解周遭社会关系的思想和情感世界，更好地适应社会规范和社会联系的习惯，使自己变得更加"可爱"，更加合群，甚至有时候做出牺牲自我利益来达到被接受的目的，此时作为游戏爱好者的身份可能要被"塑造工作积极努力的形象""成为孩子认真学历的榜样""维系恩爱的夫妻生活"而"抹杀"。

不难发现，在惯常生活环境中，个体的身份是很难发生改变的。然而，在旅游的过程中，个体具有身份匿名性，且能够暂时切断与惯常环境的部分社会联系，此时旅游者可以自主选择社会联系、定义自己的身份，原有的社会身份会在"第二人生"需求变化的作用下进行调整，例如，旅游者可以选择跟志同道合的"驴友"一起体验作为登山爱好者的乐趣，此时可以暂且忘记生存维度的身份建构，只满足兴趣维度的自我，驴友身份成为"第二人生"的主导；当个体选择跟父母一起出游时，学生、工作的身份都可以被暂时"抛弃"，只选择体验"孩子"这一主导身份的新人生。此外，即便身份不发生变化，个体对身份的认知也可能产生新的改变。比如带长辈出去旅游，"孩子"的身份依旧保持，但是在非惯常环境中可能会增添"导游""引导者"等新的身份感知；跟爱人一起出去旅游，虽然还是爱人关系，但是话语权可能发生变化，在家以女性决策为主，旅游时以男性决策为主，或是其他决策权力的变化，都会使得个体产生不同的角色认知。与此同时，可以通过同游者和旅游需求的变化，在不同的旅游过程里体验不同的主导身份，形成不同的角色认知，身份和角色认知的变化也会作用于旅游者思维、需求、行为的表现。

二 互动关系自我取向

在旅游过程中，旅游者身份角色的改变会带来社会互动关系的变化，旅游者会以新的社会身份角色与不同的主体进行非惯常环境下的社会交往，因此社会互动关系（权力、心理、行为）也发生了相应的改变。

一方面是旅游者与外部群体社会关系的变化，由于旅游者的主导身份角色是自我选择和定义的，更容易产生对外部和内部群体自愿、积极融入的状态。愿意将自我和旅游目的地的社会系统联系起来，将自我作为群体的一部分、按照被群体认可的方式发生行为、在社会交往中会建立新的社会关系，比如前往少数民族旅游的旅游者，会自发地遵守当地文化习俗，并用心感受文化的真谛①。旅游者说话也会比在常居地时变多，变得更容易交流。互动的话题呈现更敏感、更喜剧的倾向②。

另一方面是旅游者群体内部的社会互动关系，在日常生活中，部分社会互动是被动的，由于工作性质而必须要产生的社会联系、由于亲密关系而必然要发生的社会沟通，个体的自主选择性较弱，而在旅游中的社会关系是可以进行自我掌控的。旅游者在进行旅游决策时重视对同游者的选择和与其他旅游者的关系构建。互动关系的自我取向为塑造自己满意、舒适的社会联系创造可能，但也或将会产生一些"事与愿违"的结果。例如，旅游者间的社会互动关系会出现以下一些情形：在旅游

---

① 包军军、白凯：《自我认同建构的旅游介入影响研究——以拉萨"藏漂"为例》，《旅游学刊》2019 年第 7 期。

② 李志飞、夏磊、邓胜梁：《旅游者社会行为变化及其影响因素研究——基于常居地—旅游地二元情境》，《旅游学刊》2018 年第 1 期。

活动过程中始终都是陌生人，保持疏离的状态，比如在跟团旅行中，旅游者通常只是听从导游的指令，在自己熟悉的小团体范围内进行社会互动；经过各种邂逅，通过旅游活动的互动成为好朋友，在旅游活动结束后仍然保持互动关系，并且会通过再次同游强化关系；原本亲密的关系在旅游活动后恶化甚至破裂，例如由于旅游活动提高了情侣间的互动频率，个人身上的缺点也会进一步暴露①，出现了"旅行完就分手"的现象。同时，旅游者还会呈现出乐于互助的变化，表现出与同伴的合作性行为，相较于常居地互助行为更为明显和突出②。

三 理性世界出离

在惯常环境中，受多方因素的影响，个体理性与感性的影响范围和程度是相对稳定的，并且会受惯习的影响而遵循记忆、经验等固定的思维模式。个体决策时会处于不断思考、反复思量的过程，力求结果在长时间内是令人满意且相对优良的，在决策之前旅游者能够清晰地判断哪些想法是理性的，哪些是感性的。惯常环境中的个体趋近于西蒙提出的"有限理性"假说，然而，由于旅游是暂时出离惯常环境的"第二人生"体验，惯常环境下的记忆和经验会在一定程度上被"悬置"，其会模糊旅游者对感性和理性的判断，以及对"最低满意标准"的识别。某些时候，旅游者的认知活动更趋近于弗洛伊德提出的情感支配观点。旅游者选定某一目的的，不会完全基于对时间、金钱、住宿、餐饮、娱乐等所有相关产品的综合比较，往往是因某一突出吸引物而做出的决定，如因"吃火锅"而去重庆，因"滑雪"而去哈尔滨，并不是计算了交通、时间、住宿综合最优的结果，更是由某一突出需求引致。即便旅游者在出行前进行了详细的计划，到达非惯常环境时，仍会产生计划外的冲动购买、街边美食的随缘邂逅以及路上美景的意外发现③。旅游

---

① 彭丹：《旅游体验研究新视角：旅游者互动的社会关系研究》，《旅游学刊》2013 年第 10 期。

② 李志飞、夏磊、邓胜梁：《旅游者社会行为变化及其影响因素研究——基于常居地—旅游地二元情境》，《旅游学刊》2018 年第 1 期。

③ 李志飞：《旅游行为：有限理性与空间转换》，《旅游学刊》2017 年第 12 期。

过程中，旅游者更多追求感官享受和情感满足，更可能依赖情感直觉作为心理捷径来简化理性决策过程①。

恣纵消费也是旅游者出离理性世界的有力说明。对生命意义和时空掌控的偏爱使得旅游者对第二人生分外"珍惜"，在旅游过程中格外追求放任自我、无拘无束的"恣纵"体验，注重需求的及时满足②、当下的享乐体验③，在此过程中，旅游者投入的时间、金钱或精力会远超常规水平④。比如，愿意支付76.8万元的高昂费用体验"挑战南极点"的旅游产品⑤、购买价格不菲的旅游纪念品、去未经开发且没有保护措施的旅游目的地探险、赌博、吃野味、在当地社区拍照、打卡、喧哗，该类行为专注于眼前的享乐，往往忽略了长期的后果，从而可能带来一些负面影响。

非惯常环境的第二人生体验在一定程度上重塑了旅游者的身份、角色和思维方式，旅游者将会对"我想成为谁""我能成为谁""我如何成为谁""我需要什么""我如何满足我的需要"有新的认识和理解。这将影响旅游者的惯常框架，使其信念、规范、价值观、需求和行为准则发生相应的转变，在非惯常环境中表现出需求和行为异化。对于旅游研究和旅游企业而言，只有了解、掌握并能够预测旅游者的需求和行为异化，才能更好地把握旅游的本质，推动旅游业的高质量发展，并充分发挥产业带动的优势作用。

---

① McCabe, S., Li, C. (Spring), Chen, Z., "Time for a radical reappraisal of tourist decision making? Toward a new conceptual model", *Journal of Travel Research*, Vol. 55, No. 1, 2016.

② Bechara, A., "Decision making, impulse control and loss of willpower to resist drugs: A neurocognitive perspective", *Nature Neuroscience*, Vol. 8, No. 11, 2005.

③ Mak, A. H. N., Wong, K. K. F., Chang, R. C. Y., "Health or self‑indulgence? The motivations and characteristics of spa‑goers", *International Journal of Tourism Research*, Vol. 11, No. 2, 2009.

④ Battaly, H., "Epistemic self‑indulgence", *Metaphilosophy*, Vol. 41, No. 1‑2, 2010.

⑤ 知乎用户 OXzdDB：《马蜂窝大数据：长城站旅游申请开放，南极热度上涨 28%》（https：//zhuanlan.zhihu.com/p/83363049）。

第二章 熵减视角下的
旅游需求漂移

第一节 人生熵增定律

一 人性难逃：进化而来的元需求

经过漫长的自然选择进化过程，人类为了适应优胜劣汰的筛选机制，形成了稳固的人性内核。而人性之中既难逃所有动物的宿命，也蕴含了人类都有的情感系统。诚然，人性的根源在于满足最基本的生存需求，而在生存的过程之中，人类演化出了最为复杂的情感系统。这使得人类开始萌发出向内探求何为自我、向外探索未知世界边界的动机，也即探讨人与自我、人与他人关系的镜像管理需求和通过探索外界满足内心兴趣的好奇需求。

生存需求促使人类不断为生物意义的生存而努力，镜像管理需求和好奇需求则鞭策着人类为了更好的生活而奋斗。这三种需求构成了人性的基石，也是个体最根本、基本的需求——元需求。而这三种元需求是各自独立、不可再分的需求单元。对于个体行为而言，三种元需求应该是同时存在的，虽互不统属，但相互影响，共同指引着个体行为。作为人类最基本、最本质的需求，这三类元需求无时无刻不在影响着包括旅游在内的一切人类活动。

（一）生存需求：一切为了生活

生存需求是人的最基本的需求，这是为了"活下来"的基本需要。哲学意义上的生存需求，包含了人最为本质、最为深刻的内涵，即人对整个客观世界规律的认知和把握。在人类进化的原始阶段，原始人的意识演进水平还未与其他动物在演化上有明显区分，还未产生自身思维和行为是受到生存需求这一自然规律主宰的意识，甚至不能意识到自己的状态便是生存，他们只是盲目地接受演化规律的支配。因此，在这个时期，生存需求是在未被主体意识到的情况下，客观地体现在原始人类的生存活动中。随着演化推进，人类开始产生自我意识，认识到何为生存、何为世界，而此时生存需求作为一种最内在的需求，早已渗透到人类的思维方式和活动之中，又被有意识地外显为各种行为，通过行为实践得到需求的满足。

因而，生存需求是生而为人的基本特征，哲学意义上的生存需求兼具社会性和实践性，与人类自身，特别是与人类认识、改造世界的能力是不可分割的。通过长期的生存实践活动，人类既改造了外在于人的自然界，同时也改造了人类自身。人类以生存活动来满足自身的需求，从而"物化"了生存需求。生存需求包括了人类最基本的生理需求，对食物、性、安全感和物质财富的渴求。为了实现生存需求，"人类通过改变外在事物来达到这个目的，外在事物被刻下人类内心生活的烙印"①。现代社会中所强调的生存需求则是通过包括物质实践和精神实践在内的种种社会实践活动，实现对客观对象的占有和控制。

（二）镜像管理需求：打造"自我"

何为自我一直以来都是个体不断审视自问的哲学问题，弗洛伊德、詹姆斯、罗杰斯、拉康等心理学家和哲学家不断对自我的界定提出新观点，尤其是拉康提出的"镜像自我"概念历来受到学界重视。

拉康认为，人的认识起源于人对形象的"痴迷"，并将这一阶段的起始点定为婴儿对"镜子里的自己"的认同，而个体对于自我形象的认同和修正自此开始将贯穿一生。镜像自我代表了个体趋向于实现自我整体性和自主性的努力，通过镜子作为外部媒介，具象存在的自我与镜中影像的关系构成"想像界"，人类正是从作为想像界开端的镜中自我开始进入社会中的"我"②。

---

① 黑格尔：《美学》第1卷，商务印书馆2006年版，第39—326页。
② 刘文：《拉康的镜像理论与自我的建构》，《学术交流》2006年第6期。

自我意识的产生和异化同时发生。从表面而言，主体建立依赖于自我异化；但实际上，自我需要自身和他者的共同建构，而这个"他者"是自我的对应物，来自镜中自我的影像，是主体通过与这个影像的认同实现的。这意味着，主体对自我意识的判断总是伴随着一个"他者"，自我意识在这个"他者"的参照下形成。这个镜中的"他者"正是主体自己根据自恋认同与自我联系起来的镜中自己的影像（刘文，2006）。

简而言之，具象存在的主体在其精神层面存在一个"镜像自我"的形象，这个形象可以抽象地理解为是主体对于理想自我的建构，镜像自我既包含了主体对于现实自我的认同，也集合了主体对于现实自我的憧憬。可以说，"镜像自我"是个体希望成为的形象，但只存在于内心的想象，可望而不可即。个体会终其一生追求"镜像自我"的实现，当他达到某个令自己满意的程度时，"镜像自我"的形象就会更新到一个更高的高度，个体再次为了达到这个新形象而努力。

个体实现"镜像自我"的努力路径有两种，其一为通过不断向内审视而规范自我外在形象的自我管理；其二是尝试向他人（向外）投射自身所希望他者感知到的自我形象的印象管理。例如一个高中生，他对镜像自我形象的建构是一位诗人，他所进行的自我管理会表现为每天写一首诗以精进自己的水平，在印象管理上会表现出把自己满意的诗读给朋友听，期望朋友可以认可并传播他诗人的名号。

个体对于缩小现实自我与镜像自我两种形象的差异而做出的努力贯穿于整个生命阶段，也体现在其行为的方方面面，每一次尝试后个体都会根据这次尝试的结果对于镜像自我的形象进行更新，以便于不断靠近理想的形象。

（三）好奇需求：探索未知

好奇是人类探求新知识和新信息的内在动力，能够激发人的兴趣并缓解不确定感[①]。好奇心也是人类学习和发展的重要内驱力，是人类进

---

① Litman, J. A., Collins, R. P., Spielberger, C. D., "The nature and measurement of sensory curiosity", *Personality and Individual Differences*, Vol. 39, No. 6, 2005.

行创造性和探索性活动的必要心理特征。

本能论认为好奇是人类的原始动力，是人类的本能①。好奇犹如口渴，当个体感知到口渴时会不自觉的抿嘴、咽唾沫、主动寻找水源。而当个体觉得好奇时，也会产生一种"不舒服"的感觉抑或是一种"行动欲望"，会促使个体主动探索周围的环境，从环境中发掘能够缓解这种"不舒服"的感觉的要素，并在行动欲望的促使下采取具体的行为。进而，使得好奇的感觉被满足，个体会体验到愉悦感。Kang 等通过神经实验发现，好奇与预期奖赏的脑区有关。从大脑器质功能而言，好奇是人类在社会生活中生存的本能②。

好奇心的产生与兴趣—剥夺有关③。具体可从个体在喜好和需要两个维度的水平状况来衡量个体好奇的来源。当个体的喜好水平高但需要水平低时，好奇是由个人兴趣引发的；当喜好和需要水平都很高时，好奇是由剥夺感引发的；当喜好和需要的水平都很低时，好奇是由无聊感引发的，这时个体想要寻求新鲜事物的刺激；当个体的喜好水平低而需要水平高时，有可能是一种病态的好奇，个体或许只是希望缓解不确定性。

人类不仅会对客观世界感到好奇，也会对其他的人产生好奇。好奇心包含知觉性好奇和认知性好奇④。知觉性好奇，顾名思义，是由新异的知觉刺激所引起的，该刺激会引发个体探索性的行为。认识性好奇是由认知上的不确定性所引发的，这种不确定性感知会激发个体主动提问并寻找答案。

二　惯常环境下的需求博弈与熵增

每个个体都会拥有每一种元需求，并且三种元需求对人的发展同样

---

① Day, R. H., "Rational choice and economic behavior", *Theory and decision*, Vol. 1, No. 3, 1971.

② Kang, M. J., Hsu, M., Krajbich, I. M., Loewenstein, G., McClure, S. M., Wang, J. T. Y., & Camerer, C. F., "The wick in the candle of learning: Epistemic curiosity activates reward circuitry and enhances memory", *Psychological science*, Vol. 20, No. 8, 2009.

③ Litman, J., "Curiosity and the pleasures of learning: Wanting and liking new information", *Cognition & Emotion*, Vol. 19, No. 6, 2005.

④ 李天然、俞国良：《人类为什么会好奇？人际好奇的概念、功能及理论解释》，《心理科学进展》2015 年第 23 期。

重要，任何一种需求的缺乏、不被满足都会影响个体的身心发展、破坏生活的平衡。同时，个体具备感知需求状态、并积极采取行动的能力。自我决定理论假设人类是积极的个体，能够自发地通过与自然环境和社会环境的有机互动进行自我学习、自我完善与自我整合①，从而实现需求的满足以及生活的平衡。可见，人与环境互动是需求满足的重要路径，环境是影响个体元需求满足的主要因素。

个体的生命环境由惯常环境和非惯常环境两部分组成，惯常环境是日常生活、学习、工作等重复实践的环境，拥有固定的社会角色、社会身份、社会关系和社会责任，个体时刻需要对其面临的责任、义务作出回应，践行角色身份对应的框架。其中，家构成了个体日常生活的重要单元，幸福的家庭氛围是生存需求实现的重要一环，能够满足个体对安全感、爱与理解的需求。同样，幸福的家庭也是个体进行印象管理的重要方面，父母敬爱、孩子可爱、夫妻恩爱是很多个体希望塑造的形象。良好的学习环境和工作环境同样也是三种元需求得以满足的关键要素，个体需要平衡学习压力与学习资源、工作压力与工作资源、付出和获得的关系，但平衡往往相对困难且会受到不确定和不可控因素的影响。个体希望学习和工作的内容能够同时满足自我兴趣和物质财富的需要，且不影响个体维系亲密关系，塑造"学霸""优秀员工""称职的父母"等形象。但实际情况多是，三种需求往往不能被完美平衡，个体或将不得不为了物质财富的满足而暂时牺牲工作兴趣，不得不为了优秀员工的形象塑造而暂时牺牲称职父母的形象。例如，日本的一位女性为了实现猫咪咖啡厅的经营需求，节衣缩食15年，最终买下3栋楼，距离其救助流浪猫的需求更近一步②。可见，一种需求的极大满足往往会以牺牲另一种、几种需求的满足为代价。

虽然理论上，各种元需求之间应该并不矛盾且能够相互促进，一种

---

① 吴才智、荣硕、朱芳婷、谌燕、郭永玉：《基本心理需要及其满足》，《心理科学进展》2018 年第 26 期。

② stosto 整理生活：《"日本最省女孩"攒钱 15 年买下 3 栋千万豪宅，33 岁退休生活》，2020 年 8 月 31 日，新浪网（https：//k.sina.com.cn/article_ 2416947264_ 900fb04000100w2pj.html）。

需求的满足会促进另外两种需求的满足，一种需求的受阻，也会导致其他需求的不满足。但实际上，社会环境的特殊性会凸显不同需求之间的矛盾，导致元需求的满足处于不断博弈的状态①。比如，个体有时候需要为了合群而放弃或牺牲自己的兴趣，不得不收敛对群体不认同的事件的好奇。少数群体能够以自我认可的价值为基础，从"牺牲"中感受到极大满足，实现多种需求的统一融合。但多数群体会在不断"牺牲"中意识到需求受阻，导致内部动机降低，增加压力和疲劳感知。相应地，该类群体会将注意力集中在受阻的需求上，试图调整需求受阻的状态，这会造成注意力和资源分配从已经满足的需求转移到未被满足的需求。理想状态是这种转移会带来平衡实现的幸福感，但现实情况是往往会加剧自我损耗，因为个体不得不承受原有被满足的需求重新陷入缺乏的糟糕状态。加之，人们倾向于沉浸在相对容易满足的需求中，或者更容易被能够满足的需求领域所吸引，这也在一定程度上加剧了三种需求的不平衡。

除此之外，随着时间的推移，个体的生命阶段发生变化，所面临的社会环境、资源、压力也在不断改变，对每种需求也会有不同的敏感性。例如，青年和老年对每类元需求的重要性感知存在差异，青年对好奇需求和镜像管理需求的重要性感知较强，而老年则对生存需求的感知更强烈。同时，随着生命历程的迈进，个体社会身份将越发复杂，需要在多重的社会身份中不断切换。一个个体可能既是 A 又是 B，还可能是 C 和 D，复杂的社会身份也决定了个体需求转换的复杂性，降低了获得坚定而明确的需求的可能性。元需求会随着个体身份的复杂转变而变得更难满足，即便是曾经对个体而言相对容易满足的需求，也会产生新的匮乏感，每种元需求之间的平衡也变得愈发困难。个体需要思考在不同的环境下如何分配有限的资源，满足相应身份对应的需求，表现出符合身份的行为。但外在环境未必能够为复杂身份对应的多种元需求的满足提供充足的物质和精神条件，这就使得元需求的博弈无处不在。例如，

---

① Ryan, R. M., Deci, E. L., "The darker and brighter sides of human existence: Basic psychological needs as a unifying concept", *Psychological inquiry*, Vol. 11, No. 4, 2000.

一个个体既是天文爱好者，又是学生、儿子和男朋友，他需要平衡不同身份对应的需求。需要在抬头憧憬星辰大海和低头奋笔疾书之间做出时间取舍，需要对有限的收入做出合理分配，有时不得不牺牲买天文装备的费用，用于日常开销、孝顺父母、情侣休闲。此外，人类是具有时间感知的个体，会回忆过去、聚焦当下、放眼未来，这也使得个体不得不时常陷入是满足当下还是保障未来的抉择中。不同个体关于过去和未来的总体意识剥夺了现在的价值，使现在成为过去与未来的过渡存在，这种意识也使个体很难活在当下。

惯常环境中的个体由于种种原因，不得不聚焦于全局最优，需要压抑自己的某些需求，以满足其他更为迫切的需求。同时，受限于资源的有限性和环境的不确定性，个体需要时刻调整需求结构，积极应对不断衍生的新需求，常常处于得陇望蜀、捉襟见肘、进退两难的尴尬境地。各种各样的需求不断产生、不断抉择、不断博弈，在这样的过程里也在不断消耗着个体的能量。在不加干涉的自然状态下，惯常环境这一孤立系统①中的元需求看似会走向熵增定律指向的那样——从有序到无序。当个体对抗掉一单元受阻需求的同时，就会有新一单元的需求出现，从而陷入到"对抗—产生—再对抗—再产生"的无限"恶性"循环中。个体会发现需求永远无法被完全满足，受阻的需求一直存在。加之，人生对每个个体而言都是新的、第一次的、没有经验可依赖的，个体无法直接获得满足与平衡需求的最优路径。在对抗受阻需求的过程中，需要持续努力，但并非所有的努力都会百分之百解决需求的受阻，其中间会夹杂着自我损耗、无效努力。随着时间的推移，生命的演进，环境无时无刻不发生新的变化，这也决定了个体的需求在时间上是高度异质、瞬息万变的。个体会因为把握不住经验路径而困扰，因为持续努力而疲惫，因为持续产生无效能量而迷茫，因为需要持续面对新的无法被立刻满足的需求而痛苦、混沌。

---

① 注：本书提及的孤立系统并不等同于热力学第二定律中的概念，而是为了强调惯常环境由于其有限的边界、固定的身份、稳定的社会关系等特点，缺少足够的外部刺激和新鲜元素来帮助个体提升对抗熵增时做功所产生的有效能量。致使个体在对抗惯常生活熵增的过程中，做功所产生的能量是趋于边际递减的。

三　非惯常环境：让熵减成为可能

对抗生活熵增有两种方式，一种是在固定系统即惯常生活环境中不断努力，不断做功，寻求替代性满足，例如，葡萄酒专家在日复一日的品鉴中丧失了对葡萄酒的"好奇"，或变得情感麻木，但其会努力发展新的兴趣，来满足自身的好奇需求，重新发现探索的快乐；数学学习表现不佳的学生，可能会在其他学科上努力学习，寻求成就感的替代性满足。另一种不是直接对抗熵增，而是选择系统的切换，即离开惯常环境前往非惯常环境，通过在非惯常环境中获得的额外能量，再次投入惯常环境努力做功。例如，日常加班的上班族在休假时会前往非惯常环境旅游，唤醒内心深处对自然、探险的渴望。需要强调的是，这种系统的切换需要暂时性加持。倘若个体在非惯常环境停留过长时间，新奇感知、陌生性、阻隔性等非惯常环境的功能属性则会降低，原有惯常环境中的复杂身份、角色、责任、社会关系会慢慢涌现，个体将重新陷入一个熟悉的、需求渐趋复杂、需要感受努力边际递减的熵增过程中。同时，虽然短暂进入非惯常环境的方式有很多种，出差、看病、探亲，但该类行为在本质上仍是惯常环境需求压力的延续，如为了良好的工作绩效和薪资报酬不得不接受出差，但出差并不是个体主观可控的，为了对抗熵增而进行的选择。相对而言，旅游是一种可控的抽离，是对抗惯常环境熵增的有效路径。旅游为个体封闭的惯常环境提供了需求满足的出口，个体自发进行短暂的时空变换与需求漂移来体验不一样的人生。

不同于惯常环境中人在各种需求之间的进退维谷，非惯常环境，尤其是提供旅游体验的非惯常环境，为个体压抑的需求提供了释放的空间，是改变的开始。加之旅游的停留暂时性，使得个体能够获得坚定而明确的需求，短暂地聚焦于情境最优，从无序渐趋有序，让体验熵减成为一种可能。例如，穷家富路是旅游者较为典型的非惯常消费行为，在某种程度上该行为表现正是由于惯常生活中的生存需求压抑了好奇需求和镜像管理需求。个体需要在惯常生活中降低购买和消费的欲望，以获得应对突发事件的储蓄资金。但非惯常环境会凸显旅游者被压抑的、未感知到平衡的需求，从而使得个体能够以一种简单的、直接的、特殊的行为方式谋求满足。在旅游的过程中暂时可以忘记资金的未来规划，不需要承受还贷款、交学费、交保险等压力，暂时体验"喜欢就买""好奇就玩""想吃就吃"的快乐，较为容易地进行短期需求即时满足的规划。

同时，非惯常环境不同于惯常环境，其没有边界、范围广泛，个体具有较大的选择空间。当个体选择环境转变以补偿需求时，其所选择的非惯常环境往往是个体可控的、预期有序的、能够自行定义身份、选择社会关系、明确需求目标的。在非惯常环境里，个体能够按照简单的角色线、需求线进行自我叙事，可以短暂体验属于自己内心的故事线。因为有惯常环境的混沌无序作为参照系，个体能够深刻地感受到需求更容易被满足。

个体对于不同的系统拥有不一样的感知和控制力。相同单位的熵增，在惯常环境里可能成为"压死骆驼的最后一根稻草"，而在非惯常环境中可能并不能被意识到。例如，惯常环境中的突然下雨会影响个体通勤的时间、工作的心情，让原本艰巨的任务变得更加困难，不得不牺牲午休追剧的时间来加班。而非惯常环境中的突然下雨，可能并未让旅游者感受到"糟糕"，反而会静观细雨中的山家烟火，体验平凡而自然的快乐。突然来临的出差，会让惯常环境正在工作的个体焦头烂额，但临时起意的旅行，可能会让个体有条不紊地进行线路规划、住宿和餐饮选择。所以，某种程度上，旅游是利用了时间、事件和感知差，躲避了一些熵增，短暂地体验了熵减，实现了生命的延展。

同时，在非惯常环境中体验到的熵减状态或将让旅游者正视自己的内心、反思自己在惯常环境中的角色和框架，通过积极的调整，投入到一个更有效率的努力状态中，促使元需求结构朝着平衡的方向转变。同样，重新回到惯常环境后，个体的生活也可能变得更加无序，因为其不得不从熵减的良好状态抽离，投入到熵增的对抗中。但一般而言，后者持续的时间短于前者，通常，个体已经习惯了惯常的无序，有一定的适应性。因此，笔者认为旅游的本质就是人们通过短暂的时空转换和需求漂移来实现熵减的过程，以此达到生命的横向延展和生活的动态平衡。

第二节　旅游中的需求漂移

一　需求漂移的概念

在多个领域的研究中，都尝试使用"漂移"的概念以解决一些现象的时序性和内涵性变化，如概念漂移、兴趣漂移、评分者漂移、话题漂移、抗原性漂移、文化漂移、知识需求漂移、消费者漂移、用户需求漂移等。漂移是指数据分布随着时间推移的变化[①]。其中，关于概念漂移的界定，目前引用较多的为 Widmer 等的界定，指不稳定、不独立分布的动态数据流中隐含内容（hidden context）即上下文情境的变化，会或多或少导致所隐含的目标概念（target concepts）发生变化，甚至是现象规律发生根本性改变[②]。类似地，消费者漂移和用户需求漂移都强调了这种改变。

旅游者是特殊的消费者、用户，基于旅游情境的需求漂移理应涵盖消费者漂移和用户需求漂移的共性，同时也突出了从惯常环境到非惯常环境变化的特殊性。

旅游者在进入非惯常环境之前，其元需求结构是相对稳定的，这也为需求漂移提供了可识别、可衡量的参照系。究其原因，一方面，在长期的惯常生活中，由于客观因素和主观性格的长期作用，每个人会在各种生存需求、镜像需求和好奇需求之间形成一个基于价值排序的相对平衡的配比和结构。例如，有的人更注重满足生存相关的需求，而压抑了自身兴趣相关的需求；有的人可以吃不饱穿不暖，却仍然想要维护自己的面子（镜像需求）。惯常生活中，排除重大变故或是其他强烈的刺激，个体对不同元需求的重视程度和优先级排序相对稳定。另一方面，由于社交关系的复杂性，生命时长的不确定性等，个体往往不能遵循内

① Lu, N., Zhang, G., Lu, J., "Concept drift detection via competence models", *Artificial Intelligence*, Vol. 209, 2014.

② Widmer, G., Kubat, M., "Learning in the presence of concept drift and hidden contexts", *Machine learning*, Vol. 23, No. 1, 1996.

心，而是受到多元角色和身份的制约，并需要在多元的需求中徘徊、纠结。随着时间的推移，个体只能倾向于最大化地满足尽可能多的需求，或者并不清楚到底应该优先满足哪个需求。

旅游中非惯常环境的特殊性使得个体重新聚焦于内心最迫切、最想要、最本真的偏好，将个体从回忆过去、满足当下还是保障未来的抉择中剥离，得以简化和明确自己在旅游中的需求。例如，只想做三天懒人，只想全心全意陪伴家人。此时，"只想"在很大程度上替代了"不得不"，冲击着惯常生活中的元需求结构。例如，平时将生存需求（上班挣钱）放在镜像需求（做一个好丈夫，好爸爸）重要性排序前面的个体，在旅游的过程中能够暂时忘掉工作，选择全身心的做一个好爱人，这就是需求漂移的表现。

综上，可将旅游情境下的需求漂移定义为，当旅游者从惯常环境来到非惯常环境时，环境的变化以及旅游者自身隐含情境（时间偏好、元需求矛盾等）的变化，会使得旅游者的需求分布或多或少发生改变的现象。这种需求分布变化既包括不同需求维度之间的结构性变化，也包括同类需求的程度性变化。虽然，每个旅游者的需求漂移都是其惯常环境的映射，具有个体差异性，但究其本质，都是一种对抗惯常环境中的熵增的表现。而旅游者的需求漂移是旅游者行为区别于一般消费者行为的关键，因为这种需求分布的变化会导致人在旅游的过程中产生系统性的行为调整。这种调整可以表现为生活各方面行为模式的显著改变，也可以表现为心理感知变化下不太明显的行为微调。

需要注意的是，旅游者的需求漂移存在正效应，也可能存在负效应。正效应主要指，需求漂移对旅游者自我实现、自我发展等层面的促进作用，而负效应指受非惯常环境特殊性的影响，旅游者产生放纵、破坏等负向需求，且在整个旅游过程中沉溺于上述需求的满足，这种漂移会持续到旅游结束后的一段时间内，对惯常生活产生负面影响，但这种影响或随着惯常生活社会规范、身份角色等的束缚而被逐渐消解。随着旅游的不断发展，旅游目的地、旅游行业和企业旨在为旅游者提供能使得其需求漂移最大限度产生正效应的体验。

二　需求漂移的表现

需求漂移是一个动态变化的过程，贯穿在离家前、离家时候、途中、到达目的地、目的地游览途中、归途、回到家中、到家后的一段时间。需求漂移不仅表现在旅游者的行为变化中，还存在于旅游者的心理及思维中，且心理及思维的需求漂移将早于行为的具体体现，即在旅游者出发前，其意识形态的元需求配比和结构已经开始发生改变，从而影响着旅游者出发前的一系列行为，如选择目的地、预订酒店、打包行李、交代注意事项等。

从动态变化的过程来看，漂移程度即元需求的变化程度在离开家时可能突然达到一个较高的水平，在路上的时候处于波动上升状态，到达旅游目的地又开始骤升，随着在旅游地停留时间的变化，斜率逐渐变小，回家途中缓慢波动趋于平稳，到家又有断崖式的变化。到家的第一天，日常琐事、惯常的身份角色就会瞬间"回归"，这使得个体的元需求序列以很快的速度恢复到出发前的状态。但随着旅游过程中回忆、分享的发酵，元需求配比和序列或将呈现出朝着旅游过程中个体满意的需求配比和排序的缓慢变化。虽然个体希望在惯常环境中持续第二人生的熵减状态，但因为惯常环境是熟悉的，有束缚的，所以整个配比和排序

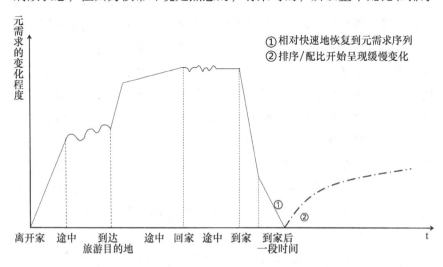

图2-1　需求漂移的动态过程

不会突然变成旅游中希望形成的雏形，而是一个缓慢变化且需要个体努力做功的过程。旅游需求漂移存在时间延迟，并不是空间时效的。

三　旅游者需求漂移分类

概念漂移的依据同样适用于需求漂移，本部分内容将参照概念漂移分类的内涵并结合旅游者需求特征对旅游需求漂移的分类进行探讨。

（一）依据变化速度分类

旅游凭借其非惯常的环境刺激为旅游者提供了改变元需求配比和结构的契机。非惯常环境的刺激部分是可预期的，部分是难以预料的，后者有可能使得元需求的重要程度/有限程度在瞬间重新排序，产生需求的突然漂移。旅游需求突然漂移强调了需求漂移发生的迅速性，但并不定义改变的程度是否可逆。随着旅游过程的推进，元需求可能发生缓慢漂移和循环漂移。元需求的价值序列不断改变，呈现消失、新增、消失后复现、新增后剔除、短时间内连续波动等不同状态。

（二）依据变化时间或影响累积效应分类

元需求的概率逐渐漂移（probabilistic gradual drift），指当旅游者一次出去旅游时，元需求的某一组成部分发生变化，下一次出游时该部分不再变化，而再下一次可能又发生同样的变化，变化具有偶然性和随机性。随着旅游次数、旅游经验的增加，当元需求的某一组成部分每次都发生稳定的变化时，可以认为旅游者产生了旅游需求惯习。而需求的连续逐渐漂移指（continuous gradual drift），个体来到非惯常环境初期，他的元需求只发生很小一部分的改变，随着出游时间的变化，逐渐地，越来越多的需求发生变化，这种变化也对应着行为的变化，使得旅游者整体看起来与惯常环境变得不一样了。从旅游经历增多的时间尺度来看，需求漂移或存在时间/影响累积效应，即每次出游，个体的元需求都会发生一点改变，随着出游次数的增加，元需求的改变也随之增加，后期，旅游者的元需求或将变得与第一次出游前的元需求完全不一样。

（三）依据需求变化严重程度分类

依据需求变化的严重程度可分为需求严重漂移、需求交叉漂移、需求虚拟漂移三种，其中前两种也可被称为需求真实漂移。需求严重漂移指的是，元需求序列发生本质性的变化，即元需求每一维度（生存、镜像、兴趣）的排序和配比份额均发生变化，此时对应的旅游者行为应该是完全非惯常行为，惯习不起作用，非惯常环境起绝对主导作用，旅游实现需求补偿。需求交叉漂移指，元需求的某两个维度的排序发生变化，非惯常环境和惯习交替作用，产生弱非惯常行为，旅游实现需求补偿。需求虚拟漂移指，元需求维度的排序未发生变化，仅各维度的配比份额发生改变。此时，旅游者的出游动机或为实现需求的增强，即惯常环境能够在一定程度上满足旅游者的需求，但是这种满足程度不及非惯常环境，因此，旅游者或将选择符合心理预期距离的与惯常环境差异较小的非惯常环境作为旅游的目的地，此时，旅游者的惯习得以较大强度的保留，较多产生类惯常行为，实现需求增强。同时，当旅游者处于没有目的、无所谓的心态时，非惯常环境可能在不经意间对旅游者产生触动，也可能产生需求虚拟漂移。

需求虚拟漂移和真实漂移经常同时发生。但需求虚拟漂移也可能单独发生。通常，元需求排序和配比的变化是同时出现，这意味着出现排序变化必然出现配比变化，但是出现配比变化不一定出现排序变化。

（四）依据主观意识分类

依据主观意识可划分为计划性需求漂移和非计划性需求漂移，计划性需求漂移指旅游者有清晰的旅游需求和动机，主观意识（自发性）强，旅游者自始至终有意识地选择增强和补偿；非计划性需求漂移指没有计划性的旅游动机或需求。起初可能归结为无意识的某一维度的增强，但到达旅游目的地，切身感受到客观的非惯常环境与惯常环境的文化、景观等多方面差异后，非惯常环境的独特性发挥作用，旅游者的主观能动性被唤醒（有意识），某一维度需求被激活，部分行为发生改变。虽然起初的增强维度可能始终排序第一，但另两个维度可能发生变化。属于排序和配比交织，即先增强，后补偿。

（五）依据漂移的持续程度分类

根本性需求漂移（不可逆/延续）：非惯常环境可能是与惯常环境差距较大的环境，惊喜非惯常、期望非惯常、失望非惯常等，旅游者的行为应该是近完全非惯常行为，且这种旅游环境中旅游者需求的排序和配比会延续至元需求，导致元需求的配比和排序发生变化，本研究认为惯常和非惯常环境的排序均发生改变，需求漂移才是根本性的。

局部性需求漂移（可逆/不延续）：需求漂移只发生在非惯常环境中，此时排序和配比可能都发生改变，但配比变得相对多一些。对应的环境可能是类惯常环境、期望非惯常环境、无期望非惯常环境，旅游者的行为可能是类惯常和弱非惯常的，也可能是自我惯常（主体无意识状态，自认为是惯常的，别人觉得不惯常），这种变化只会让元需求的配比略有起伏。

四 旅游需求漂移与熵减

惯常环境中个体的元需求进退维谷，其主要原因大概有两方面。一是生命历程中身份复杂性导致的需求复杂，二是个体对未来时间的不确定性导致的长期需求和短期需求难以平衡取舍。这两种原因也意味着个体在非惯常环境中实现熵减对应有两种不同的路径，分别为横向熵减路径和纵向熵减路径。

（一）横向熵减路径

惯常环境中个体的社会身份多元复杂，个体需要在多重的社会身份中不断切换，这也造成了不同元需求间的博弈，往往使得个体的需求满足处于捉襟见肘、得陇望蜀的尴尬状态。个体能够较为清晰地感受到惯常环境中的身份和元需求矛盾，即"身不由己"、存在想满足而无法满足的需求。为了某些身份的平衡，个体不得不"雪藏"部分身份；为了一种需求的满足，个体不得不牺牲其他需求等。

而非惯常环境的地理差异性和身份匿名性等特征使得个体的身份由复杂变简单，由"乔装打扮"变成"本色出演"，身份的简化和回归内心也对应着元需求配比和排序的明晰，这在一定程度上会使个体感受到自我满足、自我和谐的舒适状态。

这种得益于身份简化和回归，使得元需求聚焦或者强化，从而实现熵减的路径叫作横向熵减路径。例如，在惯常环境中需要同时做一个好员工、好爸爸、好丈夫、好儿子的个体，需要专注于生存需求和镜像需求的满足，不得不牺牲作为登山爱好者的兴趣。而在旅游时，个体能够回归登山爱好者这一主要、明确、符合内心的身份，选择有相同兴趣爱好的游伴，登山、暴走，缓解惯常环境中的身份压力，将被牺牲的兴趣需求提前到其他两类需求之上。同样，在惯常环境中不喜欢"内卷"，只想做一个"普通人"的个体难免会显得与周围环境格格不入，不符合努力上进的社交趋势，其不得不"假装努力"，与身边的"打工人"朋友一样，21点下班也要自主加班，斩获"奋进青年"身份。但是来到非惯常环境，由于身份的匿名性，其可以理所当然地选择一处度假酒店，享受短暂的与世无争、感受岁月静好，做一个"普通人"。

（二）纵向熵减路径

随着生命历程的迈进，个体的时间感知以及时间对元需求的刺激将不断改变。个体的时间偏好在聚焦未来、聚焦过去、聚焦现在中徘徊。个体会不断产生"如果高中的时候能够好好学习，现在一定能够有更好的工作""小时候盼着快点长大，长大了觉得还是童年快乐""曾经渴望山那边的万盏灯火、熙来攘往，现在却总是想起那万籁俱寂的夜晚"等类似的后悔、怀旧情绪；"我要努力工作，以后才能过上幸福生活""每个月存点钱，假期就可以出去旅游了""每年都要全家一起出去旅游一次，给孩子留下宝贵的记忆"之类想象未来并约束/计划当下的意识；"人生苦短，及时行乐""且行且珍惜，过好每一天"等关注当下的意识。非惯常环境在一定程度上能够提供"时空穿梭"的可能，个体可以通过旅游场景的刺激与过去对话、与未来联结、与当下共鸣，从而回应上述关于不同时间焦点的情绪和意识形态，获得一种对过去释然、对未来憧憬、对现在自信等情感和行为能量。基于上述时间焦点变化而感受到的熵减，统称为纵向熵减，即聚焦过去的熵减路径、聚焦现在的熵减路径、聚焦未来的熵减路径。

聚焦过去的熵减路径（缅怀过去）。不难理解，惯常生活中有许多熵增是不可逆的，例如破镜不能自己重圆、纸币皱了不会自己恢复平整、现代化的高楼大厦不会自己回到拔地而起前的原生态样貌。过去的生活同样是不可逆的，个体没有办法完全回到过去。但非惯常环境的地理差异使得个体能够短暂地前往记忆中的"过去"，通过历史文化旅游、乡村旅游、祭祖、怀旧等主题旅游的形式，再次触摸过去、思考过去。非惯常环境提供了过去遗憾弥补和美好增强的机会。一方面，使个体能够实现对耿耿于怀的过去的释然，并获得未来的解放。例如，因为童年生活的不幸福，成年后否定并逃离了过去的环境和状态，但是来到非惯常环境中，通过类似于童年生活环境的某种刺激，使得个体重新拾得童年时的兴趣、喜好和理想，意识到过去极力补偿的需求实际上早已得到满足，进而重新对元需求进行了重要性的判断。另一方面，个体能够感受与过去的情感联结，延续过去的力量，通过聚焦过去相对美好、有获得感的时刻，从而从当下的不顺意和未来的困惑中恢复。聚焦于过去的旅游，使得旅游者能够关注过去，而不陷于过去，获得应对当下和未来的能量，从而实现熵减。

聚焦现在的熵减路径（把握现在）。惯常环境中的个体会受到印象中的过去自我和想象中的未来自我所调节，一定程度上剥夺了现在自我的价值，使现在自我成为过去与未来的过渡存在——现在迷失①。非惯常环境有助于个体恢复现在自我的意识，非惯常环境的陌生性和悠逸性为个体的冥想正念提供可能。当抛开惯常身份复杂性带来的思绪混沌，没有太多的个人叙述和判断来分散注意力时，个体得以"放空"，大脑更集中、全面地面对正在发生的现实②，减少了用于担忧、遗憾过去和焦虑、期望未来的精力，将注意力转移到当下和内在。非惯常环境的生活体验将更加自发，并伴随着自信、轻松、快乐的感觉③。此外，裸辞旅游、背包客旅游等特殊形式，以及旅游过程中较大的环境差异、技能——挑战差异，都将使得旅游者在欣赏、参与、互动的过程中感受到畅爽、有趣、敬畏感、惊奇感，这也会使旅游者产生内心的觉醒，获得自我肯定的价值感和平衡过去、现在、未来的力量感。

聚焦未来的熵减路径（展望未来）。过去和现在的生活都塑造着个体对未来的期望水平。同样，如果提前置身于未来，也可能会反观当下

① Robinson, T. D., Veresiu, E., & Babić Rosario, A., "Consumer timework", *Journal of Consumer Research*, Vol. 49, No. 1, 2022.

② Schotte, D. E., "Behavior modification: What it is and how to do it", *Journal of Behavior Therapy and Experimental Psychiatry*, Vol. 14, No. 4, 1983.

③ Sheldon, P. J., "Designing tourism experiences for inner transformation", *Annals of Tourism Research*, Vol. 83, 2020.

和过去。例如，生态旅游鼓励的保护环境、可持续发展以及社会旅游、志愿旅游强调的关心社会福祉都是具有未来导向焦点的旅游形式，这将塑造旅游者的时间体验。在有限的非惯常环境中，通过环境刺激激发旅游者或对立或强化的价值观，使其意识到对现在做减法的重要性，缩小面子需求的配比，减少对与自己经济能力不符的奢侈品消费，或将降低未来工作的疲倦感；为环境和贫困村民做出贡献，将带来不可小觑的获得感，这会使得个体从精致的利己主义转向利他主义，关心环境、生物、他者，实现幸福和满足。

第二篇
旅游消费环境特征及影响

第三章　非惯常环境

第一节　非惯常环境概念及特征

一　非惯常环境概念

在旅游研究中，非惯常环境概念的出现是为了更好地理解旅游的本质。张凌云在 2008 年率先阐释了"惯常环境"和"非惯常环境"这一组相对概念，可以被理解为二者构成了人生环境的全集，除去惯常，则为非惯常。张凌云将"惯常环境"描述为惯常的生活和工作环境或熟悉的人地关系和人际关系①，将"非惯常环境"界定为人们日常生活、工作、学习以外的自然和人文环境②。旅游情境下的非惯常环境是人生非惯常环境的组成部分，因此对旅游情境下非惯常环境的界定需要考虑旅游的特殊性。首先，在界定过程中需要融入空间和时间的双重维度③，即具有异地性（空间异地）和暂时性（时间异化），是"异托邦＋异时间"的组合④，同时应包含游前、游中、游后闭环过程中所涉及的全部非惯常环境；其次，需要强调人的"自觉性"这一主体维度，

① 张凌云：《国际上流行的旅游定义和概念综述——兼对旅游本质的再认识》，《旅游学刊》2008 年第 1 期。

② 张凌云：《旅游学研究的新框架：对非惯常环境下消费者行为和现象的研究》，《旅游学刊》2008 年第 10 期。

③ 王欣、邹统钎：《非惯常环境下体验的意义》，《旅游学刊》2011 年第 7 期；王玉海：《"旅游"概念新探——兼与谢彦君、张凌云两位教授商榷》，《旅游学刊》2010 年第 12 期。

④ 张凌云：《非惯常环境：旅游核心概念的再研究——建构旅游学研究框架的一种尝试》，《旅游学刊》2009 年第 7 期。

应是个体受主观愿望支配，自愿以旅游者的身份进入才能发挥非惯常环境促进自我实现、回归本我等功能；最后，旅游被认为是在非惯常环境下的一种有别于日常经历的异化体验，这就要求非惯常环境需要具备一定的地理差异性，能够暂时帮助旅游者摆脱惯常环境的要素，并提供新的生存要素，可满足食、住、行、游、购和娱的需求。

介于此，旅游非惯常环境应该是吸引个体离开惯常环境一定距离，并自愿花费相应成本去短暂尝试、体验、享受距离变化价值的物质/非物质、自然/社会因素的综合体，是个体在出游前叠加各类信息进行建构的虚拟环境，在旅游中通过身心体验感知的临时心物环境，在旅游后期通过回忆发酵和反馈分享建构的隐喻空间环境。它的起止边界包括进入旅游者的目的地选择域开始，到成为旅游者的最终决策地、再到旅游者踏上行程、开始游览体验、踏上返程，直至行程结束后回忆、反馈、分享到渐渐遗忘①。

非惯常环境和惯常环境的感知差异、个体的不同元需求矛盾、个体的时间偏好等因素都会促使个体从惯常环境中转移出来，前往非惯常环境中完成某种体验，这种环境的变换往往会导致个体表现出不同的行为方式。在旅游闭环中的每一阶段都对应着个体不同的心理活动和行为表现②。因此，需要把握每一阶段的非惯常环境特点，理解旅游者的行为变化。

二 惯常环境和非惯常环境的差异

惯常环境和非惯常环境共同构成人一生的生活环境，二者在人的生命历程中呈现相互补充、此消彼长、投射切换的作用关系③。惯常环境和非惯常环境的实际差异以及旅游者的感知差异是旅游动机、旅游偏好和旅游行为产生的关键。旅游研究基于惯常和非惯常

---

① 李琳、唐亚男、李春晓等：《非惯常环境及行为：基于旅游情境的再思考》，《旅游学刊》2022 年第 11 期。

② 申葆嘉：《旅游学原理》，中国旅游出版社 2010 年版。

③ 陈海波：《非惯常环境及其体验：旅游核心概念的再探讨》，《旅游学刊》2017 年第 2 期。

环境的异同，总结出环境的二元性，如：非凡/普通，快乐/无聊，阈限/规则等①，表现在存在方式和活动图式、地理边界、经济维度、社会关系、文化维度、信息维度等客观存在方面，以及环境感知和自我感知等主观感知方面。

存在方式和活动图式差异。在惯常环境中，受传统文化、社会习惯、家庭教育等潜移默化的影响，人自出生便习得一套相对固定的思维模式和行为方式②，可"不出错"地工作、生活、学习，进而形成思维惰性和惯性，产生思维定式效应，表现出稳定的思维、重复性实践和工具理性③。而在非惯常环境中，人的思维和行为方式一部分会受新环境的影响表现出新的方式和特征，如：冲动、求新求异、感性等；另一部分则延续日常惯例，但一般不存在完全的延续，完全按照日常惯例行事被认为是没有完全进入旅游世界的表现④。其次，随着旅游的普遍化，旅游者遇到的非惯常环境虽有别于惯常环境，但却有旅游共性，因此旅游者或产生"旅游思维定式"，形成一套固有的观察、思考、接受旅游事物的模式，表现为旅游经验定式和非理性定式等。此外，个体在惯常环境中的身份也相对固定且多元，如孩子、学生、父母、老师、员工、领导、邻居等，这些固定且被熟知的身份决定了对应的责任和固定的行为方式，以实现"安身立命"之本。而在非惯常环境中，旅游者这一身份，通常意味着"陌生人""他文化的人""老乡""我们国家的人"或随着旅游者变化而不断变化的身份符号，这些符号会使旅游者有开启第二人生之感，从而有不同的价值判断和行为认知，为追求诗和远方创造条件。

地理边界差异。惯常环境存在地理边界⑤，虽存在个体差异性，但

① Larsen, J., "De‐exoticizing Tourist Travel: Everyday Life and Sociality on the Move", *Leisure Studies*, Vol. 27, No. 1, 2008.

② 衣俊卿：《人的现代化：走出日常生活的世界》，《社会科学研究》1992 年第 1 期；Govers, R., Hecke, E. V., Cabus, P., "Delineating tourism: defining the usual environment", *Annals of Tourism Research*, Vol. 35, No. 4, 2008.

③ 陈海波：《非惯常环境及其体验：旅游核心概念的再探讨》，《旅游学刊》2017 年第 2 期。

④ 赵刘、程琦、周武忠：《现象学视角下旅游体验的本体描述与意向构造》，《旅游学刊》2013 年第 10 期。

⑤ 陈海波：《非惯常环境及其体验：旅游核心概念的再探讨》，《旅游学刊》2017 年第 2 期。

在较大的空间尺度上通常有限、狭窄而固定①。而且，惯常环境的边界会随着身份、生活水平、工作特征、年龄等的变化而变化②。而非惯常环境则具有无限性，惯常环境也会随时间流逝不断转化为非惯常环境。所以，个体的惯常环境范围一定小于非惯常环境。随着科技的发展，亲密关系网络的世界范围移动，非惯常环境同样可向惯常环境转化，且呈现时间尺度波动和空间尺度散点式变化。因此，非惯常环境的地理边界是开放的、发散的、不确定的③。

经济差异。惯常环境有着个体熟悉的消费环境，使其能够依靠直接的经验对产品和服务进行判断，同样具有较高的购买易得性和反悔性，当个体遇到不满意的产品时能够较为容易的进行退换货处理；相反，在非惯常环境中个体缺乏直接的判断依据，加之新颖事物的刺激，使得个体在主观上多将价格—质量进行积极联系，认为同类产品价格高往往质量优，这会导致一定的购买行为偏差④。但也有部分消费者会因非惯常环境的陌生性而持有更为谨慎的态度⑤。同时，环境的变换和停留暂时性会带来较高的时间沉没成本、时间稀缺性感知以及金钱沉默成本，较高的成本降低了消费重置的机会，也使得个体在决策的时候往往注重追求当下的满足。此外，非惯常环境与惯常环境活动图式和地理边界的差异，会使得个体更易出现夸富、攀比、追求奢靡等具有明显失控倾向的消费行为⑥以及随机消费和冲动购买⑦。

社会关系差异。惯常环境基于血缘纽带、传统文化和成长"模式"等原因，个体的社会关系通常固定且庞杂，且需要长期互动予以维系；

①　衣俊卿：《人的现代化：走出日常生活的世界》，《社会科学研究》1992年第1期。

②　管婧婧、董雪旺、鲍碧丽：《非惯常环境及其对旅游者行为影响的逻辑梳理》，《旅游学刊》2018年第4期。

③　张凌云：《非惯常环境：旅游核心概念的再研究——建构旅游学研究框架的一种尝试》，《旅游学刊》2009年第7期。

④　李春晓、冯浩妍、吕兴洋、李晓义：《穷家富路？非惯常环境下消费者价格感知研究》，《旅游学刊》2020年第11期。

⑤　唐文跃：《旅游购物心理成本与营销对策》，《地理学与国土研究》2002年第3期。

⑥　王素洁、齐善鸿：《消费主义与中国公民出境旅游高消费行为探析》，《旅游学刊》2005年第6期。

⑦　李志飞：《异地性对冲动性购买行为影响的实证研究》，《南开管理评论》2007年第6期。

此外，部分社会关系受到权利、地位和财富的驱动，伴随固定的社会功能身份（"工具人"），呈现系统化特点①。而非惯常环境的陌生性和风险感知使得个体在其中的社会关系相对简单、随机、互动较少，且多基于陌生人网络发展。同时，在非惯常环境中，身份定位发生变化，或将呈现平等、谦和、单纯的社会关系②，且整体呈现出随机化特点③。

文化差异。惯常环境是个体长期实践的地方，由熟悉的本土文化笼罩，所以在惯常环境里个体较少感知到文化不适应。而由于地理差异，非惯常环境或多或少充斥着不熟悉的文化，即由不同于个体的他者所构建的文化环境，这意味着不同的价值观和社会规范。一方面，服饰、饮食、景观等文化的差异成为旅游者体验的重要基石，加之旅游的愉悦属性，旅游非惯常环境具有不同寻常的享乐文化氛围。另一方面，文化差异带来的认同度水平也决定了旅游者行为的是入乡随俗，还是入乡不随俗。

信息差异。惯常环境的社会关系为个体提供了相对充分的信息交流机会，为信息的易得性、时效性、准确性和可信赖性提供保障。而非惯常环境社会关系的简单随机也决定了信息的有限且相对混乱。个体需要结合线上二手数据获取信息，而线上数据的准确性往往存在偏差④。信息的不对称性、不准确性和不易获取会影响个体的信息处理方式，多呈现为启发式评估代替系统性评估，这也将使信息处理结果的满意度具有随机性。

环境感知差异。惯常环境是个体频繁出入、长时间停留、足迹反复的地方。个体的心理感知距离近，产生熟悉、安全、高效等感知的同时，也会因熟悉的人际关系、固化的生活节奏和身份符号所产生的群体

---

① Schuetz, A., "The problem of rationality in the social world", *Economica*, Vol. 10, No. 38, 1943.

② 赵红梅：《也谈"communitas"人类学视野下的一种旅游体验》，《思想战线》2008 年第 4 期。

③ 李琳、唐亚男、李春晓等：《非惯常环境及行为：基于旅游情境的再思考》，《旅游学刊》2022 年第 11 期。

④ 李春晓、冯浩妍、吕兴洋等：《穷家富路？非惯常环境下消费者价格感知研究》，《旅游学刊》2020 年第 11 期。

压力而感到重复、枯燥，甚至出现审美疲劳①。而非惯常环境则因其有限次博弈、重游率低、地理差异等特性，能够带给旅游者新鲜、刺激、暂时性的压力释放等感知，但同时也会有"不熟悉"带来的恐惧、不适和陌生②。

自我感知差异。在惯常环境中，"本我"通常受到社会环境、生活压力等限制，不能得到完全展现③，会不断感受到现实自我和理想自我的差距④，从而更迫切地希望展示"本我"，旅游为"回归本我"提供了机会。在非惯常环境中，旅游者短暂逃离惯常环境的社会约束，处于"心游状态"，期望寻求现实自我与理想自我差距的心理补偿，找到理想自我或回归"本我"⑤。

非惯常环境和惯常环境在多方面存在差异，呈现对立或互补状态。差异的存在激发旅游者产生从"惯常"进入"非惯常"的需求，使其既能奋斗于眼前的苟且，也不忘记诗和远方。环境本身的二元性也决定了旅游者行为的二元性，因此，需要抓住非惯常环境的特征以更好地理解旅游者的行为变化。

三　非惯常环境特征

总的来说，惯常环境和非惯常环境的差异凸显了非惯常环境的三大特殊性：地理差异性⑥、停留暂时性⑦和身份匿名性⑧。

---

① 龙江智、卢昌崇：《从生活世界到旅游世界：心境的跨越》，《旅游学刊》2010 年第 6 期。

② 李琳、唐亚男、李春晓等：《非惯常环境及行为：基于旅游情境的再思考》，《旅游学刊》2022 年第 11 期。

③ 张凌云：《旅游学研究的新框架：对非惯常环境下消费者行为和现象的研究》，《旅游学刊》2008 年第 10 期。

④ 刘凤娥、黄希庭：《自我概念的多维度多层次模型研究述评》，《心理学动态》2001 年第 2 期。

⑤ 郭伟锋、郑向敏、王中华：《诗意栖居与旅游地的文化空间形象》，《河南师范大学学报》（哲学社会科学版）2019 年第 6 期。

⑥ 李志飞：《异地性对冲动性购买行为影响的实证研究》，《南开管理评论》2007 年第 6 期。

⑦ 王素洁、齐善鸿：《消费主义与中国公民出境旅游高消费行为探析》，《旅游学刊》2005 年第 6 期。

⑧ 张凌云：《非惯常环境：旅游核心概念的再研究——建构旅游学研究框架的一种尝试》，《旅游学刊》2009 年第 7 期。

（一）地理差异性

地理差异，顾名思义，是指地球上的不同空间在自然、人文、社会、经济等方面存在着差别，它既是地理学研究的主要方面，也是旅游现象得以存在的重要外部条件。地理差异使得地球上的每个区域都有特定的地理环境，也使得区域间存在一定的异质性，既形成了单一稳定的生产生活空间，也塑造了丰富多样的地质风貌、人文景观，单调性和差异性的对比激发了人们的旅游需求。从地理学系统来讲，自从人类具有了能够改造客观世界的能力以来，地球表面便由单一的自然地理环境转化为自然地理环境和人文地理环境两个系统。因此，地理差异性主要包括自然地理差异性和文化地理差异性。

自然地理差异。自然地理上的差异可以分为一级、二级和三级。一级差异是指自然地带差异，又叫作基调景观差异，这是由于纬度热量的不同所导致的。二级差异是指同一个自然带沿海与内陆的地方差异，这是由于海陆热力性质差异致使的水分不同所导致的。三级差异是指因地区性原因而形成的奇特或者秀美的自然景观差异，具有审美价值和科研价值。不同的自然带之间互相吸引，互为客源地和接待地，一般来讲，自然地理环境特征的差异性越大，互相间的吸引力越大，未知程度越高，吸引力就越高[1]。例如气候温和湿润，阳光充沛，环境优美奇特的地区，吸引力最大，中低纬度地区的吸引力强度明显大于高纬度地区[2]，并且全球高纬度地区国家的人外出去到阳光温暖地带进行旅游的人数约为80%，例如冰岛、芬兰等国家。

文化地理差异。文化地理差异性包括空间差异性、历史差异性和包容性差异。文化是人类演进和社会发展过程中，所创造的物质财富和精神财富的总和。文化意识形态包括人们的生活方式，各种传习的行为（居室，服饰，生活习惯，宗教信仰，开发利用资源的各种技术设备），人们的信仰观念、价值，以及与意识形态相适应的制度和组织形式（法制、政府、宗教、教育、艺术等）。不同的地方有着不同人文历史以及

---

① 袁小凤、何方永：《中国旅游地理》，电子科技大学出版社2007年版。
② 李世麟、张锦华：《中国旅游地理》，东南大学出版社2007年版。

景观创造，这就是空间差异性。空间差异性指文化景观特征随着地面距离的不断延伸，会不断地发生变化。历史差异性也就是时间差异性。随着时间的延续，物质文化要素会发生变化。具体来说，社会制度处在不断的变化中，从奴隶社会到封建社会，再到社会主义社会，每个时代都有其独有的物质文化要素，在历史的长河中，这些独特的物质文化要素使得朝代间的人文景观存在显著的差异，这就是历史差异性①。包容性指人文景观具有多样性以及复杂性，它包含了物质、精神、制度、生产生活、组织等各要素的差异，同时这些要素又是紧紧相连的，共同组成目的地独有的文化景观。在非惯常环境中，人文景观特指旅游资源所具备的地方特色、民族风情和历史文化。目的地的人文景观对于异质文化区域的旅游者具有很大的吸引力，但这并不意味着文化异质程度越高越好。如果目的地和旅游者的惯常环境在语言、价值观、文字、习俗等方面具有完全不同的要素，旅游者反而会对该目的地产生不安与畏惧的心理。

　　地理差异性意味着非惯常环境提供的要素是惯常环境所缺失的，抑或是难以获得的，它为旅游者实现需求漂移和熵减提供养料。地理差异性是由旅游者从惯常环境到非惯常环境的空间位移所造成的，位移塑造了空间距离、文化距离和心理距离，一方面意味着环境的实际差异，另一方面体现了个体的感知差异。环境的实际差异会影响旅游者的感知水平，但并不直接决定个体的感知差异。例如，某些景点虽空间距离较远，但文化和建筑景观与惯常环境接近，旅游者会产生"跟家里差不多"的感觉，其思维和行为方式可能不会发生较大的改变。相反，某些距离较近的景点，因为极具特色民风民俗、体验项目，反而会让个体产生新奇之感。因此，地理差异性对旅游者行为的影响由实际差异和感知差异共同塑造。

　　（二）停留暂时性

　　停留暂时性指不同于经常性停留的惯常环境，由于旅游是从惯常环境进入非惯常环境，再回到惯常环境的闭环，所以旅游者不会过久地停

---

① 李世麟、张锦华：《中国旅游地理》，东南大学出版社 2007 年版。

留或定居于其所到达的旅游目的地，他们仅是出于一定的旅游动机，在旅游目的地这一非惯常环境中作以短暂停留。停留暂时性意味着非惯常环境是一个特殊的时空，在这段时空里，惯常环境的身份、需求、习惯和规则可以短暂地中止或颠倒。旅游者将拥有短暂的"本我专属时间"，他们可以暂时成为自己想成为的人，体验期盼已久的第二人生，在这个过程里产生的差异化行为也可以被暂时承认和认可①。差异化行为可能包括消费异化、越轨行为等。举例而言，消费异化一方面是因为停留暂时性增加了时间成本和机会成本，即可能下次很难有时间和机会再次来到该目的地。由此，个体往往会更加注重当下的旅游体验，追求自我需求的满足。另一方面，停留暂时性使得个体能够感知到其在目的地的决策时间是有限的，在很多情境下，个体需要在短时间内做出决策②，这在一定程度上，会影响个体决策的理性和准确性。所以，停留暂时性对个体行为的影响既包括客观的时间限制，也包括主观的时间有限性感知。

（三）身份匿名性

身份匿名性指在旅游这一非惯常环境中，由于空间位移、活动复杂、人地联系弱等原因，旅游者的身份及行为信息相对隐匿。地理差异性和停留暂时性使得旅游者对于非惯常环境中的其他旅游者和居民而言，仅仅为"外来暂居者"，旅游者对非惯常环境中人、事、物的联系仅为短暂的"弱连接"，个体的社交关系多是基于陌生人网络发展，而旅游的空间位移特征也决定了随着旅游者前往下一个旅游目的地，这种"弱连接"不但不会转化为"强连接"，反而会随着旅游者的离开而消失。同时，随着旅游的发展，旅游者群体逐渐扩大，旅游活动逐渐多元，由此形成的"匿名集"也不断扩大，个体在旅游群体、旅游过程的不同环节中就更加难以识别。这意味着，在非惯常环境中除了来自惯常环境的同游者，将不会有他者熟知自己的身份、性格、工作经

---

① Lett, J. W., "Ludic and liminoid aspects of charter yacht tourism in the caribbean", *Annals of Tourism Research*, Vol. 10, No. 1, 1983.

② 李志飞：《异地性对冲动性购买行为影响的实证研究》，《南开管理评论》2007年第6期。

历、家庭情况、旅游目的等信息。同时，受环境的新刺激，旅游者自身也有可能短暂忘记自己是谁，忘记来自惯常环境的身份责任约束，以一个想象中或者临时起意的新身份行事。身份匿名性会降低社会规范的影响力，同时提升了自由感对行为的影响，这会导致旅游者一方面表现出放纵、破坏、享乐恣纵等负面行为，而且空间移动越大，原常住地的道德约束力量就越弱①，负面行为可能越多；另一方面也为旅游者提供了"做自己"的机会，促使个体大胆地追寻本我，满足内心埋藏已久的元需求。

因为非惯常环境中的上述特征，使得选择切换系统以体验熵减的旅游者，得以从非惯常环境的新刺激和新要素中获得额外的能量。例如，地理差异性使得在惯常环境里陷入"做功和回报不成正比"怪圈里的个体，能够将用于重复做功、调整受阻需求的注意力转移到潜意识中的"好奇""求新求异"等心理中。不同的自然景观和人文景观将刺激原本被忽略或未被满足的需求，使其对个体而言重新变得重要，旅游者会采取相应的补偿和强化行为。停留暂时性等同于个体可以自由选择进入和离开的时间，这使得旅游者可以同时躲避惯常环境和非惯常环境的熵增。当非惯常环境随着时间推移趋于无序时，个体可以选择离开非惯常环境回到惯常环境中，这在某种程度上意味着个体不必过多地为自己的差异化行为"买单"。身份匿名性也是让旅游者减少社会身份压力的重要因素，旅游者可以随心所欲地参与到旅游活动中，穿个性的服饰、吃放纵的食物、看纯粹的风景等，这种沉浸式参与和解放感，将为旅游者带来新的乐趣体验，实现需求的平衡和内心的充盈。

因此，旅游之所以能够间接对抗熵增，是因为环境变化提供了有益的能量获取要素。在环境变化的过程中，旅游者主观的熵减意愿与有利环境刺激共同促成了旅游中的需求漂移，从而改变了旅游者的行为。使旅游者在需求排序，心理感知，行为意愿及模式上都发生了或多或少的异化倾向。

---

① 王素洁、齐善鸿：《消费主义与中国公民出境旅游高消费行为探析》，《旅游学刊》2005 年第 6 期。

第二节 非惯常环境对旅游者
购买行为的特殊影响

一 感知变化对旅游者购买行为的影响

从非惯常环境的三大特征出发，不难发现，在这样的情境中，旅游者对空间、时间和周围人的心理距离感知与日常生活是有所不同的，正是这种不一样的心理感知会使得旅游者在旅游目的地表现出一些异化的行为，尤其是消费异化行为。比如当旅游者去到一个陌生的风景名胜区，空间差异的感知，会很自然地让人产生好奇而兴奋的情绪，在这种情况下的购物，或多或少会带有盲目性，随机消费增多①。再比如，当周围没有认识自己的人时，旅游者的社会约束感知就会减弱，可能更容易表现出一些平时被压抑的购物需求，产生冲动购买②。

社会心理学中的解释水平理论（Construal Level Theory，CLT）是从时间、空间、社会距离等维度的心理感知变化来解释为何个体的态度、偏好和行为会发生变化。具体来说，这一理论指出心理距离感知的远近影响着个体解释水平的高低，当个体处在高解释水平时，更关注事物抽象的、去背景化的、首要的及核心的、与目标相关的特征，而处在低解释水平时，更关注具体的、背景化的、次要的及表面的、与目标无关的特征。因此处于不同的解释水平状态会影响人们做出不同的判断、决策和行为③。解释水平理论核心思想是人们对事物的心理表征具有不同的抽象程度，即解释水平。高解释水平是抽象的、简单的、结构化及连贯

---

① 石美玉：《旅游者购物行为研究》，《旅游学刊》2005 年第 5 期。

② 王素洁、齐善鸿：《消费主义与中国公民出境旅游高消费行为探析》，《旅游学刊》2005 年第 6 期。

③ Liberman, N., Trope, Y., Wakslak, C., "Construal level theory and consumer behavior", *Journal of Consumer Psychology*, Vol. 17, No. 2, 2007; Trope, Y., Liberman, N., Wakslak, C., "Construal levels and psychological distance: effects on representation, prediction, evaluation, and behavior", *Journal of Consumer Psychology*, Vol. 17, No. 2, 2007; Trope, Y., Liberman, N., "Construal - Level Theory of Psychological Distance", *Psychological Review*, Vol. 117, No. 2, 2010.

的、去背景化的、首要的及核心的、本质的、上位的、与目标相关的，例如把写作业表征为是实现人生理想的途径；而低解释水平是具体的、复杂的、无组织及不连贯的、背景化的、次要的及表面的、下位的、与目标无关的，例如把写作业表征为完成老师布置的任务。因此处于不同的解释水平状态会影响人们做出不同的判断、决策和行为①。而在旅游这样一种非惯常的环境中，人们解释水平的变化是引起人们消费异化的一个很重要的原因，具体可以表现在以下方面。

（一）促销信息类型与解释水平对旅游者购买行为的影响

个体的解释水平会影响其购买感知和偏好，当外部环境刺激与旅游者的解释水平相匹配时，其购买态度会更积极，意愿会更强烈。旅游者的购买意愿与外部营销信息有着紧密的联系，不同的信息会给旅游者不同的刺激，从而影响其偏好。White 等的研究发现，有关失去（得到）的信息与具象（抽象）思维相匹配时更容易促进，从而对相关行为更容易产生积极的态度②。在他们的试验中，低解释水平下的个体，在有关"损失"的营销信息刺激下对垃圾回收的行动更积极，而高解释水平下的个体，在有关"得到"的营销信息刺激下对垃圾回收的行动更积极。在非惯常环境下，重购成本高③和当地产品的特色价值高都有可能成为旅游者愿意购买的原因④。而强调"重购成本"更多的是强调"失去"，强调"特色价值"更多的是强调"获得"。因此基于 White 等的研究，有关"重购成本"（"特色价值"）的信息与低（高）解释水平相匹配时，旅游者对购买行为的认知流畅性更高。即在非惯常环境下，可能存在以下现象，在低解释水平下，强调产品的重构成本更容易使消费者产生购买行为，而在高解释水平下，强调产品的特色价值更容

① 黄俊、李晔、张宏伟：《解释水平理论的应用及发展》，《心理科学进展》2015 年第 1 期。

② White, K., Macdonnell, R., Dahl, D. W., "It's the Mind - Set that Matters: The Role of Construal Level and Message Framing in Influencing Consumer Efficacy and Conservation Behaviors", *Journal of Marketing Research*, Vol. 48, No. 3, 2011.

③ 李志飞：《异地性对冲动性购买行为影响的实证研究》，《南开管理评论》2007 年第 6 期。

④ 黄鹂、李启庚、贾国庆：《旅游购物体验要素对顾客价值及其满意和购买意向的影响》，《旅游学刊》2009 年第 2 期。

易使旅游者产生购买意愿。

（二）产品功能类型与解释水平对旅游者购买行为的影响

由于非惯常环境对于个体来说是与平时不同的，新鲜的环境，个体往往想要购买一些礼品回来赠送给亲朋好友或者购买一些纪念品作为自己曾经到过这个地方的一种纪念①。因此，具有社交功能和留念功能的产品可能更受消费者的欢迎。而从心理距离的角度来看，礼品是送给别人的，而纪念品是留给自己的，所以产品的社交属性比留念属性的社会距离感知要远。已有研究指出个体的社会距离感知与商品购买的时间距离感知互相匹配。比如 Zhao 和 Xie 的研究发现如果提供建议的是亲密同伴，那么他提供的建议对个体近期的消费行为影响很大；而如果提供建议的是陌生他人，其提供的购买建议对个体远期的消费行为影响很大，即个体的社会距离感知和时间距离感知相匹配时也会更容易产生购买意愿②。具体来说，当个体在非惯常环境下感知到的购买时间比较紧迫时（时间距离近），可能更愿意购买具有留念属性的产品（社会距离近）。而当个体在非惯常环境下感知到的购买时间不紧迫时（时间距离远），可能更愿意购买具有社交属性的产品（社会距离远）。

（三）真实性体验与解释水平对消费者购买行为的影响

除了营销信息和产品功能信息，个体在非惯常环境下追求的体验与惯常环境下也可能会有所不同。如前文所述，非惯常环境中的地域景观或是人文氛围与消费者日常生活的环境是有差别的，正是这些差异性容易让旅游者产生新鲜、好奇或是兴奋的种种美好体验。而对许多旅游者而言，他们希望这些差异性的体验是具有原真性（Authenticity）或是真实性的③。比如去游览历史文化遗产景区的旅游者会希望文化遗产本身及其相关信息是"原初""真实"和"可信"的。去一个文化不同的国

---

① Kim, S., Littrell, M. A., "Souvenir Purchase Intention for Self versus Others", *Annals of Tourism Research*, Vol. 28, 2001.

② Zhao, J., Xie, Y., Jiang, R., Kan, H., Song, W., "Effects of atorvastatin on fine particle – induced inflammatory response, oxidative stress and endothelial function in human umbilical vein endothelial cells", *Human & Experimental Toxicology*, Vol. 30, No. 11, 2011.

③ Cohen, J., *Statistical power analysis for the behavioral sciences* (2nd ed), L. Erlbaum Associates, 1988.

家访问的旅游者可能会希望他们能了解到最真实的当地居民的生活方式和文化习惯，而不是为赚取旅游收入而杜撰和演艺出来的。而到底什么才算是旅游者所追求的真实旅游体验，学者们到目前为止还没有一致的定论。继"客观真实性"和"建构真实性"之后，Wang（1999）反思性地提出了"存在真实性"的概念，主要强调旅游者所追求的一种主观上的体验真实性感知[①]。"存在真实性"体验从结果上回应了人之为自我、身处快乐有何意义这样的哲学命题，是目前学术界比较认可的理论[②]。这里的存在真实性体验分为内省真实性（Intra - personal authenticity）和人际真实性（Interpersonal authenticity）两个维度。前者针对个人，指身体主观或感官的正面体验（如健康、舒适、休闲、浪漫、轻松等），以及自我塑造与自我认同的积极体验，后者针对群体，指一种与他人（旅行同伴，当地居民等）之间毫无芥蒂的感觉、一种在共同归属中和谐的感觉。内省真实性体验主要是旅游者本身的体验，而人际真实性体验是旅游者与他人之间的互动体验，内性真实性体验的心理距离感比人际真实性体验的心理距离感要近。所以高解释水平下的个体可能会更偏好人际真实性体验，而低解释水平下的个体更偏好内省真实性体验。

除解释水平外，个体的内在感知也是非惯常环境影响其消费行为的重要解释机制。在非惯常环境中，有一半的旅游者在旅游购物时会超出预算，产生情绪化的冲动购买行为。不同于个体在相对理性情况下的购买行为，冲动性购买行为涉及的心理过程比较复杂，但是大多数学者达成的共识是冲动性购买比理性购买更为情绪化，是在情绪刺激下的反应结果[③]。因此，情绪对冲动性购买起着至关重要的作用。

---

① Wang, N., "Rethinking authenticity in tourism experience", *Annals of Tourism Research*, Vol. 26, No. 2, 1999.

② 赵红梅、李庆雷：《回望"真实性"（authenticity）（上）——一个旅游研究的热点》，《旅游学刊》2012 年第 4 期。

③ Rook, Dennis W., "The Buying Impulse", *Journal of Consumer Research*, Vol. 14, No. 2, 1987；范秀成、张运来：《情感影响冲动性购买的机制研究》，《社会科学家》2006 年第 2 期。

二 情绪变化对冲动购买行为的影响机制

在非惯常环境下旅游者的心境和情绪很可能和日常生活中的不同，因此了解和掌握非惯常环境下旅游者可能产生的情绪是研究非惯常环境下个体冲动性购买的前提。然而由于实证研究的匮乏，学者们对非惯常环境刺激下旅游者的心境和情绪反应还存在着许多不一致的说法。比如许多学者指出非惯常环境的差异性容易让旅游者产生好奇和兴奋的情绪[1]，但是也有学者认为非惯常环境的陌生感和各种不确定因素也可能会引起旅游者的不安情绪[2]。身份匿名性可能会让旅游者感到自由和放松[3]，也可能会让旅游者更加的放纵[4]。停留暂时性可能会让旅游者感到购买时间紧迫，从而产生紧张的负面情绪[5]，也有可能会让旅游者产生重购成本高的感知，产生预期后悔的情绪[6]。而不同的个体个性和人口特征在面对相同的环境刺激时，可能会产生不同的情感反应[7]，这也可能是已有研究对非惯常环境下旅游者情绪反应预测不一致的原因。

（一）非惯常环境与唤醒度对旅游者冲动购买行为的影响

事实上，在非惯常环境特殊性的刺激下，旅游者既可能产生唤醒度（强度）高的情绪，比如兴奋和紧张，也可能会产生唤醒度低的情绪，比如放松和担忧。在 Trope 和 liberman 对解释水平理论的未来发展方向上指出不同的情绪会引起不同的解释水平[8]，比如 Beer 和 Keltner 发现从社会距离的角度，羞愧和自责要比悲伤的社会距离更远，骄傲要比高

---

① 石美玉：《旅游者购物行为研究》，《旅游学刊》2005 年第 5 期。

② 唐文跃：《旅游购物心理成本与营销对策》，《地理学与国土研究》2002 年第 3 期。

③ Robson，A. L.，Pederson，D. R.，"Predictors of Individual Differences in Attention among Low Birth Weight Children"，*Developmental and Behavioral Pediatrics*，Vol. 18.

④ 王素洁、齐善鸿：《消费主义与中国公民出境旅游高消费行为探析》，《旅游学刊》2005 年第 6 期。

⑤ 王大伟、刘永芳：《归因风格、时间压力对购买决策影响的实验研究》，《心理科学》2008 年第 4 期。

⑥ 李志飞：《异地性对冲动性购买行为影响的实证研究》，《南开管理评论》2007 年第 6 期。

⑦ 庄锦英：《影响情绪一致性效应的因素》，《心理科学》2006 年第 5 期。

⑧ Trope，Y.，Liberman，N.，"Construal – Level Theory of Psychological Distance"，*Psychological Review*，Vol. 117，No. 2，2010.

兴的延续时间更长①。因此，Trope 和 liberman 进一步提出在不同的情境下，情绪也可以分为高解释水平情绪和低解释水平情绪，从而引发不同的个体反应和行为。在个体经济允许的情况下，冲动购买行为的发生是个体的冲动购买欲望与自我控制之间相互斗争的结果②。而自我控制与个体的解释水平紧密相关。已有研究指出，处于高解释水平的个体更容易关注长远利益，处于低解释水平的个体更容易关注近期结果，所以在面对诱惑的时候，高解释水平更有助于自我控制③。因此从自我控制的角度来看，低解释水平情绪下的个体比高解释水平情绪下的个体更容易产生冲动购买行为。如上文所述，在非惯常环境下，旅游者容易产生的情绪包括兴奋、不安、紧张、担忧、放松和放纵。在这些情绪中，基于感官距离的角度唤醒度越高的情绪感官刺激越强，所以心理距离越近，会降低个体的解释水平④。

（二）非惯常环境与愉悦度对旅游者冲动购买行为的影响

除了唤醒度的高低不同，在非惯常环境下容易产生的情绪还可以分为愉快（积极）的情绪（比如兴奋）和不愉快（消极）的情绪（比如担忧）。已有的关于情感对冲动性购买的研究认为，基于心境维持动机和心境修复动机的不同路径，愉快和不愉快的情绪都有可能产生冲动购买意愿⑤。然而，在李志飞关于旅游团观光旅游者的实证调研中，作者发现旅游者情绪体验越愉快，越容易产生冲动购买⑥。唐文跃也指出旅游者的愉悦感受对能够刺激其产生购物需求，旅游者容易受购物诱导，

① Jennifer, S. B. Dacher, K., "What Is Unique about Self – Conscious Emotions?", *Psychological Inquiry*, Vol. 15, No. 2, 2004.

② Vohs, K. D., Faber, R. J., "Spent Resources: Self – Regulatory Resource Availability Affects Impulse Buying", *Journal of Consumer Research*, Vol. 33, No. 4, 2007.

③ Fujita, K., Han, H. A., "Moving beyond deliberative control of impulses: The effect of construal levels on evaluative associations in self – control conflicts", *Psychological Science*, Vol. 20, No. 7, 2009.

④ Trope, Y., Liberman, N., "Construal – Level Theory of Psychological Distance", *Psychological Review*, Vol. 117, No. 2, 2010.

⑤ 范秀成、张运来：《情感影响冲动性购买的机制研究》，《社会科学家》2006 年第 2 期。

⑥ 李志飞：《体验活动对冲动性购买行为的影响：情感反应视角》，《心理科学》2007 年第 3 期。

产生购物消费①；相反，不愉悦的旅游感受却对购物需求起着同样巨大的抑制作用，难以形成实际消费。我们认为这和消费者到非惯常环境去的动机有关。在很多情况下，包括旅游者参团观光旅游，都是抱着休闲享乐的目的。在这种情况下，愉快的情绪是消费者体验所追求的主导和中心情绪，而在这种主导情绪下，容易引发个体的高解释水平。尽管在普通情况下，高解释水平的个体更容易因为关注长远利益而表现出更多的自控行为，但是我们认为，当个体去非惯常环境的动机本身就是享乐的情况下，旅游者本次体验的核心和长远利益都是获得尽可能多的享乐体验，因此这时高解释水平下的旅游者反而更愿意满足自己冲动购买的欲望。因为冲动性购买本身就是一种难以抑制和带有享乐性的购买行为②。

（三）非惯常环境与情感疲惫与旅游者冲动购买行为的影响

除了情绪体验的不同，在非惯常环境中，由于身份匿名性的特点，人们暂时断开了与原有社会的联系③，不用再承担平时角色里的一些责任，可以临时扮演一个他更满意的角色④。对许多人来说，日常生活往往有着各种各样的压力和社会道德的约束。在这种约束中，人们不得不时常的约束自己。而当个体实施自控行为时会耗损能量，因而会产生情感疲惫，对周围的环境会更加关注，对事物的表征水平变得更为具体，使个体具有的解释水平降低⑤。Vohs 和 Faber 通过研究证明个体在实施自我控制之后，由于消耗了精力资源，在之后的决策中会更不容易抵制诱惑，从而更容易冲动购买。那么在日常生活中感到约束越多的人，在

---

① 唐文跃：《旅游购物心理成本与营销对策》，《地理与地理信息科学》2002 年第 3 期。
② 熊素红、景奉杰：《冲动性购买影响因素新探与模型构建》，《外国经济与管理》2010 年第 5 期。
③ 张凌云：《中国旅游业：全球化背景下的"本地化"思考》，《旅游学刊》2009 年第 8 期。
④ 王欣、邹统钎：《非惯常环境下体验的意义》，《旅游学刊》2011 年第 7 期。
⑤ Wan, E. W., Agrawal, N., "Carryover Effects of Self - Control on Decision Making: A Construal - Level Perspective", *Journal of Consumer Research*, Vol. 38, No. 1, 2011; Agrawal, N., Wan, E. W., "Regulating Risk or Risking Regulation? Construal Levels and Depletion Effects in the Processing of Health Messages", *Journal of Consumer Research*, Vol. 36, No. 3, 2009.

日常的自我控制中已经消耗了大量的精力①。当处在非惯常环境中时，由于身份匿名性带来的道德约束减小，可能越不容易自控，从而在面对购物诱惑时，越容易冲动购买。

以上是基于个体的解释水平和情绪，从整体性角度出发，来解释旅游者在非惯常环境下的消费行为，方便读者对非惯常环境下旅游者的消费行为异化有一个整体的把握。接下来，本书将基于非惯常环境的三大特征，地理差异性、停留暂时性和身份匿名性，来具体讲述旅游的特殊性对旅游者消费行为异化的影响机制。

① Vohs, K. D., Faber, R. J., "Spent Resources: Self – Regulatory Resource Availability Affects Impulse Buying", *Journal of Consumer Research*, Vol. 33, No. 4, 2007.

第四章　地理差异性及其影响

地理背景之所以可以激发出人们的旅游需求，是因为地理环境的差异性与丰富性和人们居住环境的局限性与单调性形成了鲜明的对比。旅游要求人们离开自己的惯常环境，去到一个与自己所处环境有较大差异的环境，并进行短暂的停留，旅游的位移是人类活动的一种时空表现形式。而旅游产生的外部动力是地理环境的差异，包括自然景观的千差万别和人文景观的丰富与多彩。旅游者感知到的地理环境差异和地理环境的实际差异共同塑造了旅游者的行为异化。

第一节　地理差异性对旅游者
行为异化的影响

一　地理差异性引起的旅游者感知变化

地理差异性是导致旅游者产生旅游行为最根本的外部刺激因素，旅游者为了摆脱"强关系"场域下的社会角色框架以及重复实践带来的熵增，通过空间转换在非惯常的"旅游世界"中寻找一段不一样的"第二人生"。在具有地理差异的非惯常环境中，旅游者的动机和价值判断会经历逐渐解构又重新建构的过程，在这个过程中，旅游者对外界事物的认识程度、心理感知、对于不符合自身喜好和要求的事物的感知容忍程度等都会和惯常环境有着显著的差异[①]。

---

① 李惠：《旅游体验中异地感研究》，硕士学位论文，东北财经大学，2018 年。

地理差异性改变了旅游者功利的感知方式。"旅游世界"要求人们采用超出实用和功利的视角来看待旅游目的地，将目光从紧紧聚焦于地方的基础设施、生活服务、经济发展等因素转移到当地景观的独特性，以及独特的旅游体验氛围中，强调审美体验和诗意的栖居。受"旅游世界"非功利氛围的影响，旅游者的消费感知也会发生变化。例如，一般而言旅游景区的消费品比惯常环境的消费品价格高出很多，但旅游者对于价格因素的感知会变得迟钝，以至于接受自己日常生活中不会选择的高价产品且内心不会具有负面的感受。同时，这种消费感知也会使得旅游者格外追求舒适和放松①。

地理差异性会带来新颖性感知。由于非惯常环境的地理环境或行为环境是不同于消费者的惯常生活环境的，因此非惯常环境对于消费者来说是不同寻常的，新颖的。而新颖性对人类心理和行为的方方面面产生着影响。Förster 等通过研究发现相对于熟悉的事物而言，新颖性的刺激会提高人们的解释水平，从而影响人们在表征事物时用更加全局的、抽象的、更偏好合意性而非可得性的思维过程②。而 Bornemann 和 Homburg 的研究指出当消费者处在高解释水平时，消费者更倾向于认为价格代表的是产品的质量③。在低解释水平时，消费者则更多的把价格看作是一种货币上的付出。因此非惯常环境的新颖性也会影响消费者的价格感知。

地理差异性会带来异地感。当旅游者感知到非惯常环境与惯常环境在人文、自然或者生活氛围上存在差异时，会产生异地感④。适度的异地感证明非惯常环境能够满足旅游者体验第二人生的需求，旅游者能够识别异域文化、景观差异，并从中获得自由、平衡与满足，短暂体验熵

① Barr, S., Shaw, G., Coles, T., Prillwitz, J., "'A holiday is a holiday': Practicing sustainability, home and away", *Journal of Transport Geography*, Vol. 18, No. 3, 2010.

② Förster, J., Liberman, N., Shapira, O., "Preparing for novel versus familiar events: Shifts in global and local processing", *Journal of Experimental Psychology: General*, Vol. 138, No. 3, 2009.

③ Bornemann, T., Homburg, C., "Psychological distance and the dual role of price", *Journal of Consumer Research*, Vol. 38, No. 3, 2011.

④ 李惠：《旅游体验中异地感研究》，硕士学位论文，东北财经大学，2018 年。

减的乐趣。但当异地感过大或过小都不利于旅游者对抗熵增，异地感过大会引致强烈的陌生性，旅游者会产生不安全、不习惯、低效等感知[①]；异地感过小，旅游者一方面会因环境的同质性而无法感知到惯常环境身份、压力的被摆脱，内心的自我无法被唤醒、平庸的生活无法被颠倒、不平衡的需求无法被扭转；另一方面也会产生不满足感，旅游者未能欣赏到期待已久的异域风情，另一种生活方式、另一种人生不复存在，其不但没有从非惯常环境中体验熵减的乐趣，反而感知到另一种形式的熵增。

地理差异性改变旅游者的距离接受度。在日常生活中，人们可接受的距离具有一定的阈限，而在"旅游世界"中，旅游者对于距离的可接受范围会扩大，超出自己日常可承受的距离范围。以女性旅游者为例，女性地理学研究表明，女性在长期的发展过程中，其公共消费空间会受到家庭责任和男性"凝视"的影响。在日常生活中，女性的消费对象以家庭必需品居多，同时女性的消费距离一般是小空间小范围的流动，并且消费购物的路径和对象具有较高的重复性。而在旅游活动中，女性可以接受的消费范围极度扩大，同时消费的对象类型也变得多样化，从妥协家庭回归到了自己本身的需求。

二　地理差异性引起的旅游者行为变化

地理差异性意味着自然、文化等多方面的距离、差异，这势必会导致一定的旅游者行为变化，这些变化好坏皆有。从好的方面而言，地理差异性使得旅游者的生存要素变得新鲜、复杂、多元，与其惯常环境的生存要素形成对比与补充，旅游者将有机会尝试陌生的食物、讲出绕口的方言、穿上符合内心审美的新衣、侃侃而谈被工作忙碌压抑了许久的兴趣爱好，这些看似不习惯的行为实则有助于旅游者重拾丢失的自我，体验身份和需求熵减的快乐。当旅游者感知到差异，并愿意在差异中完成转变时，其生命在某种意义上得到了延展。从不好的方面而言，其

---

① 龙江智：《从体验视角看旅游的本质及旅游学科体系的构建》，《旅游学刊》2008 年第6 期。

一，文化距离会带来一系列的不文明行为，例如惯习延续导致的入乡不随俗，抑或是假借"入乡随俗"，降低自我行为约束①。其二，差异性引致的不安全感、信息不对称等，会使得旅游过程中的人地互动和人人互动多呈现"浅尝辄止"的特点，这将在一定程度上降低体验的沉浸感，损失非惯常环境对于旅游者需求平衡的刺激作用。其三，地理差异性会促进旅游者的冲动购买。当旅游者体验到与惯常环境不同的新鲜刺激时，会倾向于表现出更多的本我，这种本我的体验，容易促使游客冲动性购买行为。大部分学者认为差异性会促进随机消费，使消费者更容易冲动购买②，并且愿意购买一些有特色的产品作为礼品赠送给亲朋好友③。同时，在非惯常环境中，消费者在认知和思维上更加包容和灵活，容易导致一些不文明或不道德的购买行为④。但是，也有学者指出在不熟悉的环境中，人们掌握的信息有限，各种不确定因素反而会使消费者在购物时持谨慎的态度⑤。

第二节　地理差异性导致行为变化的理论解释

一　地方依恋理论

地方依恋更关注于人本身，注重研究地方感中人的依恋感，是一种人想要依附某地，与某地产生联系的积极正向情感，是"个体表现出与

---

① 夏赞才、刘婷：《旅游何以与文明有关：从鲍曼的旅游者隐喻说开去》，《旅游学刊》2016年第8期；林德荣、刘卫梅：《旅游不文明行为归因分析》，《旅游学刊》2016年第8期。

② 石美玉：《旅游者购物行为研究》，《旅游学刊》2005年第5期；李志飞：《异地性对冲动性购买行为影响的实证研究》，《南开管理评论》2007年第6期。

③ Kim, S., Littrell, M. A., "Souvenir buying intentions for self versus others", *Annals of Tourism Research*, Vol. 28, No. 3, 2001.

④ Liu, Y., Zhang, R., Yao, Y., "How tourist power in social media affects tourism market regulation after unethical incidents: Evidence from China", *Annals of Tourism Research*, Vol. 91, 2021.

⑤ 唐文跃：《旅游购物心理成本与营销对策》，《地理学与国土研究》2002年第3期。

特定地方相接近的情感倾向"①。在不同语境中，地方依恋被界定为不同含义②。在旅游研究领域，学者普遍认为地方依恋是旅游者与某个地方的情感联系及随之产生的归属感③，以及人与地方之间由于地理及心理互动等原因产生联系的过程④。它表现为外在世界对于人的内在世界的情感满足，持续影响着旅游者对旅游目的地选择偏好，意向感知以及体验价值评价。

地方依恋可以被认为是由地方依赖和地方认同所构成。当地方能够满足旅游者的特定需要时，旅游者就会产生地方依赖⑤。例如，很多北方旅游者会依赖三亚，是因为其能够满足他们对舒适温度、清新空气、慢生活等生存需求。目的地吸引力会影响地方依赖，而地理差异性正是塑造地方吸引力的关键特征，由于差异，旅游者才得以补偿由匮缺感引发的种种需求。同样，地方也能够让旅游者产生意义与价值感，当旅游者愿意将自我与地方联结，并把对地方的认知（记忆、思维、价值、爱好、分类）融入自我定义，地方认同得以产生⑥。让旅游者产生依恋的地方，在某种程度上是独特的、不可替代的，旅游者愿意并倾向于在这些地方进行消费，体验意义与价值，为特殊的追求买单。

同时，地方依恋与旅游者对于旅游地的再访意愿紧密相关。以体育

---

① Shumaker, S. A., Taylor, R. B., "Toward a clarification of people – place relationships: A model of attachment to place", In Degler B. (Ed.), *Women's diaries of the westward journey*, 1983; Feimer, N. R., Geller, E. S., & Virginia Polytechnic Institute and State University (编), "Environmental psychology: Directions and perspectives", *Praeger*, 1983.

② Yuksel, A., Yuksel, F., Bilim, Y., "Destination attachment: Effects on customer satisfaction and cognitive, affective and conative loyalty", *Tourism Management*, Vol. 31, No. 2, 2010.

③ Tsai, S., "Place attachment and tourism marketing: Investigating international tourists in singapore: place attachment and tourism marketing", *International Journal of Tourism Research*, Vol. 14, No. 2, 2012.

④ Scannell, L., Gifford, R., "The relations between natural and civic place attachment and pro – environmental behavior", *Journal of Environmental Psychology*, Vol. 30, No. 3, 2010.

⑤ 张中华、文静、李瑾：《国外旅游地感知意象研究的地方观解构》，《旅游学刊》2008年第 3 期。

⑥ 古丽扎伯克力、辛自强、李丹：《地方依恋研究进展：概念、理论与方法》，《首都师范大学学报》（社会科学版）2011 年第 5 期。

赛事为例，地方依恋被认为是体育旅游意图和行为的核心因素①，体育赛事的举办对于一个地方的经济发展有着重要的影响，尤其是大型知名体育赛事的举办可以在短时间内为某一个地方带来大量游客，从而带来大量的经济收入。体育赛事的举办可以提高某地的知名度，形成旅游目的地意向，正向的促进游客对于某一地方的地方依赖和地方认同，进而引起游客对于某地的地方依恋，提高游客对于该目的地的再度访问意愿。形成"大型体育赛事——旅游目的地意向——地方依赖——地方认同——地方依恋——游客回访消费"的链式中介结构，通过这个结构可以解读旅游者通过目的地意向形成的地方依恋与游客消费之间的联系。根据骆泽顺和林璧属的研究可知，地方依恋可以分为两个层次，即"内隐和外显"地方依恋②，在上文链式结构中提到的旅游目的地意向就可以理解为外显的地方依恋。地方依赖对于游客消费的影响最终可以转化为游客对于某一地方长期的不断的投入。

除此之外，当前国内的学者对于地方依恋与消费两者之间的研究还聚焦在生态消费行为这个方面。研究发现，地方依恋对当地节约型生态消费有着正向的影响。无论是旅游者或者社区居民，对于某个地区的地方依恋程度越高，则更加愿意在当地进行环保的消费行为。在这种情况下，地方依恋被看作是一个态度变量。并且，地方依恋对于不同地区的消费行为也具有不同的溢出效应，而这种溢出效应也受到不同地方不同区域的特定文化背景的影响。

二 人地关系理论

明庆忠学者提出，"人地关系理论"和"人人（社会关系）关系理论"是旅游学研究的基础③。旅游人地关系指旅游者在特定的旅游地域内形成的相互制约、相互依存的关系。具体包括，旅游者依靠旅游地满

---

① Kaplanidou, K., Jordan, J. S., Funk, D., Ridinger, L. L., "Recurring sport events and destination image perceptions: Impact on active sport tourist behavioral intentions and place attachment", *Journal of Sport Management*, Vol. 26, No. 3, 2012.

② 骆泽顺、林璧属：《旅游情境下内隐—外显地方依恋模型研究——基于心理学视角》，《旅游学刊》2014 年第 12 期。

③ 明庆忠：《试论旅游学研究的理论基础》，《昆明大学学报》2006 年第 2 期。

足自己的旅游体验而形成的旅游地依存关系，旅游地对于旅游者旅游活动和旅游行为所具有的制约关系，以及旅游者和旅游地互相影响产生的社会经济关系等。旅游人地关系并不是静态的、固化的，人类旅游活动和地理环境两个子系统之间的物质循环与能量转化，导致了旅游人地系统的动态变化和发展演化①。旅游地理学研究的其中一个极为重要的主题就是揭示人地关系系统要素的相互作用机制与演化趋势。

在人地关系条件下，旅游者的一切消费行为都是受制于旅游目的地来进行的，包括当地的经济环境、地理环境以及文化环境，等等。一旦旅游者选定了某个旅游目的地，并且进入了旅游地之后，人地关系在旅游者消费行为上更多地体现为一种主动性妥协和入乡随俗，如果是按照电子商务的模式来讲，那么人地关系下旅游者和旅游目的地的关系就是一种 B2C 的模式，即旅游目的地处于主导地位，旅游消费者仅仅可以从旅游地提供的产品中选择自己所需要的东西。此时旅游地提供的产品一般是具有当地的特色的，或者符合当地经济文化背景的产品。例如当旅游者选定了将某一个宗教城市作为了自己的旅游目的地之后，那么旅游者在当地的消费行为就必须局限在当地宗教允许的行为之内，所消费的产品类型也必须是符合当地宗教信仰的产品。也就是说旅游者的消费对象在当地文化背景之下进行了主动性的妥协，抑或是旅游者本身到达该旅游地的目的就是寻找这种妥协，以及不同的文化带来的制约性消费感受，旅游者可以在这种制约中体会到当地的文化。

而旅游者的消费行为对于旅游"地"来讲，也具有一定的导向作用，"地"被动的承接着"人"的需求，从而不断丰富自己的产品，以期望吸引更多的旅游者。但是一旦旅游"地"在把握"人地关系"时没有对其有一个充分的认识，盲目地迎合消费者的需求，那么"人"的行为就会对"地"造成负向影响，例如旅游目的地文化逐渐同化及过度商业化，旅游遗产遭到破坏，等等。在"人地关系"中，旅游者

① 吴传钧：《人地关系地域系统的理论研究及调控》，《云南师范大学学报》（哲学社会科学版）2008 年第 2 期。

的消费行为极为重要，甚至主导了旅游"地"的发展方向和发展模式。

三 真实性理论

旅游中的真实性探讨经历了三个阶段，第一阶段是客观真实①，即旅游目的地为旅游者所呈现出来的形象是以旅游目的地真实现状为基础的，即有什么就完全展现什么给游客。第二阶段为建构主义真实性，这一理论认为旅游目的地可以根据社会意识、人的观点、文化因素等进行主动创造，并且随着时间不断地发展而不断充实内容②。建构主义认为旅游目的地呈现给旅游者的是旅游者眼里的真实形象。第三个阶段是存在真实性，该类观点强调旅游者的主观体验，旅游者在第二人生中通过欣赏某些景观、参与某些活动等实现了第一人生无法实现的事情，满足了自己的真实性需求，旅游者能够感知到比惯常环境更为真实、完整、自由的自我，即"存在的本真"（existential authenticity）③。

同时，旅游真实性可以从主体和客体两个方面来理解，真实性的第一阶段和第二阶段都是从客体的角度来展示旅游目的地的真实性。旅游目的地营造出"舞台真实性"，如"又见敦煌""印象刘三姐"等节目，为旅游者提供一个"装饰过了的后台"，并且让旅游者信以为真，即建构出真实性场景，还原旅游者所想要体验的目的地的社会文化景观。Moscardo 和 Pearce 认为，真实性可以通过物质环境体验、社会互动和基于人的体验获得，舞台化的真实也能够让旅游者获得高质量的旅游体验④。而主体真实性则是由旅游者主体自发感知得到的，是主体在逃避日常生活中，在旅游活动中追求主体本真，即身份角色熵减的一种体验。在日常生活中，人是处于各种规训之中的，这并非人的本真。人的

① MacCannell, D., "Why it never really was about authenticity", *Society*, Vol. 45, No. 4, 2008.

② Cohen–Aharoni, Y., "Guiding the 'real' Temple: The construction of authenticity in heritage sites in a state of absence and distance", *Annals of Tourism Research*, Vol. 63, 2017.

③ Wang, N., "Rethinking authenticity in tourism experience", *Annals of Tourism Research*, Vol. 26, No. 2, 1999.

④ Pearce, P. L., Moscardo, G. M., "The concept of authenticity in tourist experiences", *The Australian and New Zealand Journal of Sociology*, Vol. 22, No. 1, 1986.

本真存在于一种非束缚的、自我的、偶发性的情况之下。在旅游活动中，人通过主动选择参与某些活动和某些行为，来找到真实的、自由的、不受外界偏见和观点所影响的真正的自我，例如全身心地投入一种民族舞蹈等。地理差异性满足了旅游者对不一样的人生体验的诉求，旅游者在人地关系弱联系的场域之下，可以更好地看见真实性，看到自我本真。

具体来说，旅游者为了追求一个真实性的感受，会更加容易接受某一旅游目的地提供的沉浸式舞台表演，甚至在宣传的效果之下，目的地提供的真实性"舞台"表演会成为旅游者在该地消费的主要目标，同时也成为旅游者认识地方的窗口。以敦煌为例，流传着只有先看《又见敦煌》这部舞台剧，旅游者才可以真正地理解敦煌这样的说法。而在这种情况下，旅游者本着对于敦煌寻求更深层次的理解，就会更加倾向于对于舞台剧的消费和购买。《又见敦煌》的周边产品包括碟片、舞台剧所用的纪念道具，例如丝巾、杯碟等纪念物，旅游者在舞台剧的影响之下，对于此类产品的可接受程度大大提高。

此外，怀揣逃避日常生活，追求自我真实性动机的旅游者，进入非惯常环境后其自我意识会显著地觉醒，他们在消费中显示出更多追求本真的特征。消费者一旦形成了某种自我真实性感知，就会在这种感知支配之下产生一定的购买行为和消费行为[1]。在追求自身真实性想法的消费过程中，恣纵消费和享乐消费是最为常见的。恣纵消费是一种纵任性情、不加约束的消费行为，消费者的潜意识（下意识）在其中起着推波助澜的作用，而潜意识（下意识）则是旅游者抛去了所有的社会外力强加于自身的枷锁之后，内心最真实的想法。而享乐型消费则是消费者受到"花钱买快乐"的意识所支配的消费行为。在非惯常环境中，旅游者会更加关心自己内心真实的快乐与否。

四　感知价值理论

感知价值理论是由 KIM 等学者提出的感知价值接受模型（value –

---

① 王金娥：《论自我意识与购买行为》，《河南大学学报》（社会科学版）1997 年第4 期。

based adoption model，VAM），它被定义为"消费者对产品效用的总体评估，基于对所接受和所给予的感知"①。也可以理解为个体对于个人感知利得和感知利失进行综合思考之后得出的一种主观感受，这种感受还会影响到个体后续的行为选择。研究显示，顾客感知的价值在旅游消费和决策行为中起着至关重要的作用，如它对游客满意度和未来旅游意图的贡献②。顾客感知价值作为一种理论和实证建构，在旅游研究中受到越来越多的关注③。从旅游者自身视角来看，旅游者决定是否旅游，到哪里去旅游，是否购买旅游商品，都是基于自己的感知价值。对旅游者来说，价值在于在目的地逗留期间参与和享受各种体验④。例如在某一旅游地，某一旅游商品的价值远远高于其本身货币价值，但是由于旅游者内心深处对于这件商品赋予了其他更高的情感或者社交价值，所以即使现有的商品价值高于其本身价值，旅游者也会觉得值得购买。

当某一地区旅游业的发展充分考虑到了当地的社区居民，并且提高了居民在支持旅游业的发展过程中的感知价值后（情感、社会、功能），就会很大程度调动居民发展旅游业的积极性，居民对外来旅游者也会更加热情认真，在这个过程中，旅游者与当地居民就会产生一种短暂的"交互价值"，其中具有代表性的是旅游者在当地的民宿消费。民宿具有非标准化，风格特色化，定价不统一的特点。其中民宿的经营者大多是当地的居民，对于旅游者来说，在旅游过程中对于"住"的消费是旅游过程极为重要的开支，如果当地的居民对于旅游足够重视，使得自己所经营的民宿具有足够的当地特色并带给游客不同于酒店的住宿体验时，旅游者就会感知到除了住宿功能之外的价值，并且愿意接受更

① Davis, F. D., Bagozzi, R. P., Warshaw, P. R., "User acceptance of computer technology: A comparison of two theoretical models", *Management Science*, Vol. 35, No. 8, 1989.

② Gallarza, M. G., Gil Saura, I., "Value dimensions, perceived value, satisfaction and loyalty: An investigation of university students' travel behaviour", *Tourism Management*, Vol. 27, No. 3, 2006.

③ Prebensen, N. K., Vitterso, J., Dahl, T. I., "Value co‐creation significance of tourist resources", *Annals of Tourism Research*, Vol. 42, 2013.

④ Sandström, S., Edvardsson, B., Kristensson, P., Magnusson, P., "Value in use through service experience", *Managing Service Quality: An International Journal*, Vol. 18, No. 2, 2008.

高的价格来选择民宿而不是酒店，这高于酒店的部分就是旅游者对于民宿附加价值的认同和购买。

五　游客凝视理论

"凝视"理论首先是由福柯提出的，他结合精神病学和临床医学，提出了"凝视"的基本要义，他认为凝视是人的目光投射，是凝视动作的实施主体施加于承受客体的一种力。这种力对于社会的发展和人类的进步具有促进作用，凝视本身对于被凝视者具有启发和促进作用①。1992 年英国的社会学家约翰·厄里对于福柯的"凝视"理论进行总结，并指出"旅游凝视"具有"反向生活"性、支配性、变化性、符号性、社会性、不平等性等特点。Woodside 认为，游客凝视是一个双向的过程，"当你在凝视深渊时，深渊也在凝视你"②，在这个过程中，观察者和被观察者共同构建了真实的"氛围"③。

根据这个理论我们可以总结出游客凝视对于旅游者消费行为的影响。"游客凝视"代表的视觉在旅游的过程中处于支配地位，因此旅游者在旅游消费过程中，对于标志性的打卡地点、建筑、食物、服饰等具有非常大的需求，对于可以代表当地特色的旅游产品的可接受程度提高。旅游者对于目的地的拍照留影以及在朋友圈的分享行为，正是旅游者对于旅游目的地凝视行为的具体化，这种凝视行为也促使了旅游者更加容易接受旅游代理商的引导，促使其对当地特色的产品的购买以及宣传，可以促进当地的消费变迁。另外，在双向凝视的过程中，旅游者既会处于强势地位，也会处于弱势地位，当旅游者处于强势地位时，旅游者对目的地和居民的凝视可能会对目的地带来负面的影响，但机遇与挑战往往并存，例如，城市旅游者的凝视可能改变乡村居民的消费观，从而促进其生活方式的转变；当旅游者处于弱势地位时，其消费行为方式

---

① 刘丹萍：《旅游凝视：从福柯到厄里》，《旅游学刊》2007 年第 6 期。

② Woodside, A. G., Martin, D., "Introduction: The tourist gaze 4.0: uncovering non－conscious meanings and motivations in the stories tourists tell of trip and destination experiences", *International Journal of Tourism Anthropology*, Vol. 4, No. 1, 2015.

③ Snake－Beings, E., "Avoiding the (Tourist) gaze: Pursuit of the 'authentic' in the Tbilisi edgelands", *Tourism Geographies*, 2021.

不得不向当地"屈服",旅游者会自动调节自己的消费行为和心理,主动适应当地的消费习惯和消费类型,做到所谓的"入乡随俗"。例如,暂时接受当地的文化信仰,注重饮食的恰当性,抑或是不得不按照当地的饮食方式进行消费。同时,居民和目的地的反向凝视也会对旅游目的地的发展有重要意义,当地居民和经营者通过凝视旅游者的相关行为,会对目的地和产品进行社会性的重构,促进地方经济的发展和文化保护。

六 解释水平理论

由于地理差异性的存在,非惯常环境对于旅游者来说是不同寻常的、新颖的。而新颖性对人类心理和行为的方方面面产生着影响。Förster 等通过研究发现相对于熟悉的事物而言,新颖性的刺激会提高人们的解释水平,新颖的事物就像是假想的事物,是还未亲身经历和体验过的,所以感知心理距离远,引起了高解释水平表征,从而影响人们在表征事物时用更加全局的、抽象的、更偏好合意性而非可得性的思维过程[1]。具体而言,非惯常环境的新颖性可能表现为景观差异,也可能表现为人文环境差异。非惯常环境的景观让消费者觉得新鲜,是因为消费者之前缺少在这种景观下的经历和体验,即感知到的经验距离远,所以引发消费者的高解释水平。而人文差异,是消费者感知到非惯常环境中周围人的文化和行为和自己的有所不同,即感知到的社会距离远,所以引起高解释水平[2]。

而 Bornemann 和 Homburg 的研究指出当消费者处在高解释水平时,消费者更倾向于认为价格代表的是产品的质量[3]。在低解释水平时,消费者则更多地把价格看作是一种货币上的付出。因此,非惯常环境的新颖性也会影响消费者的价格感知。高解释水平的消费者相对于低解释水

① Förster, J., Liberman, N., Shapira, O., "Preparing for novel versus familiar events: Shifts in global and local processing", *Journal of Experimental Psychology: General*, Vol. 138, No. 3, 2009.

② 曹晶晶、章锦河、周珺等:《"远方"有多远?——感知距离对旅游目的地选择行为影响的研究进展》,《旅游学刊》2018 年第 7 期。

③ Bornemann, T., Homburg, C., "Psychological distance and the dual role of price", *Journal of Consumer Research*, Vol. 38, No. 3, 2011.

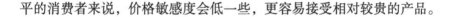

平的消费者来说，价格敏感度会低一些，更容易接受相对较贵的产品。

※研究案例：穷家富路？非惯常环境下价格感知机制研究*

地理差异性对旅游者感知和行为的影响体现在旅游过程的方方面面。中国有句老话，"穷家富路"，意指家境再窘迫，路途中也要出手大方些，该花的要花，这也从侧面反映了旅游中会有不同的消费观和消费行为。同时，从阿里和挖财发布的《旅行消费数据报告》中不难发现，一年中，我国消费者在旅行中的平均花销要远高于居民的人均可支配月收入，有一半的旅游者在目的地消费时会超出预算。这证明了非惯常环境下旅游者的冲动消费更为普遍，非惯常环境的特殊性对行为的影响不容小觑。本研究案例正是基于非惯常环境三大特殊性中的地理差异性展开探讨，从解释水平理论的视角切入，聚焦于地理差异性（地域景观差异性和人文氛围差异性）在旅游者对旅游纪念品价格信息感知倾向和价格敏感度方面的影响，并进一步探究了旅游者感知变化产生的内部心理机制，即解释水平在其中的中介作用。研究采用实验法进行验证发现，旅游者感知到的地理差异性越大，其将价格信息感知为货币付出的倾向越弱，进而使得其价格敏感度也随之减弱；而旅游者的个体的解释水平在地理差异性对旅游者价格感知的影响过程中起到中介作用，且与人文氛围差异相比，地域景观差异更易激发起解释水平的变化。

一 研究设计与发现

（一）地理差异性影响消费者的价格感知

1. 理论假设

对价格—质量信息感知及价格—货币信息感知的影响。在非惯常

---

* 李春晓、冯浩妍、吕兴洋、李晓义：《穷家富路？非惯常环境下消费者价格感知研究》，《旅游学刊》2020 年第 11 期。

环境中，旅游者所能获得信息是相对匮乏的。在发生消费行为时，价格信息是旅游者最能直接接触到的信息。而价格信息通常扮着双重角色，既是货币成本的指标，又是信息（如质量）象征的线索。这种对立的成本指标和信息效应是影响旅游者决策的重要因素。非惯常环境是人们不熟悉的现实或行为环境，这种环境中消费者不容易依靠直接经验对获取的产品或服务的相关信息进行判断，往往处于信息比较混乱的状态。当搜索和过滤成本较高时，消费者对于价位与质量之间是否匹配的敏感度会降低，主观上的价格—质量信息积极联系增强，感知价格—货币付出的消极联系则会被削弱。同时，非惯常环境能够给参与者带来特别的体验和刺激，而事物的新颖程度能够影响人们对不同属性的关注偏好，消费者对非惯常环境差异带来的这种新颖事物稀有性的感知，也会促使他们在处理价格信息时选择一些更直接简单的启发式处理方式，比如从价格信息中做出质量线索推断。所以，案例研究假设：

H_{1a}：非惯常环境差异性正向影响消费者将价格信息视作质量线索的倾向

H_{1b}：非惯常环境差异性负向影响消费者将价格信息视作货币付出的倾向

对价格敏感度的影响。除了价格本身外，消费者对价格差异的感知也是影响购买决策的重要主观因素。价格敏感度高的消费者更容易发现产品价格的变化，在进行购买时更加关注价格。消费者的价格敏感度常会随人口统计特征、消费目标类型和消费情境的变化而改变。已有研究发现，在异地或是特殊体验的情境下，消费者会出现不在意价格、冲动购买的倾向。如旅游的异地性会导致旅游者对重购意愿、时间压力等的显著感知，从而增强冲动购买意愿。这可能是因为特殊情境下时间成本和机会成本增加，从而使得消费者对高价位的容忍度也相应增加。基于此，案例研究认为旅游者在非惯常环境中对产品或服务价格的关注不同于惯常环境，并提假设：

H_2：非惯常环境的差异性会负向影响消费者价格敏感度

2. 实证检验

实验设计。研究进行"感知差异大" vs "感知差异小"的单因子组间实验设计。为消除被试个人对实验展示商品的偏好，实验情境设定为被试为自己的一位好友购买满足好友偏好的商品。天津某高校 81 名大学生（其中男生 28 名）参与实验并被随机分配到两个实验组中，其中组 A 的 30 名被试需要选择一个未曾去过的相邻省市作为他此刻所在的短途旅游目的地，并写下目的地及日常居住地的地名；组 B 的 51 名被试需要观看一段 40 秒隐去了国家的欧美地区目的地宣传视频，并被告知视频展示内容为被试此刻在一个长途旅游目的地的所见所闻。情境启动后被试将为自己的好朋友购买一件纪念文化衫，写下这位好朋友的姓氏之后，在主试的情境提示下回答和本研究相关的一系列问题，所有问项均采用 7 分 Likert 量表。

实验中个体对非惯常环境地理差异性的感知直接通过 7 分量表测量，其他变量的测量均参考之前研究中的成熟量表，仅对目标商品做出修改。价格—质量信息感知和价格—货币付出感知参考 Suri 和 Monroe 的测项（如："这个……的制作工艺将会……""它似乎会很耐穿""它将是一件可靠产品的可能性""我……确定它的质地会令我满意""这件文化衫应该有……的质量""这件文化衫的标价很……""我感觉以这个价格买它很贵"）。当被试对价格信息进行感知判断后，参考 Gao 等的做法，告知被试"出发前在纪念品商店官网上看到这件文化衫的售价是 149.9 元/29.9 €，但当前价格为该商店售价 189.9 元/25.5 €"，通过测量价格提高后消费者的购买意愿（如："如果我将要买文化衫，以 189.9 元买了它的可能性""在这个价格下，我会谨慎考虑是否购买它的可能性""我愿意在该售价下买这件文化衫的可能性"等 6 个题项），衡量其对价格的在意程度，即价格敏感度。

检验结果。非惯常环境差异性的感知对消费者价格—质量信息感知的正向影响、对消费者价格—货币付出感知和价格敏感度的负向影响得到了验证，即本研究假设模型中的两个主效应假设 H1a、假设 H1b 和假设 H2 通过验证。

（二）地理差异性影响旅游者的解释水平进而影响价格感知

1. 理论假设

在陌生而新奇的环境中，消费者对空间、时间和周围人的心理距离感知是与日常生活不同的，地理差异性的存在使得消费者感觉到更长的时空距离，进而对非惯常环境感知到更大的心理距离。地理差异性具体表现在地域景观和人文氛围两方面，前者是由于与个体日常生活地的自然风景、地势地貌或是植被气候等不同所带来的视听刺激而形成的；后者则是风俗习惯、语言交流方式、生活节奏氛围等与个体日常积累和适应的认知经验不同而产生的感知差异。当旅游者处于非惯常环境中时，地域景观差异会加大时间与空间维度的心理距离感知，人文氛围差异会增强个体的社会维度的心理距离感知，从而改变其解释水平。基于此，研究假设：

H_3：非惯常环境的差异性正向影响消费者的解释水平

H_{3a}：非惯常环境的地域景观差异性正向影响消费者的解释水平

H_{3b}：非惯常环境的人文氛围差异性正向影响消费者的解释水平

旅游者在非惯常环境中感受到的差异会增加个体感知的时空距离，甚至由于对人文环境不熟悉程度的增加，社会距离也随之扩大，此时个体的解释水平也会升高，从而更关注与结果和目的有关的因素，而不会将购买决策中涉及的交易过程，如代表交易金额的价格视为主要因素。解释水平与购买行为其他方面关系的研究结论表明，这一心理机制的作用不能忽视，基于此，研究假设：

H_4：解释水平在非惯常环境差异性与价格信息感知倾向之间起中介作用

H_{4a}：解释水平在环境差异性与价格——质量信息感知的正向关

系中起中介作用

　　H_{4b}：解释水平在环境差异性与价格—货币付出感知的负向关
系中起中介作用

　　H_5：解释水平在非惯常环境差异性与价格敏感度之间起中介
作用

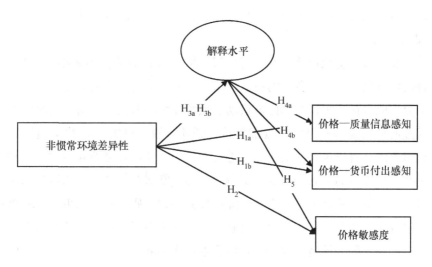

图 4 - 1　研究理论框架

2. 实证检验

　　研究通过线上问卷调查的方式进行实验，验证本部分假设的同时，
对假设 H_1—假设 H_2 进行复测。扩大样本容量，并纳入控制变量，建立
回归模型对个体解释水平潜在的中介效应进行检验。

　　实验设计。通过研究问卷使用虚拟情景式假设将被试带入决策环境
进行选择。本部分实验重点关注的解释变量为非惯常环境的地理差异
性，中介变量为解释水平，同时需要进行控制的变量为被试购买商品的
价格，被试的性别、年龄、年收入和受教育程度。主要通过专业的数据
收集平台问卷星完成问卷发放与回收。共收集 512 份问卷，经筛查共
438 位被试（其中，男性 178 人，年龄分布在 23—52 岁居多）作答问
卷有效，有效率为 85.5%。

本部分实验共有 6 个独立问卷（感知差异：小/大—欧 洲/大—非洲；商品价格：高/低），被试被随机分配到其中一组接受非惯常环境情境的启动，并对感知到的总体差异、人文氛围和地域景观差异分别做出评分；被试在主试再次提示所处环境后需要回答一道有关"购物"的开放性问题，以分析实验当下被试所处的解释水平；在接收到问卷展示的包括价格在内的商品信息后，被试需要回答与价格感知相关的测度量表，最后填写自己的人口统计特征信息完成实验。所有问项均采用 7 分 Likert 量表。

非惯常环境地理差异性的启动与测量。为消除国家经济发展水平或目的地形象引发的消费者的不信任感、不安全感对后续研究的影响，本部分实验包括两组以非洲国家启动非惯常环境的对比控制组。实验问卷通过向被试展示一组包含城市建筑、餐饮、服务设施（公共交通等）、街道商圈、自然风景的动态图片进行直观的非惯常环境差异启动；启动感知差异较小的问卷会根据被试所填写的日常居住地跳转至相匹配的中国自然风景图片展示，以进一步降低差异感知。研究实验结束后，根据问卷发放时样本被指定的分组对总体差异初步编码，将差异评分与接受启动不一致的，即情境启动失败的答卷记作无效。

商品价格的设定。实验开始前的前测问卷向被试展示了两种目标商品（旅游纪念文化衫和当地特色礼盒装小吃）的描述性图文信息，在不给出其具体价格信息的情况下请被试回答"您愿意为这件商品支付的最高价格""您认为价格低于多少时，这件商品的质量可能较为低劣"这两个问题。根据前测结果，本研究将旅游纪念文化衫（$N = 27$，$M_{最高价} = 80$，$M_{最低价} = 34$）高价组设置为 80 元，低价组设置为 34 元；将礼盒装特色小吃（$N = 30$，$M_{最高价} = 139$，$M_{最低价} = 66$）高价组设置为 139 元，低价组设置为 66 元。需要指出的是，在本研究中，价格水平本身并不是重点关注的解释变量或者中介变量，而是为了在回归模型拟合中控制不同价格水平对重点关注变量之间关系的影响。

解释水平的测量。前测阶段研究使用 Vallacher 和 Wegner 开发的行为识别量表作为解释水平的测量工具，但经筛查无效率较高，且较多题项得分均与总分显著不相关。回访被调查者发现可能是问项过多且不符

a.感知差异大

b.感知差异小

图 4 - 2 情境启动动图组成图片示例

合中文语境，导致结果无法体现其真实想法。因此，在正式实验中解释
水平的测量更换为非结构化问题"按照个人理解对'购物'这一行为
进行不少于 5 字的描述"，随后两位对研究内容不知情的同学将根据编
码规则（表 4 - 1）对语句进行编码，出现编码不一致时需重新讨论商
定最终结果。

表 4 – 1 解释水平编码规则

规则编号	1	3
规则一	购买的过程、方式	购买的目的
规则二	强调金钱、价格	强调质量、价值、意义
规则三	描述具体、细节丰富	描述抽象、细节少

注：(1) 若描述与"购物"完全无关，编码为"0"；(2) 若规则间表现相矛盾，编码为"2"。

价格感知的测量。价格—质量信息感知和价格—货币付出感知的沿用实验一的量表和测量方法。而为避免反复出现不同的价格信息导致信息过载影响消费者的感知，实验二中简化了价格敏感度的测量。重新提示被试是在图中情境下进行购买后，使用"这次旅行中购买文化衫/礼盒装特色小吃时，我很在意价格"这一题项直接测量。

表 4 – 2 研究假设检验结果

假设	假设内容	检验结果
H_{1a}	非惯常环境差异性会正向影响消费者将价格信息视作质量线索的倾向	未通过
H_{1b}	非惯常环境差异性会负向影响消费者将价格信息视作货币付出的倾向	通过
H_2	非惯常环境的差异性会负向影响消费者价格敏感度	通过
H_{3a}	非惯常环境的地域景观差异性正向影响消费者的解释水平	通过
H_{3b}	非惯常环境的人文氛围差异性正向影响消费者的解释水平	未通过
H_{4a}	解释水平在环境差异性与价格—质量信息感知的正向关系中起中介作用	未通过
H_{4b}	解释水平在环境差异性与价格—货币付出感知的负向关系中起中介作用	通过
H_5	解释水平在非惯常环境的差异性与价格敏感度之间起中介作用	通过

检验结果。复测结果。地理差异性对价格—货币信息的影响被证实，而地理差异性对价格—质量信息影响的假设在本部分设计中未被证实，可能由两方面原因所导致：其一，在非惯常环境下，旅游者对当地产品的信息了解得较少，无法对于产品质量做出有信心的判断。Peck和 Childers 的研究发现，能够触摸到产品的消费者更确信自己的购买决

定和对产品的评价，更容易做出购买决策。实验一中的商品只有文化纪念衫，而实验二中的商品还包括了当地礼盒装特色小吃，由于无法触摸和品尝，在这样一种较为陌生的非惯常环境下，可能会阻碍旅游者仅仅基于价格而对质量做出判断。其二，在旅游的过程中，购买的目的可能不仅仅是为了追求产品本身的效用和质量，很多时候是为了留作纪念或者是社交送礼等。在这些情况下与目的相关的价格表征就不再是质量，而可能是其他一些信息线索，比如将价格表征为珍贵的程度或是将价格表征为情谊的深浅。这种在非惯常环境中，将价格表征为其他信息线索而非质量信息的可能性需要进一步的研究。

假设 H_3—假设 H_5 结果。数据结果支持了地理差异性能引起个体解释水平变化这一假设，当旅游者进入一个非惯常环境中时，未曾见过的景观会让其产生新鲜感，从而引起感知心理距离的增加，使得解释水平升高。地理差异性越高，解释水平越高。然而，当对地理差异性进行细分后，研究发现，人文氛围差异对解释水平的影响虽呈正向相关关系，但统计不显著。这可能是因为人文氛围差异的感知是一种个体的主观认知过程，与地域景观差异相比在感知上更为间接，对于文化水平较高的个体来说，图像中所展示的人文氛围或许并不陌生，导致解释水平变化不明显。此外，中介效应检验结果发现解释水平在地理差异性对价格感知倾向的影响中起到部分中介作用，即非惯常环境的差异性会通过改变个体的解释水平来影响消费者对货币付出的感知和对价格的敏感程度。

二 研究启示

1. 理论启示

其一，上述案例在旅游研究中创新性地引入了解释水平理论，并将其与非惯常环境的特殊性相联系，揭示了非惯常环境特殊性对旅游者消费心理及行为的作用规律：当旅游者处于非惯常环境时，由于受到环境差异性这一外部刺激，心理状态发生变化，解释水平随感知差异程度增加而升高，从而导致信息处理偏好和消费行为的改变。其二，拓展了已有营销领域关于价格信息感知和定价策略等研究所关注的情境（如超市、网购平台等），上述案例强调了行为发生情境的重要作用，并聚焦于旅游者这一特殊消费群体，以及非惯常环境这一特殊的时空环境，并从非惯常环境和惯常环境的差异入手，探究行为的具体变化规律，一定程度上拓展了未来的研究视野。其三，关于心理距离与价格感知的相关研究多关注时间距离或社会距离导致的感知变化，较少关注地理差异性等空间距离所引起的变化，案例研究同时填补了这一空缺。而对于解释水平这一中介效应的测量，是对旅游研究领域先前并未探究的非惯常环境下购买行为异化心理机制这一"黑箱"的一次探索，揭示了现有研究中出现不一致的结论可能是由不同研究情境所引发个体的不同解释水平未得到控制所造成的。

2. 实践启示

从研究结论中可以总结出一些与产品营销和消费者购买决策相关的启示：（1）地理差异性负向影响货币付出感知与价格敏感度。旅游目的地企业在某些价格发生变动的时间节点（如节假日、淡旺季等）进行营销时，可根据地理差异性大小选取合适的营销手段。例如：目的地对环境差异较大的客源地市场，在营销时，可通过适当提高价格，提供更加优质的服务，并侧重于宣传产品和服务的体验价值；而对环境差异较小的客源地，目的地则应该对定价非常谨慎，在促销时突出强调价格现金折扣或价格的优惠变动等信息。（2）知悉解释水平在地理差异性对旅游者价格感知影响中的中介作用，除了有助于旅游目的地营销人员针对不同地区、不同性别的消费者采取不同的宣传策略（如：由于境外旅游消费者价格敏感度较低，面向这部分消费者进行营销时则可避免使用低价策略）外，也可以通过各种途径提升旅游者解释水平影响其对价格的感知：从强调地域景观角度扩大空间距离感知，从强调社交属性角度扩大社会距离感知（如：目的地商店等购买场景增加当地自然风景装饰，更强调场景的社交属性或商品礼品功能以降低消费者对价格的敏感度）；而从政府管理者角度来说，采取同理的策略改变消费者的解释水平可以在一定程度上抑制与规范消费者对特定类别商品，如烟草等的消费。而对于消费者来说，了解自身处于非惯常环境中时存在的这种心理变化和对价格的异化感知，有助于避免其冲动购买和超预算购买行为。

第五章　停留暂时性及其影响

　　旅游者需经历由离开惯常环境再到回到惯常环境这一闭环，其旅游活动才算完成。旅游者不会过久地停留或定居于其所到达的旅游目的地，他们仅是出于一定的旅游动机，在旅游目的地这一非惯常环境中做出了暂时停留的行为选择。因此，停留暂时性是旅游非惯常环境的重要特征之一，其指旅游者在旅游目的地的停留时间是有限的。停留暂时性既包括客观的时间限制，也包括主观的时间有限的感知。前者意味着旅游活动所花费的闲暇时间仅占旅游者全部时间的较少部分，旅游者所能利用的节假日时间是有限的，旅行计划需要在有限的时间框架下进行，旅游者并不能肆无忌惮地在非惯常环境里"浪费时间"；后者意味着不管出于怎样的动机，旅游者都清楚当旅途结束后其还是需要回到惯常的生活环境，以其熟悉的身份践行着固定的责任，非惯常环境的"熵减"是短暂的，这不免会产生"马上就要回去了""没有玩够""时间不够了"等时间有限性感知以及其所衍生的其他心理活动，如"反正要回去""不得不回去""不想回去"。主观和客观的时间限制为旅游者的元需求满足提供保障，其一，它使得非惯常环境既能满足旅游者的好奇需求，又能使其好奇心得以"保鲜"，旅游者不会在停留于非惯常环境的短暂时间里对非惯常环境产生熟悉感和审美疲劳，旅游非惯常环境不会因为短暂的停留而变成新的惯常环境；其二，它同样能使旅游者的镜像需求容易维系，由于在非惯常环境的停留时间有限，旅游者进行自我呈现所付出的努力相对可控，不会因时间过久难以坚持而"形象破灭"，旅游者只需要努力维系几天理想自己的模样；其三，停留暂时性也使得生存维度的需求得以增强和补偿，诸如"做三天公主""做三天农民"

等逆转性的生活方式和生存状态也能得以满足，在这段时空里，惯常环境的生存要素、贫富差距、个人习惯暂时颠倒或停止，那些无意义的形式和行为也被短暂悬搁，旅游者得以体悟生命的本真和生活的价值。同时，停留暂时性也是体验熵减的重要保障因素，因为随着时间的推移，非惯常环境也会不断趋于熵增，旅游者想要躲过熵增带来的无序的感觉，就需要切换系统，回到原来的惯常环境。停留暂时性使旅游者能在一定程度上躲避非惯常环境的熵增，非惯常环境得以成为一个特殊的时空环境，旅游者在这段时空里是简单的、自由的、能活出自己的。此外，停留暂时性也是维持系统秩序的关键特征。旅游者的一些奇怪想法、行为，甚至是负面的行为只能得到暂时的认可和原谅，而非长期的认可，非惯常环境只能起到短暂的"保护伞"作用。旅游者不会因为长时间的"得意忘形""回归本我"而忘记了社会时间、社会自我、社会规训，这也使得旅游者的放纵行为大多仅留在了非惯常环境里，而不会完全地溢出到惯常环境，旅游者可以随着环境的切换，回归惯常的行为规则。

"离开—返回"的短暂悬置和对比在某种程度上有助于旅游者对惯常环境的规训、身份、需求进行反思，能够强化其较为认可的规训、身份、需求，同时也允许其重新适应并调整原本不满意的需求结构，使其朝着既符合惯常生活的秩序和规律，又符合自己内心的方向发展。综上，不难发现，停留暂时性使得非惯常环境这段特殊的时空对旅游者而言具有感知和行为塑造的关键意义。

第一节　停留暂时性对旅游者
行为异化的影响

一　停留暂时性引起的游客感知异化

（一）时间压力感知增加

时间是一种重要的资源，它的不可反复、不可再生和不可转移等特征，使人们容易感知到时间的稀缺性和时间压力，前者是客观上没有足够的时间完成一些事情，后者是一种缺少足够的时间完成一些事情的感觉。非惯常环境中，停留暂时性一方面意味着客观上的时间稀缺性，旅游者在目的地的停留时间是有限的；旅游者不可能在短暂的时间充分游览目的地所有的景点；旅游景区有开放时间限制，旅游门票有使用期限，旅游者必须在规定的时间里完成游览体验。另一方面，停留暂时性也增加了非惯常环境中时间的经济价值，旅游者对时间成本的感知会高于惯常环境，这也导致人们更容易感知到时间压力。当时间意味着一种成本时，时间的可用性使旅游者能够对他们的途中和现场行为做出不同的选择。旅游者在途中花费的时间成本类似于沉没成本，旅游者只有在目的地的体验过程中做好时间管理，才不至于因为花费在路上的时间占用了在目的地的体验时间而沮丧，其对时间的体验也会影响后续的消费选择。此外，非惯常环境的知名度越高，旅游者数量越多越容易激起空间—时间隐喻，拥挤的环境空间进一步增加了时间压力感知[1]。时间压力感知也因人而异，工作时间灵活的旅游者似乎比那些工作时间固定的旅游者有更低的旅行机会成本，因此其感知到的时间压力也会相对较小；惯常环境中需求受限程度越高的旅游者，在非惯常环境中可能越发能够感知到时间压力，因为旅途中的享乐时间对其而言有更大的心理价值，即寻求需求补偿的旅游者比寻求需求增强的旅游者或有更大的时间压力感知，同理惯常环境高熵的旅游者也更容易感知到时间压力。

与没有时间压力的消费者相比，有这种感觉的消费者更依赖他们的情感系统，并倾向于根据第一印象形成判断[2]。这在一定程度上会降低自我控制，使得消费者更容易屈服于即时享乐的冲动。同时，他们也更倾向于选择有组织的旅游活动，按计划行事是这类旅游者一贯的做法，因为他们试图在一个目的地中充分实现期望或计划中的旅游活动，不想因为临时起意、重大改变而错过任何主要的活动和景点。倘若无法按照

---

① 郭青青、王良燕、韩冰：《拥挤的空间，挤压的时间——竞争思维模式的中介作用和经济流动性感知的调节作用》，《管理评论》2022 年第 34 期。

② Kruglanski, A. W., Freund, T., "The freezing and unfreezing of lay–inferences：Effects on impressional primacy, ethnic stereotyping, and numerical anchoring", *Journal of experimental social psychology*, Vol. 19, No. 5, 1983.

计划行事，这类旅游者也会努力节省时间，并将其用于食、宿的放松体验上①。此外，有较多时间压力感知会使得旅游过程的初始经历比结束时的经历在旅游者的记忆中更为突出和重要②。

（二）时间流逝感知偏差

人们是在使用时间的情境中评估时间的，非惯常环境加剧了旅游者对时间易逝性、不可逆性和模糊性的感知，旅游者对时间相关信息的加工处理更为困难，因此会更容易依赖启发式等捷径。所以，旅游者对时间流逝的把握会发生偏差，其可能过早或者过晚地估计已经流逝的时间。在旅游过程中，旅游者可能会从事观光、参与等各类活动，活动的形式以及参与水平也会影响旅游者对时间的感知。积极参与旅游体验的人可能会低估过去的实际时间，而那些没有融入旅游世界的个体，会觉得已经过去了很长时间③。此外，个体的旅游经验水平、惯常环境和非惯常环境差异的大小、停留的时间长短、文化背景和社会规范都会影响旅游者对时间流逝的感知以及对可利用时间的处理方式。

（三）家庭时间感知冲突降低

家庭成员间有自己的私人时间也有互相交织的集体时间，家庭时间在某种程度上意味着家庭成员为了情感、责任、团聚等在私人时间和集体时间上做出妥协和调和，保持时间表的同步和时间节奏的协调。但往往，家庭成员间会存在着时间感知冲突。例如，父母的工作时间会降低与孩子的相处时间；孩子的同伴社交时间也会降低其与父母的相处时间；年轻的父母想在周末休息，而年幼孩子希望有一个短暂的娱乐互动；年迈的父母希望晚辈在周末经常回家探望，而经过一周工作学习固定时间的晚辈渴望拥有私人的休息时间。

而非惯常环境的停留暂时性会让有限的时间变得特别，降低了私人

---

① Kim, S., Filimonau, V., Dickinson, J. E., "Tourist perception of the value of time on holidays: Implications for the time use rebound effect and sustainable travel practice", *Journal of Travel Research*, 2021.

② Peluso, A. M., Pino, G., Mileti, A., "The interplay of hedonic trend and time pressure in the evaluation of multi-episode tour experiences", *Tourism Management*, Vol. 90, 2022.

③ Pearce, P. L., "Tourists' perception of time: Directions for design", *Annals of Tourism Research*, Vol. 83, 2020.

时间中的工作时间、学习时间、社交时间等，增加了集体时间所占有的权重，为不同时间诉求的平衡带来转机。参与家庭旅游的双方仅需要暂时的"牺牲"私人时间，聚焦于集体时间，这减少时间的剥夺感和时间框架、节奏改变的疲惫感。家庭成员会更多地关注对方的需求，并转变自身的偏好。已有研究也证实，在家庭旅游中祖父母可以专注于孩子的娱乐活动，而孙子也能做出积极的反应，这比他们在其他时间的相处中更容易保持良好行为[①]。

（四）购物享乐价值感知降低

购物价值是消费者做出的一种评价。消费者把购物价值看作一种获得他们所需的方式（功利主义），或者是一种引发愉悦等积极情感的方式（享乐主义）。个体的购物价值观可分为功利主义和享乐主义两种，前者强调用有效的方法、理性地执行购物任务以满足自身需求[②]，持有该类价值观的消费者通常会提前搜索购物信息并进行理性购买行为[③]。后者则强调一种体验性的、情绪性的和非理性的价值。追求享乐性购物价值的消费者对享受、乐趣和积极情绪更有兴趣。在购物体验中，消费者往往会在做出购买决定之前花费时间查看和比较商品。Babin 等研究发现，当消费者在没有特定购买意图的情况下，其也能够通过逛商店、浏览商品增加感知的购物享乐价值，从而导致替代购买体验。在替代购买体验中，消费者会产生一种好像在商店里买了所有东西的感觉[④]。

替代购买也是旅游购物体验中的重要一环，在旅游非惯常环境中会出现多种购买情境，景区出入口的纪念品商店、机场车站的土特产商店、旅游休闲街区的文创店铺等，大部分旅游者在没有明确的购买计划

---

① Gram, M., O'Donohoe, S., Schänzel, H., Marchant, C., Kastarinen, A., "Fun time, finite time: Temporal and emotional dimensions of grandtravel experiences", *Annals of Tourism Research*, Vol. 79, 2019.

② Hirschman, E. C., Holbrook, M. B., "Hedonic consumption: Emerging concepts, methods and propositions", *Journal of marketing*, Vol. 46, No. 3, 1982.

③ Batra, R., Ahtola, O. T., "Measuring the hedonic and utilitarian sources of consumer attitudes", *Marketing letters*, Vol. 2, No. 2, 1991.

④ Babin, B. J., Griffin, M., Darden, W. R., "An empirical comparison of alternative conceptualizations of postconsumption reactions", *The Journal of Consumer Satisfaction, Dissatisfaction and Complaining Behavior*, Vol. 7, 1994.

下，仍旧会选择在这类商店参观浏览，但当旅游者所感知到的可用于浏览和休闲的时间不足时，时间压力会对其出于享乐目的的购物行为产生消极影响。缺乏足够的时间参与替代购买体验，可能会降低旅游者对整体的购物享乐价值感知，并由此引发消极情绪。

（五）价格感知偏差

停留暂时性对消费者价格感知的影响具有不同的作用路径。Suri 和 Monroe[①] 的研究指出有时间限制的消费者在决策时更倾向于将价格感知为产品质量而非货币支付，这是因为时间缺乏会限制消费者的消息处理过程。因为可参考的信息较少，所以倾向于用更加抽象、中心化的思维方式，即把价格感知为产品质量。然而 Bornemann 和 Homburg[②] 却在研究中指出当消费者需要马上做出决策时，即感知到的时间距离近，解释水平会随之降低，因此消费者更倾向于认为价格代表的是货币付出而非产品质量。

（六）触发心理时间旅行

心理时间旅行（mental time travel）理论认为，人们可以摆脱当前情景的束缚，将自我意识投射到过去或者未来的某个场景，来重新体验过去的某种经历，或者预先体验一个未来的场景。心理时间旅行对个体的情绪具有一定的调控能力。再次体验过去那些引起积极情绪的事情，不但可以再次回顾情景，也可以再次体会当时的心情和感受，从而引发当下的积极情绪，而针对未来也是同理。非惯常环境的停留暂时性在某种程度上触发了旅游者的心理时间旅行。其一，在非惯常环境中，旅游者的需求得到短暂的加强和补偿，这种当下的满足将会影响他们对更进一步的需求满足产生积极的幻想，并为实现幻想而付出行动。例如，旅游者通过冒险旅游，满足了自己对大自然的好奇，这会增加其好奇的需求，进而产生对未来冒险旅游的预期。同时，想象积极的未来可以增强个体的自我肯定感，强化自我身份认知。其二，正因为停留暂时性的存

① Suri, R., Long, M., Monroe, K. B., "The impact of the Internet and consumer motivation on evaluation of prices", *Journal of business Research*, Vol. 56, No. 5, 2003.

② Bornemann, T., Homburg, C., "Psychological distance and the dual role of price", *Journal of Consumer Research*, Vol. 38, No. 3, 2011.

在，旅游者才能对未来有所期待，期待下一次旅游、下一次奇妙的熵减体验。在这样期待的过程里，旅游者或许会更加明晰理想自我的模样，掌握符合内心的需求分配权重，旅游者将会形成新的能量对抗熵增。其三，停留暂时性使得旅游体验在旅游者踏上返程时变成了对过去的记忆，旅游者可以通过情景建构，在回忆里反复浮现熵减的快乐，并积蓄能量对抗现实世界里的熵增。

二 停留暂时性引起的旅游者行为异化

（一）时间序列发生变化

个体的时间表是由他们的生物时钟和社会时钟共同决定的，然而，在惯常环境中，个体的社会时钟经常偏离生物时钟，产生社会时差，例如为了按时上班不能选择睡到自然醒，需要被闹钟唤醒；为了赶项目而熬夜通宵。社会时差和时间压缩的共同作用会使得个体成为"单向度的人"，而非惯常环境能够提供一个缺口，随着身份角色的改变，相应的时间序列也会发生变化，这会使得个体能够选择遵循自己的生物时钟，暂时地从秩序化的时间转化到相对无序的自由状态中[1]，在更具自然性的时间节奏中，感知身心的变化，平衡"现实原则"与"快乐原则"从而发展成为拥有"内在向度的人"。旅游者不再需要按照日复一日的作息时间表起床、乘车、工作、吃饭、休息、娱乐，不再需要时刻关注手机时钟、备忘录提醒，担心错过地铁而迟到，可以晚上熬夜、白天睡觉，享受不看时间的生活。

（二）理性决策降低

时间限制会引起消费异化，一方面会影响消费者的价格选择。停留暂时性使得非惯常环境中的时间成本和机会成本远高于惯常环境，所以即使在一些旅游景点，物价较高，旅游者仍然会选择在景点购物[2]。另一方面，会使其产生非理性消费行为。尤其是当非惯常环境的空间距离

---

[1] Graburn, N. H., "The anthropology of tourism", *Annals of Tourism Research*, Vol. 10, No. 1, 1983.

[2] 张凌云：《旅游学研究的新框架：对非惯常环境下消费者行为和现象的研究》，《旅游学刊》2008 年第 10 期。

较远时，旅游者往往会在短时间内做出冲动购买的决定①。然而也有研究②认为，时间压力会抑制消费行为，因为只有在时间相对宽裕的情况下，消费者才有更多的时间浏览和被商品吸引。时间缺乏时，旅游者会产生选择过载的心理感知，会诱发决策过程中的负面情绪体验，强化预期后悔或购后失望，进而导致旅游者推迟决策甚至完全放弃选择。同样，时间限制也会降低环境可持续方面的理性决策与消费，时间的可用性限制了旅游者的注意力，促使旅游者选择更快的旅行、更放纵的食宿。

（三）本我行为增加

在惯常环境中，个体往往为了追求最优的时间分配而不得不陷入两难之地。例如，一个学生花更多的时间在学习上，随之他休息娱乐的时间就会减少；一位父亲花更多的时间工作，他陪伴家人的时间就会减少；一位家长如果临时决定参加朋友的派对，就意味着只能取消原定的家庭出行计划。而非惯常环境的停留暂时性或许可以使得旅游者不再需要权衡时间分配的成本和效用，因为他们没有过多的时间考虑分配、管理和决策本身。他们判断时间分配和决策最优的标准将变得简单而集中——是否符合内心，这也会使其理所当然地做出补偿或增强元需求的行为。

同时，停留暂时性意味着非惯常环境是一个特殊的时空，在这段时空里，惯常环境的身份、需求、习惯和规则可以短暂地中止或颠倒。旅游者将拥有短暂的"本我专属时间"，他们可以暂时成为自己想成为的人，表现出本我行为，在这个过程中产生的差异化行为也可以被暂时承认和认可③，他们可以肆无忌惮地穿着奇装异服、大声宣泄、尽情冒险，即便与周围环境格格不入也不需要在意旁边人群的异样目光，因为不久之后，他们便可以离开。

---

① 李志飞：《异地性对冲动性购买行为影响的实证研究》，《南开管理评论》2007 年第6 期。

② Lombart, C., "Browsing behaviour in retail stores: an opportunity for retailers?", European Retail Digest, 2004.

③ Lett, J. W., "Ludic and liminoid aspects of charter yacht tourism in the Caribbean", Annals of Tourism Research, Vol. 10, No. 1, 1983.

第二节 停留暂时性导致行为
变化的理论解释

一 权力的趋近抑制理论

根据权力的趋近抑制理论，权力影响人对环境的反应，即趋近和抑制倾向[①]。权力增加会触发趋近倾向系统，并促使趋近行为，如寻求机会和奖励。相反，权力的缺失会刺激抑制倾向系统，并诱发负面情感状态，如焦虑、对风险的敏感性增加和回避。利用权力的趋近抑制理论，高权力感知消费者对风险更乐观，对竞争行为表现更为积极，而低权力感知消费者对风险更敏感，在竞争情境中处于被动反应状态。当竞争情境存在时间压力，如旅游纪念品的浏览与购买，旅游者作为消费者，需要在有限停留时间内对有限的商品做出购买决策，在此情境下，高权力感知旅游者倾向于低估风险，产生威胁性情绪，消费意愿高涨，更容易做出冲动购买行为；而低权力感知旅游者倾向于规避风险，消费意愿受影响程度不高。

二 弗洛伊德精神分析理论

将时间紧迫下的消费行为看作是消费者欲望与意志力的冲突与博弈，在精神分析理论中，冲突表现为初级过程思维（本我或快乐原则）和次级过程思维（自我或现实原则）之间的振荡，前者是由冲动驱动的，很大程度上是非理性的，不惜一切代价寻求即时满足，后者是耐心的，逻辑的，并有意愿推迟满足服务于未来的长期收益或目标[②]。时间接近度的增加不仅会提高渴望度，也会增加焦躁程度。随着消费对象的临近，人们为了获得更大的奖励而推迟满足的意愿会降低。处理资源的

---

① Galinsky, A. D., Gruenfeld, D. H., Magee, J. C., "From power to action", *Journal of personality and social psychology*, Vol. 85, No. 3, 2003.

② Hilgard, E. R., "Impulsive versus realistic thinking: An examination of the distinction between primary and secondary processes in thought", *Psychological Bulletin*, Vol. 59, No. 6, 1962.

缺乏会导致对情感系统的依赖增加，进而导致人们专注于满足他们的即时享乐冲动。在时间压力下的消费者很可能会屈服于他们的冲动，表现出自我控制的失误[①]。

三 启发式—系统双加工模型

在心理学中，研究人员假设决策背后有两种不同的认知加工模式，通常称为双重系统理论（the dual system theory）。双系统理论被描述为经验和理性系统，冲动和反思系统，以及启发式和系统式[②]。启发式（系统 1）是一个直观、快速、自动和毫不费力的过程，并且需要更少的努力，侧重于易于接受和理解的线索；而系统式（系统 2）是一个理性、缓慢、深思熟虑和费力的过程，涉及彻底的信息搜索和对属性的仔细评估和考虑。旅游者可在决策的每个阶段应用系统 1 和系统 2，具体取决于一般相关因素。

当消费者处理信息的动机和能力较强时，就有可能系统地处理信息。这样的处理涉及一种分析取向，消费者会仔细检查所有与任务相关的信息。然而，如果处理信息的动机较低，或者当处理能力受到限制时，则有可能采取启发式处理方式。在旅游过程中，停留暂时性会造成可用时间和执行给定任务所需时间之间的认知差异。具体而言，停留暂时性会使个体出现担忧的想法，干扰其对相关信息的注意力，减少执行任务所需的认知资源。这意味着旅游者在高时间压力下对启发式的使用增加，而对系统式的使用减少。其次，可能会出现警惕性、活力、活泼和激活的状态，反而增加执行给定任务的努力和动机，唤起系统决策[③]。

---

① Li, C., Wang, Y., Lv, X., Li, H., "To buy or not to buy? The effect of time scarcity and travel experience on tourists' impulse buying", *Annals of Tourism Research*, Vol. 86, 2021.

② McCabe, S., Li, C., Chen, Z., "Time for a radical reappraisal of tourist decision making? Toward a new conceptual model", *Journal of Travel Research*, Vol. 55, No. 1, 2016.

③ Morris, L. W., Liebert, R. M., "Relationship of cognitive and emotional components of test anxiety to physiological arousal and academic performance", *Journal of consulting and clinical psychology*, Vol. 35, No. 3, 1970.

四 框架效应和前景理论

消费者的决策是存在认知偏差的，框架效应和前景理论解释了消费者对决策风险的认知偏差。当消费者有固定的时间表时，其与时间相关的决策会表现出反射效应，在感知时间损失的情境下会变得风险追求，其消费决策倾向冒险，特别是对于那些需要严格遵循时间表的消费者而言，时间损失会增加风险决策。相反，在时间收益的情景下，消费者将变得风险回避，倾向于保守决策①。

由于非惯常环境的停留暂时性特征，时间对旅游者而言具有更大的价值，旅游者会提前计划于什么时间在目的地参与哪些活动，期望在有限的时间里参与更多的活动。当旅游者进入非惯常环境后，会存在实际体验所需的时间大于计划或小于计划的情况。当实际所需时间大于计划时，旅游者会感知到时间压力，反而倾向于冒险决策，例如争分夺秒在机场的免税店挑选商品；为了多体验一个娱乐项目，而险些错过返回酒店的末班车。当实际所需时间小于计划时间，旅游者的决策往往会倾向于保守，其可能会提早结束在目的地的旅行，返回游船上等候返程，抑或者选择提早返回酒店，在酒店内部做简单的休闲。

※研究案例：买不买？时间压力对旅游冲动消费的影响*

购物是旅游过程中的重要一环，旅游者的购买决策过程会受到外部环境刺激（如可用时间）和旅游者内部心理情感及认知状态（如旅游经验和自信状态）的影响。停留暂时性使得旅游者在决策过程中会面临很多"马上就要离开"的场景，在这些场景下不同旅游经验的人会有

---

① 王洲兰、管益杰、于金红等：《时间相关决策中的非理性现象》，《心理科学进展》2012 年第 6 期。

* Li，C.，Wang，Y.，Lv，X.，Li，H.，"To buy or not to buy? The effect of time scarcity and travel experience on tourists' impulse buying"，*Annals of Tourism Research*，Vol. 86，2021.

怎样的时间感知与行为差异？

一 研究设计

（一）理论假设

旅游环境不同于惯常环境，作为一种短暂的不寻常体验，会给人一种时间稀缺的感知。购物是旅游体验重要的组成部分，在旅游特殊性作用下，消费决策方式会产生异化，造成异于消费习惯的行为，例如冲动购物。

旅游的停留暂时性导致或放大了游客在旅行期间的时间稀缺感。以往研究发现，不同环境下，时间稀缺性会对冲动购买产生不同甚至相反的影响，时间稀缺对冲动购买行为的影响在不同消费群体间并不统一。消费者冲动购买的前因包括外部因素（包括合作伙伴、参考群体、消费文化和各种营销策略等）和内在因素（包括权威感知、情绪、冲动特质等）。但无法解释具有不同个人特征的人如何或为什么会出现不同的行为。为了更准确地理解和预测游客冲动购买，本研究旨在探讨时间稀缺的影响机制，以及它在不同游客群体中的差异。

旅游经验的调节作用。时间稀缺性会激活不同个体的不同行为方式，一方面，可以使部分消费者更加关注购买产品所获得的收益或感知价值；另一方面，游客会因对目的地的不熟悉感而放大风险感知。游客在旅行中采用哪种类型的行为方式（主动或规避风险）与他们之前的旅行经验高度相关。旅游经验通常体现了旅游频率和在一定时期内参与旅游活动的次数，是游客最为"信赖"的主观知识。在陌生环境中，与其他信息相比，游客更依赖其旅游经验，时间紧迫的情况下更甚。

因此，我们提出时间稀缺性对旅游冲动购买的影响受到过往旅行经验的调节。具体而言，丰富的旅行经验导致游客在决策时运用主观知识，包括在时间压力下做出购买决定。主观知识是个人对他/她知道多少的感知，更高水平的主观知识会增加个人在不确定情况下的信心和个人控制感，这会导致积极的行为，例如，增加购买意愿。相比之下，较少的旅行经验与较少的主观知识相关，这会激发抑制性行为方法并增加对风险的敏感性。这种心态自然会抑制冲动购买的冲动。所以，案例研究假设：

    H1：时间稀缺和旅行体验之间的相互作用会影响冲动购买

    H1a：对于旅游经验较多的游客来说，时间稀缺会增加购买冲动

    H1b：对于旅游经验较少的游客来说，时间稀缺会减少冲动购买

过度自信的中介作用。时间稀缺限制了消费者理性决策过程，他们没有更多时间进行信息搜集和思考，促使采用启发式决策过程。这一决策方式是主观的、带有偏见的。在信息有限需要快速决策的情况下，如果人们认为自己的能力高于一般人的水平，他们往往会产生过度自信，这是对自己判断的偏见信念。处于过度自信状态的消费者夸大了感知收益并低估了风险，从而促进了冲动购买。

旅游经验丰富的游客拥有更多的主观知识，这使他们认为自己比旅游经验少的游客拥有更多的内部信息和更强的能力。因此，他们在旅游中购买本地产品时，会认为自己能够准确进行判断。过度自信使他们倾向于夸大购买的感知收益（效用和享乐价值），并低估可能会购买到不满意产品的风险。这导致了一种行为促进模式从而增加了冲动购买。相反，经验较少的游客认为他们缺乏足够的知识作出较好的判断，抑制对购买结果过度自信的可能性，放大风险感知，减少冲动购买。时间稀缺性对冲动购买的影响是通过过度自信作为中介变量传递的，并且中介效应受旅行经历的调节。所以，案例研究假设：

    H2：时间稀缺和旅行体验之间的相互作用会影响过度自信

    H2a：对于旅游经验较多的游客来说，时间稀缺增加了过度自信

    H2b：对于旅行经验较少的游客来说，时间稀缺性降低了过度自信

    H3：过度自信在时间稀缺对冲动购买的影响中起中介作用

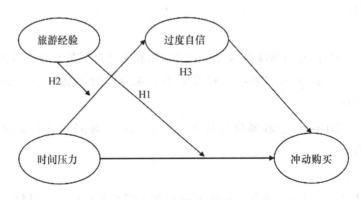

图 5 - 1　研究假设模型

（二）实证研究

研究 1：实验室实验。研究 1 通过 2（非时间稀缺性与时间稀缺性）×2（旅行经验）的受试者间设计实验，验证研究假设。具体来说，利用实验模拟操纵时间稀缺性，并将冲动购买行为测量为意图，并控制其他变量的影响。最终，实验室实验数据用双因素方差分析和 floodlight 检验时间稀缺与旅行体验的交互作用（H1，H2），用 bootstrap model 8 检验过度自信的中介作用。

实验设计。研究旨在模拟旅游环境（即陌生环境）中的消费场景，采用了 2（非时间稀缺与时间稀缺）×2（旅行经验）的组间设计。229 名学生在填写旅游经验的问题后被随机分配到非时间稀缺组或时间稀缺组。

实验中，参与者首先观看一个游客视角的旅游城市宣传视频，让参与者想象旅游/旅游情况，并阅读当地产品的文字描述和图片。接下来，对时间稀缺性进行操纵，时间稀缺组的参与者阅读文本"想象你正在购物这个目的地，你马上就要离开了"；非时间稀缺组参与者阅读"想象一下你在这个目的地购物，距离下一个旅游景点还有一段时间"。随后，对所有参与者冲动购买行为意向进行测量："你对一件土特产的预期预算在 90 元左右，你看到了一件价格为 139 元的精美纪念品"，并根据他们对冲动购买的感知衡量过度自信。过度自信基于 Lu 等人（2013）开发的量表，包括两项感知收益相关（"我掌握的信息足以让我做出购买产品的正确决定","我认为我购买的产品值得购买")和两项感知损失相关("我不担心购买产品的后悔和经济损失","我不担心别人说我买了劣质产品"(1 =非常不同意,7 =非常同意)的问题。最后,所有参与者完成人口统计调查。

图5-2　旅游城市宣传视频片段及当地产品图片

检验结果。双因素方差分析表明时间稀缺性和旅行经验对冲动购买的交互作用显著。对旅游经验丰富的人来说,时间稀缺对冲动购买有正向影响;对旅游经验不丰富的人来说,时间稀缺有负向影响,即假设H1a、假设H1b都得到验证。双因素方差分析还表明,只有时间稀缺和旅行经历对过度自信的交互作用是显著的。因此,假设H2得到验证。Floodlight分析结果显示旅行经验丰富的参与者,时间稀缺对过度自信有积极影响;旅行经验较少的参与者,时间稀缺对冲动购买有负面影响。因此,假设H2a、假设H2b得到了验证。最后Bootstrap model 8结果表明过度自信起完全中介作用,检验了假设H3。

研究2:问卷实验。研究2扩大了样本容量,通过自我报告问卷的方式调查评估了游客的实际冲动购买行为,对研究假设进行复测。

实验设计。研究通过数据收集公司招募了五一假期出游并在途中旅

游的受访者，最终得到 600 份完整的问卷数据。问卷由两部分组成。第
一部分通过让受访者仔细回忆他们在五一旅行期间的购买行为激活记
忆，然后依次测量感知的时间稀缺、过度自信和冲动购买。时间稀缺感
通过两个项目来衡量："在旅途中，您觉得自己有多少时间可以购物？
（1 ＝非常有限，7 ＝非常丰富）"和"在购物的过程中，您是否觉得自
己做了决定……（1 ＝非常着急，7 ＝一点也不着急）"。游客的过度自
信使用与研究 1 相同的四个项目来衡量。最后，冲动购买行为通过两个
项目来衡量："我在本地产品上花费的钱比计划的要多"和"我买的东
西超出了计划"（1 ＝非常不同意，7 ＝非常同意）。问卷第二部分调查
了每位受访者的旅行经历和其他人口统计信息。所有问项均采用 7 分
Likert 量表。

研究结果。研究 2 的结果与研究 1 的结果一致，时间稀缺对游客冲
动购买的影响受旅行经验的调节，过度自信在时间稀缺对游客冲动购买
的影响中起部分中介作用。

二 研究发现

（一）时间稀缺性的不同作用路径

停留暂时性是旅游特殊性之一，意味着旅游者终要完成从非惯常到
惯常的闭环，这也在一定程度上增加了旅游者的时间压力感知。时间压
力感知会导致个体不同的消费行为。一方面，时间压力作为一种信息缺
失的表现，会使一些消费者更加关注购买产品的收益或感知价值。在旅
游环境中，由于较高的时间成本和机会成本以及旅游者在目的地购物时
所追求的享乐价值，这种（时间稀缺性）的感觉可能会被夸大。另一
方面，由于旅游者对目的地的陌生感，他们往往有一种家内比家外更安
全的认知偏好，并可能以各种形式表现出谨慎行为，包括购物。因此，
旅游者快速决定是否购买某物时，时间压力加剧了这种风险感知，可能
会使其变得厌恶风险。

（二）旅游经验的特殊作用

旅游者在旅行过程中采取何种行为方式（主动或风险规避）与他
们之前的旅游经验密切相关。旅游经验是指个体以往的旅游目的地的经

历，包括各种旅游活动的体验，以及在旅游环境中针对各种问题所采取的行动。旅游经验不同于普通消费品的购买经验，它不是对单一技能或领域的知识积累，而是一种综合能力，可以应对旅游过程中不同类型的问题。旅游经验的水平会影响旅游者在陌生、不熟悉的非惯常环境中做出决定的信心。丰富的旅游经验可能会导致高度的主观知识，即"我认为我知道的很多，我认为我知道的足以应对这些未知的"，这种自信心和个人控制感会使旅游者采取主动性的行为方式，如购买意愿增加。相反，较少的旅行经验会增加对风险感知的敏感性，会抑制行动，如谨慎或减少购买。

（三）时间稀缺性下旅游经验的变化

时间稀缺自然限制了消费者寻求额外信息和深思熟虑的可能性，这促使消费者采取启发式决策过程。在有限信息下进行启发式决策时，如果消费者认为自己的能力高于平均水平，他们往往会变得过度自信，夸大感知收益，低估风险。在旅游行业中，不确定性普遍存在，特别是地方特产价值的不确定性，这增加了启发式决策的使用场景。这类产品在当地生产，具有文化特殊性，这使得游客很难判断其价值。在这种情况下，有丰富经验的旅游者具有更多的主观认识，这使得他们认为自己比旅游经验较少的旅游者拥有更多的内部信息和更强的能力，能够在有限的时间内对当地产品做出准确的判断。这为过度自信创造了条件。在过度自信的状态下，他们倾向于夸大购买所获得的感知收益（包括效用和享乐价值），低估购买到不满意产品的风险。这导致了一种积极的行为，基于此，冲动消费行为增加。相反，旅游经验较少的旅游者往往认为他们缺乏足够的知识来做出良好的判断，这反过来会抑制对购买结果的过度自信，从而激活抑制行为方式，减少冲动购买。时间稀缺性对冲动购买的影响通过过度自信作为中介变量进行传递，旅行经验水平对中介效应进行调节。

结果表明，时间稀缺性和旅游经验之间的交互作用影响冲动性购买。对于旅游经验丰富的旅游者，时间稀缺性增加了其冲动购买，而对于旅游经验较少的旅游者，时间稀缺性降低了其冲动购买。过度自信在时间稀缺性和旅游经验对游客冲动购买的影响中起中介作用。

三　研究启示

（一）理论启示

研究深入探讨了时间压力对游客冲动消费的影响，丰富了旅游理论，也从旅游的视角为广泛意义上消费者冲动消费行为提供了更先进的理解。时间压力是旅游的重要特征之一，它对旅游者冲动消费行为的影响值得特别的关注。研究发现，旅游经验作为一个个体因素，调节了时间压力对旅游者冲动消费行为的影响。此外，通过引入启发式决策过程，进一步回答了造成经验丰富的旅游者与经验较少的游客在时间压力时行为表现不同的原因。冲动消费通常是启发式决策的结果，这是快速和直觉性的。很明显，在某些情况下，如重复的、程序化的决策、信息超载和时间稀缺的情况下，直觉的、更快的、不费力的决策过程更受旅游者青睐。在时间压力下，个人需要在付出更少努力的前提下做出决策，以减轻认知负担，这意味着消费者需要依赖可以轻易获取的可靠的知识或信息，如以前的经验，来降低对收益和损失评估的偏差。

经验丰富的旅游者能够在停留暂时性造成的压力下感知到他们有更多可控性，他们直觉地认为，他们能做出正确的决定，而这将导致过度自信和风险低估。而当缺乏旅游经验的旅游者在其没有时间对产品进行全面的评价时，会变得比平时更加不自信，更容易采取规避风险的启发式决策过程，即不购买。因此，研究揭示了旅游经验和过度自信如何在旅游者做出快速购买决策时发挥作用。将旅游者冲动消费行为作为启发式决策结果进行研究，可以更全面地了解这一现象，并能更准确地预测时间压力下的旅游者冲动消费行为。

（二）实践启示

在实践中，旅游供应商应该意识到时间稀缺性作的重要性，利用时间稀缺性来促进（或抑制）旅游者的某种不健康的冲动购买。案例研究为旅游目的地和企业制定旅游策略提供了有价值的信息。例如，对于回头客或旅游经验丰富的旅游者，产品供应商可能希望增强他们对时间稀缺的感知，以增加他们的冲动购买。但它应该是在产品质量高的前提下，因为如果旅游者发现产品不令人满意，可能会破坏他的自信心，产生负面情绪和防御性行为，如不满，怨恨，愤怒或报复。而有经验的旅游者的口碑推荐对潜在旅游者会产生很大的影响。对于缺乏旅游经验的旅游者，供应商可以通过提供担保、保证和训练有素的销售人员来强调无风险的购买，以增强这些旅游者的信任。当旅游者对产品的价值更有信心时，他们就更有可能消费。

第六章 身份匿名性及其影响

　　相对于惯常环境，非惯常环境在一定程度上对于旅游者而言，是全新且陌生的。旅游者的心理活动会产生变化，会默认自身与目的地的社会联系是临时的、薄弱的，并将身份定位为一个"人生地不熟"的外来者，没有人会在意他是谁，他也同样不需要在意其他人。由此，旅游者得以将自己的真实身份隐匿起来，使外界难以通过其行为或者言论识别到他的真实身份。

　　个体在身份上的匿名性不仅仅是指客观的隐匿身份，更与匿名主体的心理有关。空间变换形成的陌生感是产生匿名性感受的根本原因，当非惯常环境与惯常环境的差异性越大，旅游者的心理距离就会越远，越可以使其快速摆脱原本熟悉的身份环境和社会角色，由此给旅游者心理上带来的匿名感就会越强。而惯常环境与非惯常环境的差异不仅体现在空间距离、景观风俗等物质层面，也包括人际沟通、联系等社会层面的差异。匿名性在社会关系层面也代表着人与人之间的互不了解、互不干预的关系，或者说人与人之间的相对陌生感。人与人之间的关系越陌生、联系越少，彼此的身份匿名性就越强。个体之所以需要一个匿名环境，最根本的原因也是由于熟悉的人际关系以及社会环境给予了自身不得不接受的社会压力。在熟悉的人际关系中，个体的语言表达，行为选择，都不仅仅要考虑到自己的想法和需求，更要考虑是否牵扯到别人的利益。在惯常生活中，个体的行为选择相对谨慎，不能动了别人的"奶酪"成为行为选择的判断标准。当这种社交压力积累到一定程度时，个体就会渴求一个具有身份匿名性的环境，来进行短暂的自我放松。

旅游非惯常环境的匿名性给予了旅游者自我放松的心理基础。社会关系是惯常环境中导致熵增的一个重要因素，迫使旅游者压抑自然的自我去完成社会自我应完成的任务。而在非惯常环境中，这些原有的社会关系暂时减弱甚至消失，旅游者得以在一个弱社会联结的非惯常环境中，摆脱原有社会角色的束缚，关注于自身的内在需求。在此过程中，身份匿名性更多体现在增强了旅游者行为的恣纵倾向。一方面由于好奇维度的需求上升，旅游者可能倾向于放纵自己的行为以获得高水平的情绪刺激；另一方面，旅游者与目的地的弱社会联系削弱了行为规范的作用，导致旅游者认为自己即便做出"离经叛道"的事情，也不会为熟人所知，更不会受到社会惩罚。

第一节　身份匿名性对旅游者
消费行为异化的影响

一　身份匿名性引起的旅游者感知异化

身份匿名性是时空转换所引发的心理变迁，对旅游者的心理感知和行为倾向产生重要影响。一方面，身份匿名性强化了旅游者对身份熵减的需求，使得旅游者能剥离惯常生活中的"形象包袱""责任枷锁"等源于固定身份的压力，从而更好地融入旅游非惯常环境中，感受本我得到外显以及身份重构后的"新鲜"、愉悦；另一方面，身份匿名性使得旅游者得以摆脱熟人"凝视"。惯常环境的社会关系通常熟悉且稳定，个体的行为会与他人的利益、情绪相关联，这使得个体需要考虑群体的利益与情绪，而非惯常环境的匿名性或许会给旅游者带来心理上的安全感、释放感，从而导致行为的异化。

（一）表达自由感知提升

惯常生活是一种稳定的结构，个体的社交网络、行为态度都有着周而复始的规律，人际关系集中在熟人和半熟人中。此时，人们的言论会受到已经形成的意见氛围的影响，由于害怕自身的言论以及意见会与所处社群的主流观点不同，许多人会选择保持沉默或是"随大流"，而放弃表达自己意愿的机会。①

旅游则打破了这种稳态，将旅游者带入到了一个与陌生人群体所建立的新的、弱联系的社交环境中。在这样一个彼此陌生的氛围中，旅游者实现了真实身份隐匿、内心真实情感表达的需求满足。由于相互之间无法识别身份，没有了直接的利益冲突和社交顾虑，旅游者对被孤立的恐惧就会极大降低，甚至不考虑他人的观点而发出真实自我的声音。旅游者能够感知到喜好评价与选择是自由的、被环境所允许和包容的，即便与环境格格不入，也无所畏惧。

（二）社会角色禁锢感减弱

旅游者追求身份概念的模糊化、匿名化，其中一个重要原因是，匿名性可以帮助个体摆脱社会角色的枷锁，进而解放言语和行为的制约②。个体在匿名情况下的互动行为与身份清晰的状态下有很大不同。身份清晰意味着个体处于一个"社会人"的模式中，任何态度和行为都不免与他人相关，因此个体会为了避免得到他人的负面评价而做出与其社会角色相符的行为③。例如，公司上班的员工会为了避免被同事评头论足、与职员身份格格不入而放弃自身所喜好的穿着，换成与同事风格相似的着装。

在匿名状态下，旅游者发生交流互动行为或者消费行为之前，会进行自我身份的解构与重建，也就是自我"换装"，使得惯常社会角色引致的规训作用弱化，社会角色禁锢感降低。旅游者在旅游环境里，不必承担惯常社会角色赋予自己的额外的事物，例如家庭角色所赋予的家务活动，工作角色所产生的加班活动以及不得不经营的人际关系活动。在这种匿名状态下，旅游者可以更多地以自我为中心，了解自己内心的真实需要，进行自己喜欢的活动，从而达到内心的真正满足。具体而言，

---

　　① 蒋大平、王洪娟、刘春萍：《沉默的螺旋理论在社交网络媒体中应用机制分析》，《内蒙古科技与经济》2020 年第 23 期。

　　② Fu, X., Kirillova, K., Lehto, X. Y., "Travel and life: A developmental perspective on tourism consumption over the life course", *Tourism Management*, Vol. 89, 2022.

　　③ Tost, L. P., "When, why, and how do powerholders 'feel the power'? Examining the links between structural and psychological power and reviving the connection between power and responsibility", *Research in Organizational Behavior*, Vol. 35, 2015.

旅游者可以聚焦于单一的旅游者角色，努力实践想象中的旅游者自我应有的行为。同时，旅游者也可以对惯常社会身份进行选择性呈现，例如只突出家庭角色或朋友角色等。

（三）社会责任感降低

在身份匿名状态下，自身的放纵行为或非理性行为很难直接受到周围社会群体的监督。当处于一种自由无监督的极弱连接之下，个人的责任意识、社会伦理意识可能变得脆弱，而个人自身的需求将会被无限制放大，这可能会助长一系列的非理性行为①。同时，旅游作为一种以休闲享乐为主的体验活动，旅游者难免会产生"大家都不认识，多一事不如少一事"的心理。所以，即便意识到所处环境中存在不文明行为，也不会选择干涉。例如，在旅游景区中的人大多都为旅游者，即便某一个旅游者做出践踏草坪、攀爬石像等不文明行为，其他旅游者也会选择视而不见，这也会进一步助长旅游者个体的放纵、非理性行为。

此外，旅游者个体或将自己定位于旅游者群体之中，所有旅游者对于目的地而言都具有身份匿名性，这些拥有匿名性身份的旅游者形成了一个匿名集，进而加剧了群体内部个体身份识别的困难，外界难以从旅游者匿名集中分辨出单独的个体，个体的行为不会被清晰察觉，且"对号入座"到旅游者 A 或 B。因此，旅游者会产生一种"匿名保护感""群体庇护感"，从而使得行为更加"肆无忌惮"。匿名下旅游者正义行为不会收到积极反馈，失范行为不易受到惩罚，在这种情况下，人们承担社会责任的意愿以及积极性将会极大地降低。

二　身份匿名性引起的旅游者行为异化

旅游中的身份匿名性对旅游者消费行为的影响主要体现在"解放"。匿名性一定程度上减少甚至消除了旅游者本身所承担的道德责任和角色负担，开拓了旅游者消费的选择类型、价格屏障等，使得旅游者可以直面内心，向内探索需求，也会努力向外探索，以获得需求满足。

---

① Piazza, J., Bering, J. M., "The effects of perceived anonymity on altruistic punishment", *Evolutionary Psychology*, Vol. 6, No. 3, 2008.

此时，"想不想要"和"我必须要"能够暂时代替"应不应该要"，旅游者更大程度会遵循自己内心的想法在进行消费。同时，在匿名性的条件下，旅游者的自我束缚会降低，并且容易对自己的恣纵消费或是负面行为进行合理化阐释，从而导致旅游恣纵消费行为的增加。身份匿名性对其他社会行为的影响主要体现在"鼓励尝鲜"。积极方面，旅游者得以通过尝试惯常环境中不敢为之的新奇行为获得难忘的体验；消极方面，也会带来自我约束和道德感的降低，从而有可能做出损害目的地利益的失范行为。

（一）鼓励旅游者探索行为

对于部分旅游者来说，许多需求和行为会受到原有惯常环境的规则和氛围的约束，比如热爱探险的旅游者在日常生活中，可能被家人以安全为由禁止参加极限运动；喜欢 cosplay 的个体也很胆怯在惯常环境中进行服饰装扮，担心遇见熟人后的尴尬；想要尝试新鲜的事物（密室逃脱、VR 游戏、昆虫宴等），又担心与自己的年龄和身份不相符，抑或是损害了周围社会关系的利益。此时，一个匿名性的环境对于满足这类需求、进行这些行为，且免于遭受社会"舆论"甚至是责罚就显得极为重要[1]。

在旅游过程中，高匿名性的环境就为旅游者提供了一种特殊的、开脱的刺激性氛围，允许他们摆脱原有社会习俗的束缚，放纵自己的行为[2]。旅游突破了时间地点的限制，公平地给予旅游者进行自我放纵、免除社会责任、探索日常生活空间里无法实现的激进行为的机会，因为旅游者在进入旅游目的地时不可能携带所有的惯常社会关系[3]，即便存在来自惯常环境的同游者，这也是旅游者自愿且相对满意的选择性结果。地理差异性和匿名性的加持，减少了旅游者人际方面的顾虑，会激活潜在的"求新求异"心理，进行一定的探索性行为。与此同时，匿

① Thomas, M., "'What happens in Tenerife stays in Tenerife': Understanding women's sexual behaviour on holiday", *Culture, Health & Sexuality*, Vol. 7, No. 6, 2005.

② Goffman, E., *Notes on the management of spoiled identity*, New York: Prentiss - Hall, 1963.

③ Berdychevsky, L., Poria, Y., Uriely, N., "Sexual behavior in women's tourist experiences: Motivations, behaviors, and meanings", *Tourism Management*, Vol. 35, 2013.

名性也会激活旅游者的"侥幸心理",不仅会扩大其对合法的好奇性事物的需求,也会诱发其对失范行为的试错需求。匿名性在一定程度上降低了失范行为的代价,这会导致旅游者作出"到此一游""攀爬景物""违规拍照"等边缘性行为。

（二）促进旅游者补偿第一人生

短暂的逃离可以让旅游者恢复精神,以应对惯常生活的熵增。旅游具有暂时性,它只是一个短暂的第二人生经历,是日常生活的插曲,也是个体在日常生活的庸庸碌碌之后做出的对抗熵增的方式——暂时切换系统（从惯常环境来到非惯常环境）。旅游可以视为一种治疗性的暂停,切换系统,能够实现生活压力、需求矛盾的短暂释放,在此期间,生活选择可以被思考并重新塑造,第一人生的缺憾能够得到补充。

短暂离开自己的惯常环境,是一个自我疗愈与实现熵减的过程,旅游者能够通过一次旅程,帮助自己卸下生活压力而重新赋能。同时这种自我疗愈在熟悉场域内是无法完成的,需要在匿名环境下进行。因为熟悉的环境中,个体的态度和行为受到外在复杂社会关系的牵制,元需求结构和行为表现不能完全遵照内心,处于不断熵增的过程。而当个体以旅游者的身份进入非惯常环境时,其原本熟悉的社会关系发生改变,需求偏好、时间偏好、自我身份偏好被唤醒。这可能导致旅游者的消费行为会基于对自己第一人生的补偿心理而发生变化,例如对于消费产品的类型以及对象都会发生改变,愿意花更多钱来满足自己平时喜欢但是由于各种原因无法得到或者满足的消费产品,消费结构会更加偏向娱乐化、享受化、奢侈化等。

（三）辅助旅游者寻找第二人生

旅游的过程,其实就是旅游者挣脱自身"枷锁",找寻第二人生的过程。在短暂的旅游过程中,旅游者摆脱了第一人生的情境。而情境解除抑制意味着"在度假时将自己视为另一种人,不那么受正常角色需求和人际关系义务的约束"[1]。在匿名性的环境中,旅游者更加容易解除

---

[1] Ford, N., Eiser, J. R., *Risk and liminality*: *The HIV – related socio – sexual interaction of young tourists*, 1995.

自己第一人生的情境。进入一种具有新文化的非惯常环境使旅游者能够创造一个新的自我，而这个自我的行为在惯常环境中会受到"非议"或"谴责"。

此时，身份匿名性可以视为 Leontido（1994）所提出的"旅游氛围"的一个组成要素①。Leontido（1994）将旅游氛围描述为一种不寻常的生活方式，包括一系列的可观察到的仪式和不可观察的符号意义。对旅游者而言，身份匿名性作为一种在日常生活中难以寻得的精神符号，驱使着他们做出一些与惯常自己迥然不同的"第二人生"的行为。当旅游者将匿名的环境当作是在自己的第二人生时，便会自觉地站在另一个人生角色的基础上开展消费活动，或者其他社会活动。此时旅游者的消费产品不仅仅是对第一人生的弥补，更多是基于丰富第二人生的需要。比如一个在日常生活中家庭—公司两点一线的人，会在旅游中前往酒吧一条街彻夜狂欢，这便是在一个完全不同的人设下，做出的前所未有的尝试，以此拓阔人生经历。

（四）诱导旅游者失范行为

在高身份匿名性的情况下，旅游者会产生放纵自己行为的倾向，这些行为中既有合理追求适度享乐的行为，也有极端的失范行为。诸如"××到此一游"的行为在各类旅游景区屡见不鲜、屡禁不止，其原因与匿名性引致的旅游者社会责任感降低密切相关。旅游者作为旅游活动的发起者，旅游目的地作为旅游活动的承载者，二者之间无法分割，旅游者的失范行为必然会给旅游目的地带来直接的负面影响。最直观的影响体现在对目的地吸引物或是基础设施的破坏和过度消耗，旅游者所具有的身份匿名性和流动性，进一步削弱了他们保护目的地资源的主动性，取而代之的是刺激了他们在短时间内"竭泽而渔"式损耗目的地资源以提升自己体验的倾向。此外，虽然旅游者相对于目的地是外来的陌生者，但他们在目的地尺度内发生的行为都打上了当下所处的目的地形象的标签，其失范行为在一定程度上对目的地声誉也可能造成损害。

---

① Leontidou, L., "Gender dimensions of tourism in Greece: Employment, sub – structuring and restructuring", In *Tourism: A gender analysis*, Chichester: Wiley, 1994.

第二节 身份匿名性导致行为
变化的理论解释

一 旅游仪式理论

如果将旅游者在目的地观光游览、休憩娱乐等行为抽象出共同的符号意义，那么正如 Graburn 曾提出"应该将旅游理解为一种仪式，这是一种与日常生活、工作形成强烈反差的，集休闲、旅行于一体的特殊仪式"[①]。旅游仪式理论借鉴人类学的仪式理论去探讨旅游者因何踏上旅途，旅行中的行为与其日常生活状态有何不同，又因何有这些差异。仪式构成了一道无形的高墙（即阈限），分割开了世俗与神圣、稳定与动荡两种状态。个体的日常生活会随着时间的推移不断熵增，是一种发生在日常的世俗环境中的稳定态势；而个体作为旅游者所体验的整个旅游经历，则是一个在精神层面带有神圣意义、在身体层面具有短时高刺激的特殊仪式。在这个旅游仪式过程中，旅游者试图达到一种"忘我"的状态，进而沉浸在当时的旅游体验中[②]，在需求结构、情感态度、行为表现上，都与过去从惯常环境而来的自己和未来回到惯常环境的自己并不相同。

而身份匿名性是旅游者寻求忘我的重要条件，旅游者首先需要通过与目的地环境的弱联系，摆脱原有的社会关系束缚，减弱其社会人身份对他们行为的约束感，进而逐渐融入、沉浸到目的地氛围之中。在此过程中，随着原有社会身份的模糊，旅游者心态和需求发生变化，内在的、被压抑的需求比重上升，由此产生放纵的行为倾向。

二 自我重构理论

我是谁？这是一个一直为哲学所追寻而没有统一答案的永恒问题，

---

① Graburn, N. H., Barthel – Bouchier, D., "Relocating the tourist", *International Sociology*, Vol. 16, No. 2, 2001.

② ［美］丹尼尔·纳什：《旅游人类学》，宗晓莲译，云南大学出版社 2004 年版，第38—55 页。

其中弗洛伊德的本我、自我和超我的三层次人格结构是讨论"我"的主要基础之一。但弗洛伊德主要基于内部结构的博弈角度定义人格，并没能完全回答个体与外界的联系如何塑造一个完整的人格，对此，拉康的镜像理论则给出了一种解释。镜像理论的核心在于"自我在他者中生存"，主体对自己的判断必须通过他人实现①。如同一个从没有照过镜子的人需要依靠别人的描述来了解自己的相貌，个体对自我的判断来自于他所认为的别人怎么看待他，以及别人主动告知他的对他的看法。当个体确定自我形象的参照系"镜子"改变时，他对自我的认知也会重构。

从惯常环境进入到非惯常环境就是一个巨大的参照系变化，居民与旅游者之间、旅游者与其他旅游者之间基本是双向陌生的，旅游者获得了身份匿名性。在此情况下，相比之面对惯常环境中的熟人群体，旅游者在居民面前、其他旅游者面前树立良好形象的动机减弱，他对自己在他者心目中的投射形象认知也更可能产生偏差，并且非惯常环境中的他者也很少主动给予旅游者社交形象的反馈。在上述心理机制的共同作用下，旅游者重构了一个临时的"自我"形象，这个自我相较于惯常环境中的自我的社会性更弱，而广度更大，因为旅游者在重构自我的过程中，加入了他对目的地环境的理解，吸纳了独特的目的地特征，形成了一次新的人生体验。

三　社会控制理论

社会控制理论源自于犯罪心理学，原始观点认为，任何人都是潜在的犯罪人，是个体与社会的联系阻止了这个人开展违反社会准则的越轨与犯罪行为；当这种社会联系薄弱时，个体就会无约束地、肆意地进行犯罪行为②。随后该理论为社会学、管理学等学科借鉴，用以解释个体失范行为的成因。

依据社会控制理论，身份匿名性对个体失范行为的影响机制主要包

---

① 周文莲：《对雅克·拉康"镜像理论"的批判性解读》，《学术论坛》2013 年第 7 期。
② 吴宗宪：《赫希社会控制理论述评》，《预防青少年犯罪研究》2013 年第 6 期。

括两条路径，一是社会联结削弱，二是自我合理化。社会联结的削弱或中断是个体失范行为的根本原因所在，个体失范行为会对与其紧密相关的主要社会单位造成破坏，如果个体与这些社会单位有紧密的心理联结，出于对破坏这种和谐稳定关系的畏惧，个体会规范自身行为。也就是说，在一个强社会联结的环境中，个体的镜像管理需求占据比较重要的地位，而当他进入到一个弱社会联结的非惯常的旅游环境时，原有的社会联结被削弱，新的强社会联结在短时间内无法生成，这就导致个体镜像管理需求的重要性相对下降，元需求结构产生漂移，导致其失范行为的倾向和可能性。

其次，个体对其所在的社会联结共同价值体系和道德观念的内化认同程度越高，其越能够清晰地界定自己行为的性质（对错）①。然而失范行为的产生并不必然意味着个体的道德锚定改变，许多时候失范行为是在"知法犯法"的情况下发生，比如一个人明知交规，依然在周围没有交警和摄像头的情况下闯红灯。对于这些人而言，自我合理化机制在发生失范行为的过程中发挥了推动的作用。减弱的社会联结在向内引致旅游者遵从内心的放纵需求的同时，也促使旅游者向外重新审视环境。既然身处一个弱联结环境中，目的地的人和事对于旅游者而言的重要程度会相应减弱，尤其是目的地的未来前景更与只做短暂停留的旅游者不太相关，由此提供给旅游者一个合理化自己失范行为的机会。

※研究案例：爱的妥协：互动体验下非自愿
行为对旅游者情感收益的影响 *

三人行必有我师，多人行必有妥协。很多情况下，旅游并不是一个人的旅途，如果我的旅伴想一起做的事我不想做怎么办？陪他还是置之

---

① 王广聪：《犯罪学中社会控制理论的回顾与展望》，《北京人民警察学院学报》2009 年第 6 期。

* Li，C.（Spring），Liu，H. X.，"Sacrifice for Love：the Effect of Compromise on Individual Emotion in Romantic Travel"，*working paper*.

不理？相信很多人的答案都是前者。旅伴不是亲朋便是好友，无论出于亲情友情还是爱情，妥协总是不可避免的。可是心底总有个声音在说：我真的不想做。面对着为了爱自愿做出的妥协，我到底应该高兴还是不高兴？

在许多基于亲密关系结伴重游的团体旅游中，旅游者往往会向旅伴妥协，他们可能会为了"牺牲小我成全团队"而开心，也可能因为在旅游一段美好经历中依然不能随心所欲而感到失落。本研究案例正是基于这种可能发生的矛盾情形，借助田野实验和问卷实验的手段，通过验证社交暗示和匿名性在旅游情境中的特殊作用，揭示了不同类型的妥协行为对做出妥协的旅游者自身情感利益的影响。研究发现，虽然妥协行为会对旅游者的情感利益产生负面影响，但是社交暗示（即旅游者想通过妥协表达爱意）减弱了基于心理抗拒的妥协的负面影响，此外，在高度匿名的旅游环境中，基于刻板印象的妥协所产生的负面情绪会显著降低，甚至可能带来积极的情绪结果。

一 研究设计与发现

1. 理论假设

根据妥协一方的心理状态，妥协行为可以分为两种来源：心理抗拒和刻板印象。心理抗拒是由内心意图形成的，这意味着他们真的不喜欢旅伴提出的要求，自然会导致旅游者负面的情绪。刻板印象则是对特定社会群体中个体特征的信念或期望，直观地反映在年龄和性别上。个体一旦打破刻板印象，很可能会感到被这个群体抛弃和孤立，同样会导致负面情绪。

而旅游发生在一个新奇而陌生的环境中，情侣在独特的天地中独处，他们的行为的含义落在侣伴眼中都会被放大。在旅游这个充满互动仪式感的过程中，他们希望通过一系列的方式来传递爱意，社交暗示就是一种用来传递非语言信息的方法。这是社会群体中一种重要的非语言沟通方式，比如主人会用好茶表达对客人的尊敬、某人会用频繁看表暗示他想结束冗长的谈话。如果旅游者通过妥协让他们的爱人感到被爱，树立完美恋人的印象管理动机就会得到满足，他们的情绪可能会变得更加积极。

另一方面，旅游者和目的地处于薄弱的社会联结中，旅游者得以感到一种匿名性，原有的社会规范作用被削弱，旅游目的地居民和外来旅游者素不相识，进而导致放纵行为。由于高度匿名性，旅游者因打破刻板印象所引发的负面情绪也会得到改善，因为没有人认识旅游者是谁，也就不会社死。因此，本研究提出了如下假设框架：

H1a：基于心理抗拒的妥协对旅游者感知情感体验价值有消极影响

H1b：基于刻板印象的妥协对旅游者感知情感体验价值有消极影响

H2：当社交暗示存在时，旅游者在基于心理抗拒的妥协后，感知情感体验价值会提高

H3：当旅游者感受到强烈的心理匿名性时，在基于刻板印象的妥协后，感知情感体验价值会提高

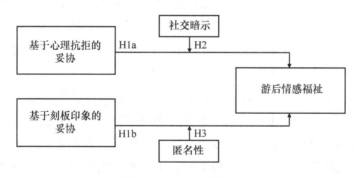

图 6-1 研究理论框架

2. 实证检验

在实验室很难模拟旅游这样一个复杂的环境，因此本研究首先进行了一场真实环境中的现场实验（研究 1）以验证假设；随后对被试者进行深度访谈（研究 2），为研究 1 的结果提供补充证据，并且为接下来的问卷实验提供真实的刺激材料；最后的问卷实验（研究 3）目的在于

复验现场实验的结果和稳健性。

研究 1 现场实验

实验设计。30 对大学生情侣被试者随机分配到两个实验组（基于心理抗拒的妥协和基于刻板印象的妥协）。在基于心理抗拒的妥协条件下，女性被试要求她们的男朋友做一些违背男性意愿的事情（男性往往会更容易向女性妥协）。女性被试提前得到一份任务清单。上面列出了研究人员提出的几种选择，比如让他吃他不喜欢的目的地的特色小吃，自行决定下一站的旅游活动，以及让他为他不喜欢的东西付费。除此之外，女性被试可以与研究人员协商决定他们提出的要求。男性被试完成要求后，女性被试在 10 分钟内通过微信联系研究人员。

研究人员向男性被试发送调查问卷，确保他们保持刺激后的觉醒状态。研究人员要求参与者在真正旅行时完成实验，女性被试决定何时进行实验，而男性被试则对具体实验内容不知情。行程结束后，对被试进行了深度访谈，让他们尽情表达对此次旅行的看法。在基于刻板印象的妥协条件下，实验过程完全相同。不同的是，女性被试要求男朋友做一些违背社会刻板印象的事情。清单包括做幼稚的事情，让他买幼稚的小饰品，去女性用品店（化妆品店等），让他买女性用品。另外招募了 15 对被试分配到控制组，他们只需要在不干扰的情况下完成整个过程，女性和男性被试在旅行后分别完成问卷调查。

检验结果。采用 T 检验检验实验组与控制组间的组间差异，结果表明，心理抗拒妥协和刻板印象妥协均对旅游者感知情感体验价值有消极影响。单因素方差分析则验证了社交暗示和匿名性分别具有交互作用，也就是说，存在刻板印象时，旅游者完成基于心理抗拒的妥协后，情感体验价值水平有所提升；高匿名性时，旅游者完成基于刻板印象的妥协后，情感体验价值增高。假设 H1a、假设 H1b、假设 H2、假设 H3 均得到支持。

研究 2 深度访谈

访谈设计。在情侣旅行结束后对两个实验组（不包括对照组）的 60 名受访者进行了一对一结构化访谈。访谈问题分为三类：（1）对旅行的整体评价，包括完成实验要求的妥协后的情绪；（2）受访者旅行中最难忘的时刻，以及与该同伴旅行与其他同伴旅行的区别；（3）受访者如何处理日常生活中的冲突。

检验结果。访谈平均时长约 30 分钟，收集文本十余万字。深度访谈证实了研究 1 的结果：妥协行为对旅游者感知情感体验价值有消极影响，而社交暗示和匿名性则对此有调节作用。同时也有一些新发现。情侣们在旅行时确实会避免冲突，妥协就是一种方式。给予和接受是平等的，所以在一方得到照顾后，会强化内心的情感联结并希望在未来回报对方。另外，男性旅游者在旅行中的自由度不如女性，诸如情侣游与朋友游的差别，女性一般会在同闺蜜旅游时迁就朋友，在同男朋友旅游时更加大胆地提出自己的想法和喜好；而男性恰恰相反。总体而言，情侣旅游者更关注恋人之间在旅游中的互动，双方互动的效果对于情感体验价值比旅行活动本身更为重要。

研究 3　问卷实验

实验设计。采取 2（心理抗拒妥协与刻板印象妥协）×2（匿名性低与高）的问卷实验。研究 2 中的受访者提供了激活被试者对妥协或心理匿名的感知的背景材料。

心理抗拒的文字材料来自受访者 A：“这种食物是当地的特产，有一种奇怪的气味，据说是用牛胃里的消化物制成的。我男朋友不想吃，但我坚持让他吃。”这是心理反应的操纵［见图 6-2（a）］。刻板印象

(a)　　　　　　　　　　　(b)

图 6-2　自变量操纵资料

的文字材料来自受访者 B："路旁碰巧有一家小饰品店，我带他去买了一个兔耳发夹，还让他带上［见图 6 - 2（b）］。"看完照片后，被试者回答了有关心理抗拒或刻板印象的问题，以衡量操纵是否成功。

匿名性是由红色边框中的图片操纵，为了避免干扰，在高匿名组中，研究人员删除了照片中的所有人像。然后，参与者回答了有关心理匿名性的问题。其余变量通过自我报告进行测量，无须操纵（见图 6 - 3）。

图 6 - 3 调节变量操纵资料

检验结果。实验共收集 480 份有效问卷，复验了假设模型。一元线性回归表明妥协对旅游者感知情感利益有消极影响，floodlight 分析进一步验证了社交暗示和匿名性的调节作用。对于那些想要发送社交线索的旅游者，基于心理抗拒的妥协对情感利益的负面影响较小；对于感知到高度匿名性的旅游者，基于刻板印象的妥协同样对情感利益的负面影响较小。

本研究验证了妥协对旅游者情感利益影响的机制，具体来说，基于心理抗拒的妥协具有负面影响，因为这种行为是本人不情愿地进行的；而基于刻板印象的妥协也会对旅游者旅行后的情绪收益产生负面影响，但这是因为它所代表的社会压力会让旅游者感到被孤立。而更为重要的是，当旅游者通过妥协行为传递爱意的动机被唤醒，他们的牺牲会被关系利益补偿，负面情绪会减小；当他们感知到匿名性时，他们可能会因为从正常的社会约束中解放出来而感到高兴，因而在做出打破刻板印象的妥协后情感利益会得到改善。

二　研究启示

1. 理论启示

本研究丰富了旅游特殊性理论研究。其一，验证了旅游作为一种特殊仪式，其符号放大作用使得旅游者更注重以自己的行为向同伴传递信息，因而旅游者会将自己的妥协行为合理化。其二，本研究发现了一个有趣的现象：旅游者感知到的高匿名性可以缓解甚至逆转妥协后的负面情绪；在文献中似乎有一个共识，打破刻板印象会带来负面后果，但是本研究证实在旅游这种弱联结的特殊情境之中，原有的社会规范和期望被颠覆，这是旅游的特殊性所引起的消费心理和行为变化的一个生动例子。其三，研究证实了妥协行为对个体情绪的负面影响，进而探究了如何在团队旅游中更好地提升个体利益，为有关于团体利益与个体利益的研究提供了借鉴。

2. 实践启示

妥协是集体旅游中不可避免的行为，它可能导致消极的个体情绪，但在实践中旅游从业者可以利用控制本研究发现的调节变量的方式，提升旅游者的情感利益，使旅游者达到和谐、双赢的局面。首先，从业者可以向旅游者传递他们的互动行为带有社交暗示作用，可以向同伴无声传递爱的信号，以此帮助他们合理化自己的妥协和牺牲。其次，目的地广告和海报还可以添加浪漫元素或提示，提醒旅游者他们正在进行一场浪漫之旅，刺激让旅游者注意到妥协带来的强化关系的作用，以减少妥协带来的负面情绪。此外，匿名旅游环境通过鼓励旅游者打破刻板印象以求新求异，进而提升了旅游者的情感利益。因此，目的地可以设计高度沉浸式的活动（比如角色扮演、化装舞会），让旅游者专注于自己和同伴忽略他人，从而感知到更高的匿名性。

第三篇
旅游消费行为的特殊性

第七章　旅游动机的再思考

随着信息时代和体验经济时代的到来，旅游者的偏好和消费趋势呈现出变化迅速、边界模糊、难以预测的特点。例如，人均 249 元（远高于一般火锅的价位）、排队 3 小时且口味平平无奇的故宫火锅成为打卡爆点，看似不能理解的旅游行为，实际是满足了旅游者对清宫（慈禧时代）火锅的猎奇需求，在这一特定场景下食物味道的重要性被打卡晒照的乐趣所取代。喜欢动漫的年轻人，愿意花费超出正常水平的时间和金钱进行圣地巡礼，其旅游需求是对特定动漫场景的探索欲望，以及对"位置寻找大师"头衔的渴求，此时兴趣和印象管理的需求最为重要。因此，想要更加准确的理解和掌握旅游者看似不合常规的非惯常行为及其规律，就需要对旅游者行为背后的动机有更加清晰的认识。

旅游需求与旅游动机往往密不可分，产生行为的直接原因是动机，而动机是内在需求和外部诱因共同作用的结果[1]。旅游动机是使个体产生紧张感和不平衡感的内在心理因素（需求和需要）的动态过程，这种紧张感促使个体采取某种行动以满足需求，使个体恢复到平衡状态[2]。可以说动机是需求能够转化为行为的纽带，对于理解行为至关重要。

目前已有的旅游行为动机和需求的研究大致可分为三类：基于需求

---

① Baloglu, Seyhmus, Assaf, A., George, Haemoon, "Motivations and goals of slow tourism", *Journal of Travel Research*, Vol. 55, No. 2, 2016.

② 张宏梅、陆林：《游客涉入对旅游目的地形象感知的影响——益格鲁入境旅游者与国内旅游者的比较》，《地理学报》2010 年第 12 期。

层次理论的动机研究、基于二元分类的动机研究和基于期望价值角度的动机研究。

第一节 旅游动机分类相关理论概述

一 基于需求层次理论的动机分类

需求层次角度起源于马斯洛的需求层次理论[①]，即：生理需求、安全需求、关系需求、尊重需求和自我实现，这是旅游动机研究的基础理论。Pearce（2005）在此基础上提出了两个帮助理解旅游动机的概念框架，分别为旅游动机层次模型（Travel Career Ladder，TCL）和旅行生涯模式（Travel Career Patterns，TCP）[②]。

旅游动机层次模型把旅游者的需求动机进行层级或阶梯式划分，认为旅游者的需求动机由基础层次到高层次依次是放松需求、安全保障需求、关系需求、自尊和发展需求、自我实现需求。该概念模型假设旅游者的旅行生涯，类似于个体的职业生涯，旅游者的旅游动机随着旅游经历的丰富而发生变化，旅游者会逐渐追求更高层次需求动机的满足。大部分旅游者都会系统地经过各个需求阶段，一般是沿阶梯逐渐向上，但也有可能长期稳定在特定的需求层次上。因而，可以通过该模型预测旅游者的旅游需求动机模式。

旅行生涯模式则把旅游者动机细分为 14 个具体因素，处于高层次旅行生涯状态的旅游者更重视外部导向的动机因素，如目的地涉入和追求自然；处于低层次旅行生涯状态的受访者更重视内部导向的动机因素，如个人发展、安全感和独立自主[③]。

---

① Maslow, A. H., "Dynamics of personality organization II", *Psychological Review*, Vol. 50, No. 6, 1943.

② Pearce, P. L., "Developing the Travel Career Approach to Tourist Motivation", *Journal of Travel Research*, Vol. 43, No. 3, 2005.

③ 周玲强、李罕梁：《游客动机与旅游目的地发展：旅行生涯模式（TCP）理论的拓展和应用》，《浙江大学学报》（人文社会科学版）2015 年第 1 期。

表7－1　　　　　基于需求层次理论的动机分类研究举例

动机识别	研究情境	作者及年份
放松、刺激、人际关系、自尊和自我发展、自我实现	所有旅游者	Pearce（1985）
生理动机、文化动机、人际关系动机、身份/名望动机	美食旅游	Fields（2002）
最外层：怀旧、隔离和社会认同 中间层：自我实现、自然和目的地涉入 核心层：新奇、逃离/放松和关系强化	所有旅游者	Pearce 和 Lee（2005）
基本层：排遣孤寂 提高层：寻求乐趣和弥补遗憾 专门层：怀旧思乡和疗养健身	中国老年人	黎筱筱和马晓龙（2006）
属性层级：纳西古建筑、历史文化、特色酒吧等 结果层级：动静结合、慢生活体验、浪漫气息、新奇感、人际交往、放松减压 价值层级：寻求艳遇、归属、逃离、寻找自我、成就感	丽江遗产旅游	崔庆明等（2016）
公益行善、社交、非商业化简单徒步旅游等	公益旅游 "多背一公斤"国内活动	宗圆圆（2012）
个人动机：本真体验、旅游兴趣、挑战与刺激等 人际动机：渴望帮助、文化交流、人际关系等 其他动机：体验独特风格、影响和声望等	参与中国乡村项目的外国志工	Chen 和 Chen（2011）
印证、寻梦、逃避、寻找优美的环境	其他旅游情境 影视旅游 辽宁省龙泉山庄	吴丽云等（2006）
人文历史、自然风光、购物、自我提升、增长知识、增进人际关系	"90后"出境游	邢宁宁等（2018）
求知、休闲放松、探新求异、亲情、社会交往、景区吸引力	主题公园游 上海迪士尼和芜湖方特	赵海溶和陆林（2018）

即便如此，我们仍需要强调，旅游需求层次既有惯常需求层次的共

性更有自身的特殊性。无论在惯常环境还是非惯常环境中，人的需求结构一定是守恒的，不同层次的需求与同一层次内部的需求发生变化必然会引起其他层次以及内部要素的变化。当旅游者脱离了原社会系统中的职能和角色约束，更容易将惯常生活环境中被压抑或者无法满足的需要展现出来①。此时，旅游者的需求将以某一种和几种为主导，这必然会导致其他需求的弱化，如惯常生活中已经被满足的需求，此时的重要性排序可能靠后。

在旅游过程中，旅游者对旅游目的地的需求并不是单一的、始终不变的，会随主观因素和情境变化的影响出现转移，某一需求或将被无限放大，产生新的个性化需求，且不同层次需求会同时存在②。旅游者的需求会体现出层次结构的非连续性，有别于惯常价值优先序列，发生需求漂移③。同马斯洛后来的作品所描述的那样，人类的需求层次结构是一组相互关联的不同需求，他们虽不必一个接一个地被满足才能实现更高层次的需求，但是它们共同朝着更高的目标努力，可以同时追求，也可以作为一个人的世界观④。因此，后续的研究需要基于需求的共性，凸显旅游需求的特殊性。

二 基于二元的动机分类

二元分类强调了旅游的辩证特征，被广泛使用。代表模型为"推—拉"动机模型和"逃离—寻求"动机模型。

Dann 将旅游动机分为两种力量即：推力和拉力。推力是来自旅游者内在的心理需求动机，指由不平衡或紧张引起的内部驱力，具有非选

---

① 谢彦君：《旅游体验——旅游世界的硬核》，《桂林旅游高等专科学校学报》2005 年第6 期。

② Girish, V. G., Lee, C. - K., Kim, M. J., Kim, Y. S., "Impacts of perception and perceived constraint on the travel decision - making process during the Hong Kong protests", *Current Issues in Tourism*, Vol. 24, No. 15, 2021.

③ 黄炜、黄利文：《应对"消费者漂移"的动态营销范式》，《商业研究》2010 年第2 期。

④ Yu, T. T. F., "Sailing away from the pyramid: A revised visual representation of maslow's theoryz", *Journal of Humanistic Psychology*, 2022.

择性，即：旅游者"渴望什么"①。拉力是来自外部环境刺激旅游消费者产生旅游动机，是旅游吸引物的特征对旅游者目的地选择的影响，具有一定的指向性，即：旅游者能在旅游目的地"做什么"。该观点认为旅游动机是刺激旅游者离家出游的"推力"与吸引旅游者前往目的地的"拉力"的集合。

Iso - Ahola 又在推—拉理论基础上，提出了旅游动机的逃离—寻求模型，该模型更突出了旅游的辩证过程，旅游提供了一个出口，逃离某种东西，同时又寻求某种东西②。具体而言，逃离动机包括逃离惯常个人环境或惯常人际环境的两部分，例如逃离个人工作上的麻烦、学习上的困难，逃离与家人的争吵、与同事的竞争等；寻求动机包括寻求个人内在奖励或人际奖励，例如追求自我变革与发展、提升自我控制感、感受异域文化、增加社会互动、拓展人际关系等。其中，逃离和寻求这两种动机的相对重要性决定了旅游者的旅游选择以及旅游过程中的行为表现和潜在的满足感，可分为四种情况：逃离惯常个人环境并寻求个人内在奖励、逃离惯常个人环境并寻求人际奖励、逃离惯常人际环境并寻求个人内在奖励、逃离惯常人际环境并寻求人际奖励。由于惯常社会的不断发展，个体也处于不同速度的发展进化过程中，这使得个体自身的内部矛盾以及个体与他人的社会互动矛盾同样不断变化。而这些变化，使得逃离和寻求两种动机在旅游过程中扮演不用的矛盾解决角色。旅游者可能经历四种状况中的一种，也可能在一段旅游过程中经历不同的动机组合。此外，旅游者每次旅游的动机都可能发生变化，这取决于他们成为旅游者前的惯常环境矛盾。

二元动机分类能比较全面直观地解释旅游者做出旅游决策的内外部原因，因此受到了众多学者的赞同与沿用。但也有持反对意见的学者认为，"拉力"并非目的地属性因素，究其本质应是个体内心对外在利益的追求，属于内在心理要素。

---

① Dann, G. M. S., "Anomie, ego - enhancement and tourism", *Annals of Tourism Research*, Vol. 4, No. 4, 1977.

② Iso - Ahola, S E., "Toward a social psychological theory of tourism motivation: A rejoinder", *Annals of Tourism Research*, Vol. 9, No. 2, 1982.

表7－2 基于二元的动机分类研究举例

动机识别		研究情境	作者及年份
一般：社交和休闲 特殊：拜访食肆、品尝美食等	美食旅游	香港	McKercher 等 （2008）
推力：学习饮食文化知识、新奇美食的欢乐感受、休闲放松 拉力：旅游地特征、活动质量、饮食产品		美国西南部 美食节	Kim 等 （2010）
推力：休闲放松、饮食猎奇、文化探索 拉力：饮食产品、配套服务		澳门	张涛（2012）
推力：帮助当地人、对灾难结果的好奇 拉力：价格实惠、大自然的美丽、泰国人形象、良好的天气、放松的氛围、海啸警报系统、新的旅行体验、有趣的文化、安全的环境等	黑色旅游	普吉岛受灾 海滩度假区	Bongkosh （2008）
推力：亲近了解自然、放松心情、寻求乐趣、安静、遗产名气大、增进感情 拉力：原始森林和生物、体验新奇、藏族民俗魅力		汶川地震后 九寨沟	李敏等（2011）
推力：声望、回归、维系家庭关系、新奇感、社会交往 拉力：让孩子开心	公园游	丹麦乐高	Johns 和 Gyimóthy （2003）
推力：家人、学习、休闲娱乐、健康、逃避日常冒险、社交 拉力：旅游资源、信息、便利的设施等		韩国居民参观 国家公园	Samuel（2003）
外部条件：社会进步、个人财务资源、时间资源、健康条件 内心期望：提升心理和身体健康、逃避日常事物、社会化、获取知识、自尊等	休闲康养游	北京、上海 老年人	Hsu 等（2007）
内部诱导因素：情感、补偿性消费、身体健康、怀旧心理、学习感知 外部刺激因素：社会政治、经济、文化、技术因素、媒体、家人朋友推荐		武汉老年人	葛米娜（2007）

续表

动机识别		研究情境	作者及年份
推力：考察文化、新奇、回归、恢复平衡、社会交往、家庭关系		加拿大节事参观者	Crompton（1979）
推力：知识、地位、社交 拉力：高技术形象、消费、可进入性		到香港旅游者	Zhang（1999）
推力：利他主义动机（改善环境，帮助社区）和非利他主义动机（自我提升强化、成就感与归属感、社交互动、个人技能发展等） 拉力：旅游目的地形象营销能力、旅游者感知的目的地形象等	其他旅游情境	公益旅游	宗圆圆（2012）
推力：兴趣、朋友推荐 拉力：目的地特征、吸引物或属性		新西兰北岛霍比特村影视旅游	马晓龙等（2013）
推力：乐趣与自我满足、放松和知识、个人关系 拉力：有趣的活动、放松的环境、当地景观		中国旅游者赴澳大利亚旅游	Zhang 和 Peng（2014）

三 基于期望价值理论的动机分类

期望价值理论是心理学成就动机理论研究中的一个重要观点，其基本假设为：人们从事任何行为的动机，取决于实现该目标的可能性以及自身赋予目标的主观价值。基于期望价值的旅游动机研究认为，旅游动机表达了旅游者对旅游活动的某种心理期望，旅游动机是由对旅游产品功能的期望、对旅游产品体验结果的期望以及对达成目标价值的期望所组成的集合①。其中，功能指旅游目的地的具体属性（如当地习俗）和抽象属性（如知名度）；结果包括旅游者直接体验到的、有形的功能性结果（如改善了人际关系，丰富了知识积累），以及功能性结果所引致的心理结果（如满足了好奇心），又可体现为情感结果和社会学结果；

---

① Jiang, S., Scott, N., Ding, P., Zou, T. T., "Exploring Chinese Outbound Tourism Motivation Using Means – End Chains: A Conceptual Model", *Journal of China Tourism Research*, Vol. 8, No. 4, 2012.

价值包括工具价值（如旅游的动机之一可能是工具价值层面的"求知"）和终极价值（如旅游的动机还可能是实现精彩人生）。

具体而言，旅游者动机是在旅游期望的基础上形成的，可分为3个过程：首先，旅游期望产生于旅游者在惯常环境中所产生的异质性需求与外部信息刺激的不断结合；其次，旅游者会结合外部信息评估旅游目的地、产品能够为其带来的效价，即预期的属性、功能和价值；最后，旅游者会依据对期望和效价的个人判断，形成旅游的激励力，表现出不同强弱的旅游动机[1]。

表 7－3　　　　　　　基于期望理论等的动机分类研究举例

动机识别		研究情境	作者及年份
山水风光、健身、文化艺术、休闲娱乐等	来华旅游	英国赴华度假旅游市场	Douglas 和谢彦君（1994）
欧洲旅游者：休闲度假、文化交流 美洲旅游者：探求奇特、文化交流 亚洲旅游者：探亲访友、宗教朝拜		中国入境旅游者	赵华等（2006）
克服幻想、寻求刺激、怀旧、对犯罪或越轨行为的庆祝、基本的嗜血性、对死亡的兴趣	黑色旅游	黑色旅游	Dann（1998）
渴望学习以及理解所展示的历史、希望"眼见为实"、对获得有感情的遗产体验兴趣		参观奥斯维辛－比克瑙集中营	Brain（2011）
情感因素、文化因素、个人以及集体记忆因素		访问"一战"战场	Dunkley（2011）
责任与义务、学习及好奇、社会因素、个人情感体验、教育体验		南京大屠杀	方叶林等（2013）
身心健康动机、怀旧动机、文化动机、交际动机、求美动机、从众动机	境内游	400 名上海市民	吴必虎（1999）
精神动机、渴求与享受动机、顺便旅游动机、新奇和身体动机、休闲游览动机等		河南省开封市民国内游	陈德广和苗长虹（2006）
回归自然、求新求知、怀旧、休闲等		宁波市民乡村旅游	张建国等（2007）

---

① 岳贤锋：《旅游期望理论对体育旅游消费动机的影响》，《西安体育学院学报》2014 年第 6 期。

续表

动机识别		研究情境	作者及年份
公益行善、社交、非商业化简单徒步旅游等	公益旅游	"多背一公斤"国内活动	宗圆圆（2012）
个人动机：本真体验、旅游兴趣、挑战与刺激等 人际动机：渴望帮助、文化交流、人际关系等 其他动机：体验独特风格、影响和声望等		参与中国乡村项目的外国志工	Chen 和 Chen（2011）
印证、寻梦、逃避、寻找优美的环境	其他旅游情境	影视旅游辽宁省龙泉山庄	吴丽云等（2006）
人文历史、自然风光、购物、自我提升、增长知识、增进人际关系		"90 后"出境游	邢宁宁等（2018）
求知、休闲放松、探新求异、亲情、社会交往、景区吸引力		主题公园游上海迪士尼和芜湖方特	赵海溶和陆林（2018）

　　可以看出已有的研究为更加全面地了解旅游者的需求动机提供了丰富的资料与结论，然而综观以上三类研究不难发现，目前的旅游动机研究还存在着两大主要问题。第一，互联网时代，新新人类的旅游偏好与行为已经发生了天翻地覆的变化。以往的旅游动机理论已经不能完全适应和全面解释当下的旅游消费行为及特征。例如，许多旅游者提到他们圣地巡礼的一个原因是想"模糊虚拟与现实"，这种需求在传统的旅游动机理论中鲜有提及。其次，虽然目前有大量的旅游消费行为动机研究，但是已有研究大多停留在某类旅游活动的具体动机层面（例如：休闲旅游的逃离动机、研修旅游的自我提升动机、购物旅游的炫耀动机等）。这些旅游动机往往是特定文化、环境和技术水平下的产物，会随着时代的变化而变化，在普适性和动态性上有所欠缺。仅停留在对具体动机的探讨层面很难系统把握个体产生行为动力——动机背后真正的需求状态。因此，需要对这些特定行为和具体动机背后旅游者最本质的思维、需求进行深入挖掘，以提炼普适性规律。

　　第二，对于旅游需求的本质探讨还不够透彻。不论是需求层次理论还是期望价值理论在惯常生活中同样适用，那么在旅游中的需求与期望与在日常生活中的需求与期望是否存在本质的区别？这区别又体现在哪里？目前的研究还不能给出很好的答案。因此本书尝试从元需求的角度来系统地对纷繁复杂的旅游动机进行分类，并通过引入需求漂移的概念来进一步解释旅游者在非惯常环境中需求的改变规律及其所引起的一系列的消费行为异化现象。

第二节 基于元需求的旅游动机分类框架

元需求是需求的元级概念，即个体最基本、最根本的需求。在信息系统研究里被认为是一个独立的、不可再分的用户需求单元。由于对于大多数企业而言，用户需求往往具有多样性、多变性、隐蔽性和复杂性，从而使得企业很难真正地识别、把握和跟踪到不断变化的用户需求。为了从这些需求中找到共性的特点与规律，Navarro 等学者通过元模拟法，试图找出需求的最基本特点和最小组成单元（元需求），然后再从元需求扩展到实际的需求和行为。

在消费行为领域，马斯洛的需求层次理论被广泛认可并用于挖掘消费者行为背后的深层（元）需求。对于个体消费行为而言，元需求同时存在。且有时人们会牺牲某一种元需求来满足其他元需求。当个体意识到自己处于一种缺乏、不平衡的状态时，相应的需求便产生，进而驱使个体产生不同的行为以满足自己的需求，使元需求进入平衡状态[1]。比如有些消费者会借钱买奢侈品以满足自尊需求，但这种行为或会损害生理需求的满足。同样，旅游者的生存、镜像管理和好奇三个元需求尽管各自对立，但是对旅游者的影响可能同时存在。不同元需求折射着旅游者开展旅游活动时不同的根本目的，但三者并非非此即彼。

旅游是为了更好地生存。生存是人类进化最基本的需求，人类的一

---

① 吴才智、荣硕、朱芳婷、谌燕、郭永玉：《基本心理需要及其满足》，《心理科学进展》2018 年第 6 期。

切活动都是以生存为前提的。这一维度包括了人类基本的生理需求，包括对食物、性、安全感和物质财富的渴求。当代进化生物学家爱德华·威尔逊曾提出，自然选择发生在两个层次上，一是个体选择层次，即优胜劣汰的自然选择过程，自然筛选出适合个体生存的基因，一代代延续下去，物种的各种形式和联系都是在一定的生存条件下进化而来，因此，生存是生物体最基本的需求维度。二是群体选择层次，自然选择在个体选择之后，还会筛选适合生存的群体，那些无法形成有效合作的群体就会被淘汰。

旅游者之所以踏上旅途，从根本上说源自于对现实生活和第一人生的不满。旅游者为了弥补惯常环境中的"求之不得"，或是为了暂时逃离惯常环境给自己喘息之机，而进行旅游这种恢复性和补偿性的消费活动。惯常环境中一成不变的生活难免给个体带来焦虑和厌倦感，此时他们需要打破原有的环境和生活状态，用新鲜的刺激重新唤醒疲惫的心灵和身体。旅游恰恰满足了个体这一需求，在旅途结束之后，旅游者的心理状态得到修复，以便以更好的状态继续在惯常环境中的生活，旅游的补偿和修复功能满足了旅游者更好地生活的基本需求。

在旅途中寻找自我。镜像管理需求指个体有能力感知并且在意自己在他人心目中的镜像，个体愿意为了维护这个虚拟的、并不是实体存在的镜像而分配资源、时间和精力。镜像维度元需求是社交需求的基础，即人的社交天性①。在人类的大脑皮层中，有两个区域与人的"社会性"息息相关，即默认网络和镜像神经元系统②，这两个区域在表征自我和他人中具有重要的作用③。默认网络对个体的社会认知、社会理解和社会互动起了核心的作用，可以认为，我们的大脑会主动打开默认网络，默认网络会引导我们去考虑他人的心理、思想、感情等事项，让个

①　Matthew, D. L., *Social*: *Why Our Brains Are Wired To Connect*, Oxford, Oxford University Press, 2013.

②　吴金峰、汪宇、陈红、黄俊锋：《从自我到社会认知：默认网络和镜像神经元系统》，《心理科学进展》2015 年第 10 期。

③　Raichle, M. E., MacLeod, A. M., Snyder, A. Z., Powers, W. J., Gusnard, D. A., Shulman, G. L., "A default mode of brain function", *Proceedings of the National Academy of Sciences*, Vol. 98, No. 2, 2001.

体更好地适应群体。人类在构建并适应一个更加庞大和复杂的社会时，需要在互动中观察、模仿、理解、揣测，甚至真实地走入他人的思想和情感世界，需要个体为了适应社会规范的要求使自己变得更加"可爱"，更加合群，甚至有时候让个体做出牺牲自我利益来达到被群体接受的目的①。

"自我"不仅作为生物学概念存在，也是一个社会学的概念。"自我"社会学的一面更加关注于个体心目中建构的镜像自我与实在中的真实自我之间的差距。为了尽量缩小二者之间的差距，个体一方面希望建立一个他人眼中完美的自我，另一方面希望实现自己期望的天性。因此，旅游者也相应地会做出建构他人心目中形象和满足自我期望的两方面镜像管理行为，前者诸如打卡景点发朋友圈，后者例如为了内心的畅快而恣纵消费。

用好奇的目光打量世界。个体的好奇心、各种爱好、兴趣等，这些偏好并不是为了获得财富，也不是为了经营镜像，只是单纯的喜欢。从生物学的角度来看，好奇是生物进化的信息寻求本能②。在心理学领域，学者们认为好奇是一种原始的本能，对新鲜事物的接近是一种适应。认为好奇类似于生理上的一种饥饿感，人饿了，就去寻找食物，如果没有吃饱会产生不好的感觉，所以他认为好奇如果没有被满足，就会产生类似于生理上疼痛的剥夺感③。哲学家们普遍赞同好奇是人类内在的获取知识信息的动机④。人们认知上的不确定性，刺激个体产生了好奇需求，好奇驱动着人们通过行为来减少这种不确定性⑤。社会的发展

---

① Gallotti, R., "An older origin for the acheulean at melka kunture (Upper awash, ethiopia): Techno-economic behaviours at garba IVD", *Journal of Human Evolution*, Vol. 65, No. 5, 2013.

② Berlyne, D. E., "An experimental study of human curiosity", *British Journal of Psychology*, Vol. 45, 1954.

③ Jirout, J., Klahr, D., "Children's scientific curiosity: In search of an operational definition of an elusive concept", *Developmental Review*, Vol. 32, No. 2, 2012.

④ Loewenstein, G., "The psychology of curiosity: A review and reinterpretation", *Psychological Bulletin*, Vol. 116, No. 1, 1994.

⑤ Berlyne, D. E., "Curiosity and Exploration: Animals spend much of their time seeking stimuli whose significance raises problems for psychology", *Science*, Vol. 153, No. 3731, 1966.

进步离不开人类好奇的天性，个体的发展、情绪表达、知识探索等都离不开这一需求维度的作用。

人类因为对世界的好奇而不断探索才能发展至今，人们总是相信在未知的世界中有着更美好的事物在等待自己。个体的生活空间总是有限的，而旅游则打破了原本边界明晰的惯常环境。旅游者得以作为"闯入者"进入一个未知的"异域空间"，并且由于摆脱了惯有的社会角色和规范，而得以在这个陌生的非惯常环境中，尽情地满足自己的好奇需求。

非惯常环境和惯常环境的区别主要在于，前者不仅能够满足个体在惯常环境中已被满足的需求，还能补偿个体在惯常环境中未得到满足的需求。这意味着，个体的惯常需求和旅游需求有着密切的联系，而传统的旅游动机或旅游需求理论并不能清晰地反映人们在惯常环境中的元需求结构和在旅游非惯常环境中的元需求结构是否发生了变化、如何变化。对上述问题的回答，有助于我们更好地理解非惯常环境的特殊性以及旅游者的需求漂移是如何在旅游前、旅游中以及旅游后影响着旅游者的行为异化。由生存需求、镜像需求、兴趣需求构成的元需求理论，不仅能够系统地反映个体在惯常环境中的需求结构特征，还能够囊括传统、新兴旅游者的动机和需求，这为需求的跨环境可对比性创造了条件，使得相关研究得以依据需求漂移的特征（配比和程度变化），理解旅游者的行为异化。

第八章　旅游决策的特殊性

　　一次完整的旅游经历并非从旅游者踏入目的地空间开始，而是始于旅游者在惯常环境产生旅游动机，并为即将到来的旅程开始准备的时刻。此时旅游者虽然身处惯常的生活状态下，但内心感受已经因对旅途的期待开始发生改变，原本周而复始的生活也因旅游需求的萌生而开始改变轨迹。其中，最具标志性的游前行为便是旅游者的目的地决策行为。旅游者在决策过程中需要主动加入对未来旅游经历的预期和想象，随着目的地选择目标的逐渐清晰，在心中对未来旅程的预期图像也逐渐清晰，由此拉近了旅游者与目的地之间的心理距离，进而诱使旅游者心态开始从惯常环境中的社会角色向非惯常环境中的旅游者角色转变，为旅游者游中阶段需求漂移和各类异化行为埋下伏笔。

　　在旅游者决策阶段的想象图景中，带有着强烈的情感和体验色彩，这也是目的地决策与其他消费决策相比的特殊性的主要来源。比如，一个人在日常购买决策时，可能会在纠结要不要买车时，想象到自己开着新车兜风的场景；在购买预售的电影票时，也可能想象到自己坐在银幕前的快乐；但在选择旅游目的地时，很可能会想到一个更复杂、更多彩的画卷，甚至可能细化到每一天的活动计划和心情。因为这不是由于某种产品消费而产生的跟该消费相关的片段想象，而是对一小段完整的"第二人生"的想象，可能会涉及生活的方方面面。这种高情绪唤醒、高参与度的决策过程，是其他类型的购买决策所不具有的，无论购买对象是物质产品还是服务产品。因而旅游者在这种特殊情感的影响下如何做出决策，也是一个极具旅游特殊性的话题。

第一节　旅游目的地决策及其特征

一　旅游目的地决策模型简介*

旅游目的地决策是一个长期、动态的过程①，一般细分为问题识别、信息整理、评价与选择和购买后评价等阶段，在不同的时间节点上，旅游者的偏好并非一成不变。目前，大部分旅游目的地决策研究都聚焦于旅游活动开始前的评价与选择阶段，旨在了解旅游活动因何而起，并深入解释旅游者在选择目的地时的偏好。旅游者目的地决策的理论模型主要有经济学理性人假设视角下的效用最大化模型、侧重社会和心理因素对个体行为影响的计划行为理论模型、将选择过程细分为不同域集的选择域模型，以及综合启发式与分析式的双系统决策模型。前两类研究模型揭示了旅游目的地决策的各类影响因素，以及不同旅游者群体在偏好上存在的差异性，但无法深入研究旅游者目的地决策的动态过程；选择域模型则能够描摹旅游者决策的动态过程，概括了旅游者从萌生旅游动机到选择确定目的地的行为变迁；而双系统决策模型更进一步地为解释隐藏在行为表现之下的旅游者思考模式、心理认知嬗变提供了基础。

（一）效用最大化模型

效用最大化理论以理性人假设为基础，认为决策者总是依理性行事，并根据对每个替代产品的收益和成本的评估来做出决策。也就是说，旅游者在决策过程中首先识别出每个备选目的地的相关属性，在评估各个属性的表现之后得出各目的地总体评分，得分最高的目的地就是效用最大化的最终选择。

效用最大化模型为早期识别旅游者决策考虑的目的地属性因素和筛

---

* McCabe, S., Li, C. (Spring), Chen, Z., "Time for a radical reappraisal of tourist decision making? Toward a new conceptual model", *Journal of Travel Research*, Vol. 55, No. 1, 2016.

① Decrop, A., "Destination choice sets", *Annals of Tourism Research*, Vol. 37, No. 1, 2010.

选标准提供了理论基础①，然而，个体在很多情况下都是不理性的，尤其旅游是一种高度情绪唤醒水平的活动，在此情况下旅游者很难按照绝对的效用最大化做出纯粹理性决策，而是更倾向于在情绪的主导下做出基于直觉推理的旅游决策。即便旅游者选择目的地时往往非常慎重，他们的考虑因素和衡量标准也不可避免地受到个人情绪等心理因素的支配，这部分影响因素已经不能够仅用效用最大化模型解释。

（二）计划行为模型

计划行为理论侧重于解释个体的意图和实际行为之间的联系，认为如果个体相信自己的某种行为会带来有益结果，他们就会倾向于实施这种行为。个体的行为意图主要受到三个独立要素的影响：态度，即个体对行为对象的正面/负面评价；主观规范，即个体对社会参照系如何评价行为对象的认知；知觉行为控制，即个体在采取行为时对所控制的资源、能力或限制的判断②。

在个体做出旅游决策时，会对备选目的地产生初始的个人评价，而后将个人评价与外部的社会评价相对比，以验证个人评价是否准确，有无必要进行下一步决策，最后评估自己的能力和限制因素，选择最匹配的目的地。因此可以依托计划行为模型，用旅游者在惯常环境萌发的旅游意愿来预测实际的旅游行为。

但是计划行为模型的核心假设依旧是消费者是理性的，在做出购买行为之前依然对各类信息进行了全面的认知加工。尽管计划行为理论承认了社会因素和个体心理对旅游者从旅游意愿到实际行为的决策过程有很大影响，但是依旧假定旅游者能够在这些由情绪、自发性、习惯或渴望等心理的干扰下进行理性决策③。效用最大化模型和计划行为模型因

---

① Apostolakis, A., Jaffry, S., "A choice modeling application for greek heritage attractions", *Journal of Travel Research*, Vol. 43, No. 3, 2005.

② Rhodes, R. E., Courneya, K. S., "Investigating multiple components of attitude, subjective norm, and perceived control: An examination of the theory of planned behaviour in the exercise domain", *British Journal of Social Psychology*, Vol. 42, No. 1, 2003.

③ Hale, J. L., Householder, B. J., & Greene, K. L., "The Theory of Reasoned Action", In J. Dillard and M. Pfau (Eds.), *The Persuasion Handbook: Developments in Theory and Practic*, Thousand Oaks, CA: Sage, 2002.

其理论渊源，都未能跳出理性人的窠臼，无法完全解释在面临旅游这种高体验性、情绪性消费对象时，旅游者如何在高唤醒水平下做出决策以及在决策过程中所考虑的一些特殊要素。

（三）选择域模型

选择域模型将旅游者决策过程描述成漏斗状，旅游者首先划定一个包括许多备选方案的集合，而后根据自己的偏好程度和客观条件把这些备选项一步步分类归于不同的"域"中，备选目的地经过不断漏损，决策范围渐次缩小，直到做出最终决策①。

最初的选择域模型是由知觉域、考虑域和最终选择域构成的决策过程主干②，经过研究不断深入，旅游者选择域不断被细分，后来又发展出惰性域、无效域和行动域等细分的域集③。这种将决策过程简化为结构化"流水线"的方式，使得每个备选目的地在旅游者心中的位置都可以被比较准确地定位。但另一方面，过度简化的二元逻辑掩盖了旅游者为什么说"要"或者"不要"的内在机制，而了解为什么这样选择有时比知道旅游者的选择更有意义。

（四）双系统决策模型

双系统理论假设驱动个体决策的是两种截然不同的认知处理模式：启发式系统和分析式系统④。前者侧重于处理易于接受和理解的线索，是一个直观、快速、自动、毫不费力的过程；后者侧重于彻底的信息搜索和对属性的审慎，是一个理性、缓慢、深思熟虑、耗费精力的过程。

个体决策时应用哪个系统取决于参与度和认知载荷。参与度由决策

① Bradlow, E.T., Rao, V.R., "A hierarchical bayes model for assortment choice", *Journal of Marketing Research*, Vol. 37, No. 2, 2000.

② Crompton, J.L., Ankomah, P.K., "Choice set propositions in destination decisions", *Annals of Tourism Research*, Vol. 20, No. 3, 1993.

③ Decrop, A., "Destination choice sets", *Annals of Tourism Research*, Vol. 37, No. 1, 2010.

④ Lieberman, M.D., "Reflective and Reflexive Judgment Processes: A Social Cognitive Neuroscience Approach", In J.P. Forgas, K.R. Williams, and W. von Hippel (Eds.), *Social Judgments: Implicit and Explicit Processes*, New York: Cambridge University Press, 2003; Jun, S.H., Vogt, C., "Travel information processing applying a dual-process model", *Annals of Tourism Research*, Vol. 40, 2013.

任务与个人相关程度决定，是激活决策系统的先决条件①。个体会首先根据任务相关性对自己愿意投入的精力做出快速评估，在低参与度情况下，旅游者对决策任务缺乏兴趣和信念，应用启发式系统的可能性更大；而在高参与度的情形下，个人倾向于投入更多精力搜索处理与旅游相关的信息，更可能启用分析式系统。当决策者进入分析式系统的信息搜索阶段，认知载荷可能将部分决策任务重新分流至启发式系统。信息载荷取决于需要处理的信息量与个体能调配的认知资源间的差距②。当信息量超过可用认知资源，个体认知载荷程度高，就会倾向于简化信息处理流程，转而依赖启发式系统。

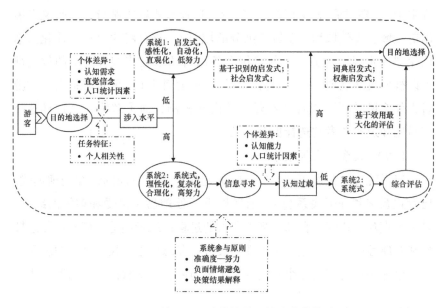

图 8 - 1　基于双系统的旅游目的地决策模型

旅游活动与个体具有高度的相关性，做出决策又需要进行大量的信息处理工作，因而旅游决策过程是一个涉及双系统并且决策任务在两个

① Jun, S. H., Vogt, C., "Travel information processing applying a dual - process model", *Annals of Tourism Research*, Vol. 40, 2013.

② Ferreira, M. B., Garcia - Marques, L., Sherman, S. J., Sherman, J. W., "Automatic and controlled components of judgment and decision making", *Journal of Personality and Social Psychology*, Vol. 91, No. 5, 2006.

系统之间连续切换的过程，具体过程如图 8－1 所示①。

※研究案例：选你没商量：中国远距离
出境旅游者的字典式偏好*

旅游目的地选择决策不同于日常消费品的购买决策，具有空间性、体验性以及多水平因素的复杂性等一系列独有的特征。在一个信息爆炸并且可达性提高的新时代背景下，面对国内外各式各样竞争激烈的旅游目的地，旅游者到底会作何选择？如何选择？

一 理论背景

传统的旅游目的地决策研究受到经济学中"理性人"理论的影响，绝大多数研究都会将评价和筛选旅游目的地的过程默认为是通过权衡备选项在各个属性上的表现，选出加总起来效用最大化的备选项，即加权平均模型（WADD）。这种决策模型的前提是各个属性之间的价值可以互相比较，且备选项在某些属性上的劣势可以被其在其他属性上的优势所补偿。然而这个假设所存在的最大问题在于：现实生活中，消费者往往不能做到完全理性。尤其是在旅游目的地的选择过程中更易呈现出非理性特征。首先，许多属性的价值对于旅游者来说是不可补偿或者说无法被其他属性的优势所替代的。比如一些非常在意安全性的旅游者在选择目的地时首先考虑的就是安全因素。对于存在安全隐患的目的地，即使其他属性表现再优越，也不会被这些旅游者选择。其次，由于旅游目的地选择决策涉及的因素复杂且呈现出多元性，旅游者往往由于各种限制无法在所有因素上进行细致的权衡；而只是通过依次比较其重要性列表上的属性表现，来达到快速筛选的目的。这类决策启发式行为被称为

---

① McCabe, S., Li, C. (Spring), Chen, Z., "Time for a radical reappraisal of tourist decision making? Toward a new conceptual model", *Journal of Travel Research*, Vol. 55, No. 1, 2016.

* Li, C., McCabe, S., Song, H., "Tourist Choice Processing: Evaluating Decision Rules and Methods of Their Measurement", *Journal of Travel Research*, Vol. 56, No. 6, 2017.

"字典式"决策。字典式决策作为非补偿性决策启发式的经典类型放弃了理性经济人假设中的连续性和局部非饱和性假定,认为对于某些特殊的属性,在某些特定的区域,偏好不连续且局部饱和。与 WADD 模型属性综合权衡过程不同,字典式模型认为决策者会根据最重要的属性来对选项进行评估。如果选项间的第一顺位属性达成平局,就会转向第二顺位重要的属性,以此类推。尽管最终的选择可能不是具有最高效用的选择,但评估过程所需的时间和精力比 WADD 模型要少得多。当属性是二元变量或分类变量时,这种决策规则被称为按属性表现的字典式(LBA)模型。

对两个决策规则模型进行有效性和适合性评估是非常必要的。一方面,决策规则的使用可能会因人而异、因环境而异,存在异质性;另一方面,旅游目的地选择中不同决策规则推断的实证研究还十分不足,阻碍了决策研究体系的发展。为了解决以上研究空白,研究案例主要通过以下方式开展:对传统的 WADD 模型采用另一种视角来理解目的地选择的过程;引入一种创新的方法(贪婪算法)来模拟 LBA 决策规则;探索一种评价不同模型(WADD vs LBA)准确率的新指标。

(一)旅游者如何选择目的地

目的地决策问题始终是旅游研究的重要命题。这个过程复杂且漫长,但可以确定的是,旅游者在选择目的地时,必然会借助于一定的规则(也许是无意识的),在备选方案中计算出自己的偏好顺序,并最终做出选择。从理论上讲,旅游者可以对目的地进行一个整体评估,但无法直接前往旅游目的地获得这种评价,而是通过消费目的地相关的属性,如交通、住宿或景点。为了突出研究重点,案例研究将决策规则过程概念化为评估目的地相关属性,以在备选方案中达成最终选择的过程。这种多属性评价规则通常分为补偿性和非补偿性。如果不同属性的优势劣势可以互补(即一个属性的感知负值可以被其他属性的正值所补偿),则该规则被称为补偿性规则。否则,这些规则就是非补偿性的。WADD 模型是一个典型的补偿性决策规则,它假设决策者会权衡他/她考虑的每个属性,并根据他们的判断给每个属性方面分配一个部分价值的效用值,然后选择一个具有最高效用的目的地。举例来看,假设价格水平和温度是旅游者考虑的两个属性。有两个目的地：温度为 20 摄氏度（7），价格水平为 13000 元（3）的目的地 A 和温度为 30 度（2），价格水平为 9000 元（4）的目的地 B。该旅游者为属性方面分配的部分价值效用为 7、3、2 和 4，用加和方式可以得到目的地 A 和目的地 B 效用分数分别为 10（7+3）和 6（2+4），最终选择效用分数高的目的地 A。但是，随着目的地和属性数量的增加，补偿规则对决策者复杂认知处理能力提出更高要求。

在当前的数字化和全球化时代，信息过载的问题使得全面的信息搜索和复杂的问题解决方式变得更加艰难，较少密集信息处理的决策规则成为重要方式。此外旅游产品的无形性，很难通过客观标准对目的地属性进行"打分"，而且情感往往会战胜理性，当目的地缺乏某种属性就会让旅游者放弃这个选项。这些特征使得目的地选择领域研究简单的非补偿性规则提供了契机。现有的非补偿决策模型包括共轭、分割和字典式。共轭规则也被称为满足策略，它假设决策者为几个重要的属性定义了最低的底线。如果一个选择低于任何一个底线，就会被拒绝。在旅游方面，只有当所有重要属性都超过这个底线时，才有机会被选中。分割规则也需要一组属性上的截止点，它假设当一个选择至少有一个值大于相应的截止点时，它就可以被接受。分割规则通常用于筛选广泛的备选方案，以产生一个较小的、更易于管理的考虑集，其中每个备选方案至少在一个标准上超过一个阈值。这两类规则不要求决策者对属性进行任何排序或加权。然而，在许多决策环境中，决策者所考虑的评价属性并不是同等重要的。当属性的重要性排序时，它们被说成是按词法排序。字典式模型假设，个人以逐步的方式比较备选方案中的属性。根据 LBA 模型，决策者从最重要的属性开始，只选择拥有所需属性方面的备选方案进行进一步考虑。当出现并列时，比较过程将根据第二个最重要的属性方面继续进行。如此反复，直到所有备选目的地都被排序，排名第一的目的地是最终选择。有人认为，当面对复杂的旅游决策问题时，旅游者通常会采用这种结构化的层次化的心理表征方法。

不同的决策规则反映了不同的选择偏好，这往往会导致不同的选择。通常采用 WADD 规则来确定最具吸引力的属性方面的组合，它强调不同属性之间的补偿关系，而 LBA 模型则侧重于属性方面的重要性的层次顺序，它反映了决策者潜在的不可协商的偏好模式。在某些情况下（例如，时间不足，追求情感体验，长途旅行），旅游者可能倾向于采用简化的决策规则。因此，理解旅游者应用决策规则的方式才能更好地了解旅游者的偏好。

（二）如何评估旅游者的目的地选择

决策研究有很多种研究方法，包括定性方法（如信息展示板、口头协议分析和因果网络诱导技术等）和定量方法［如 AHP 分析、联合分析和基于定量数据的离散选择实验（DCE）进行 Logit 回归等］。这些方法各有利弊。定性研究方法只关注追踪导致最终决策的思路，但存在耗时、包含判断的不一致性和社会可取性偏差等缺点。定量研究方法一般基于补偿性（加权性）决策过程，评估属性的价值效用，但只关注单一类型决策规则的方法，忽视了消费者的异质性。由于缺乏先进的估计方法和评估工具，旅游实证研究始终难以突破。

案例研究为了平衡研究方法的问题，使用了一种新的工具，即贪婪算法，有助于模拟消费者非补偿性的字典式（lexicographic）决策过程。在该模型中，计算机通过匹配程序推导出不同属性类别的顺位，量化字典式决策规则。

因此，案例研究采用贪婪算法来推断中国出境旅游者在旅游目的地选择中可能使用的字典式决策规则。同时，为了检验 LBA 模型在解释或预测旅游者偏好的适用性，还会与 WADD 模型作比较。

二　研究设计

（一）问卷设计

为估计 LBA 模型和 WADD 模型，研究设计了一个自我偏好报告的实验问卷。基于以往的研究得到中国长途出境旅游者普遍会考虑的评价属性，并通过对主要旅游公司员工的六次深度访谈对这些属性进行了比较和确认。选择这些受访者是因为他们对中国出境旅游市场很了解，熟悉各种长线目的地套餐，这确保了实验设计中使用的属性方面（即价格水平）能够充分代表实际的目的地产品。最终，提炼出 5 个属性，包括：

• 每人套餐价格/人民币：约 9000 元，约 13000—17000 元，18000 元以上。

• 获得签证的风险：风险较小/被拒签的风险较大

• 目的地国家是否为中国公众所熟知：著名国家/非著名国家

• 是否适合品牌购物机会：适合品牌购物/不适合品牌购物

• 时间安排：行程安排紧凑，游览更多的风景名胜/行程轻松，有更多自由时间

调查问卷由两部分组成。第一部分要求受访者对 10 个刺激物（目的地行程）概况进行分类并按照吸引力进行排序，这个过程并没有向受访者展示实际的目的地，卡片上只标注了"目的地行程 1"到"目的地行程 10"。图 8－2 中显示了这 10 张卡片。调查的第二部分由三个人口统计问题组成，包括性别、年龄和职业。

（二）数据收集及分析

在 2012 年 3 月至 6 月期间，通过混合抽样方式得到 201 名参与者（78 人国际旅行社招募，123 名受访者滚雪球抽样方法招募）。数据分析包括两个步骤：基于 LBA 选择模型的偏好估计和 LBA 决策规则与 WADD 决策规则之间的模型拟合评估。因为贪婪算法是一种基于非补偿性决策规则的偏好估计方法，它揭示了每个受访者的层次性方面的顺序。与作为联合分析核心的总体效用指标不同，不可能通过平均方面顺序来获得整个样本的偏好描述。基于每个人的方面顺序，案例研究为整个样本构建了一个层次化的聚类树。在模型拟合评估方面，预测的准确性和成本的数量作为被用来评估这两个选择模型的指标。

（三）研究结果

67 名被调查者（36%）更适用 WADD 选择模型，117 名调查者（64%）更适用 LBA 选择模型。这意味着 LBA 模型在解释样本的偏好方面比 WADD 模型的综合表现更好。

三　研究发现

案例研究发现：（1）在预测能力方面，在对个体样本偏好顺序的

目的地行程1

价　　格：9000元/人
签证办理：拒绝可能性高
商业购物：不适合
日程安排：轻松
知 名 度：非著名国家

目的地行程2

价　　格：9000元/人
签证办理：拒绝可能性高
商业购物：适合
日程安排：紧凑
知 名 度：非著名国家

目的地行程3

价　　格：18000元/人
签证办理：拒绝可能性低
商业购物：不适合
日程安排：紧凑
知 名 度：非著名国家

目的地行程4

价　　格：9000元/人
签证办理：拒绝可能性低
商业购物：不适合
日程安排：轻松
知 名 度：著名国家

目的地行程5

价　　格：18000元/人
签证办理：拒绝可能性高
商业购物：适合
日程安排：轻松
知 名 度：著名国家

目的地行程6

价　　格：9000元/人
签证办理：拒绝可能性低
商业购物：适合
日程安排：紧凑
知 名 度：著名国家

目的地行程7

价　　格：13000元/人
签证办理：拒绝可能性高
商业购物：不适合
日程安排：紧凑
知 名 度：著名国家

目的地行程8

价　　格：13000元/人
签证办理：拒绝可能性低
商业购物：适合
日程安排：轻松
知 名 度：非著名国家

目的地行程9

价　　格：18000元/人
签证办理：拒绝可能性高
商业购物：不适合
日程安排：紧凑
知 名 度：著名国家

目的地行程10

价　　格：9000元/人
签证办理：拒绝可能性低
商业购物：不适合
日程安排：紧凑
知 名 度：非著名国家

图 8 - 2　实验刺激物卡片

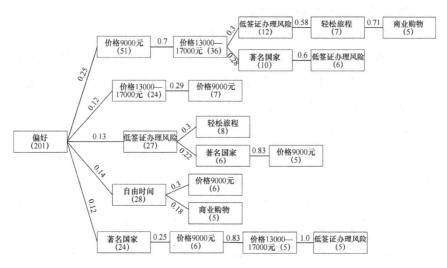

图 8 - 3　层次化的聚类树

还原率上，字典式决策模型的排序出错对数低于效用最大化模型；（2）在我国出境旅游者关注的重要属性中，采用传统的效用最大化模型对全部样本进行偏好测量，最重要的因素分别是低价位，低拒签率、目的地的知名程度；而采用字典式决策启发式对全部样本进行偏好测量，重要因素的排序顺序则是低价位、行程安排是否有更多的自由时间、低拒签率；（3）进一步筛选出样本中选择偏好顺序可以 100% 被字典式决策启发式模型预测的旅游者：这部分人群以中年男性为主，他们在进行旅游目的地决策时放在首位的并不是价格，而是行程安排是否有更多的自由时间；（4）以不同的字典式属性偏好顺序细分出不同的偏好市场，如首次出境的青年旅游者群体更偏好成本较低、易于签证的国家。

四　理论贡献

（一）对非补偿性决策规则做出了新的探讨

旅游产品的无形性与体验性使得旅游者在决策过程中会考虑许多抽象的、与情感紧密相关的因素或属性。这些属性对于旅游者来说往往无法估值，也很难与其他属性放在一起进行权衡。而基于字典式决策启发式的偏好分析则可以挖掘出这些对于旅游者来说不可补偿的属性，为小众而特色的市场开发提供了理论支持。

同时依托研究成果，可以掌握旅游者决策过程中对不同属性所能接受的最低阈值，如果发现旅游者在哪个属性水平上表现出了字典式偏好，那么这个属性水平就是该旅游者所能接受的最低阈值，如目的地属性不能满足最低阈值便会被旅游者快速排除。

（二）模型预测方法上的创新

这项研究提供了两种可能的估计方法来评估不同选择策略模型的预测能力。一种是对保留数据的测试，另一种是对真实偏好顺序的复制能力（"成本"）。前者在以前的研究中被广泛使用，但后者是旅游研究中的一个创新。这种测量方法具有很强的实践性，可以在个人层面上估计不同模型或决策规则的适用性。它规避了定性方法和定量方法中一些重要的缺点，为后续研究提供了一个有用的方法论。

二　旅游目的地决策的动态性特征

旅游业具有其独特性，生产与消费在同一时空中发生，并且消费过程包括旅游者从惯常环境出发，到进入非惯常环境，再到回到惯常环境的整个过程，涉及多个分决策的联动和旅游者心理行为机制的不断变迁。

旅游者做出旅游目的地决策本身就像即将打开一个盲盒，在亲身进入目的地之前，旅游者无法验证自己的选择是否正确，也无法完全模拟自己进入目的地后的感受和行为。旅游者决策会随着自己在旅游不同阶段的心理机制、行为模式改变而实时调整。从旅游者到达目的地的那一刻起，就开始了试图融入当地文化的努力[①]，其原定的旅游计划有可能临时修改，也可能产生新的冲动进而做出即时决策。即使旅游者重访某个目的地，自身的心境、目的地情况、旅游服务人员服务、旅途中同伴行为等方面也会发生改变，上一次的目的地决策并不能一成不变地复制到本次旅游中，正如"人不能两次踏入同一条河流"。

---

① 曾祺、吴必虎：《跨国访学旅游中的异文化体验与旅游经济——以台湾地区学生赴美游学为例》，《旅游科学》2013 年第 6 期。

此外，在旅游者处于惯常环境时，其决策动机和心理也并非一成不变。和日常消费决策相比，旅游者从萌发旅游意愿、信息搜集、筛选确定旅游目的地、到最终成行之间存在着较长的时间跨度[①]。旅游者做出旅游决策的时间跨度越长、旅游决策距离实际旅行的时间跨度越长，在此过程中不可预料的变化因素就越多。随着旅游者做出决策时需要参照的外界信息和自身需求不断发生变化，最终的决策结果也可能发生改变，因而旅游目的地决策是一个受到外部环境牵引和主体心理驱动的动态变化的过程。

（一）影响决策动态性的旅游者因素

旅游者自身因素是旅游者需求和动机形成的内源性动力，旅游者基于对已有资源的认知和对未拥有资源的渴求产生不同的需求，进而为满足这些需求产生旅游动机，并为了实现旅游需求而做出一系列的目的地决策。

旅游者的资源认知、时间和收入、社会关系等都会影响他们旅游决策的筛选过程和结果。旅游者对自身资源的认知构成了旅游决策的内在筛选标准。旅游者在惯常生活中处于各种需求不断产生、抉择、博弈的情境中，这会导致个体处于能量不断消耗的熵增状态。同时，每个个体都有积极对抗熵增的能力，当熵值累积至个体难以承受的阈值时，就会产生通过旅游实现熵减的需求，即通过切换系统对抗熵增。此时，旅游者就会在自身需求漂移的主导下，做出不同类型和形式的目的地决策。同样，这也导致了旅游目的地决策的动态性。

可支配收入与空闲时间是旅游者出游的基本物质保障，二者缺一不可。旅游者会依据可自由支配收入与时间的多少，考虑在旅游目的地的活动形式与停留时间。收入可分为当期收入与预期收入，当个体对预期收入持乐观估计时，更愿意在当下进行享乐性的消费。旅游消费作为一种发展消费和享受消费，是基于生存消费之上的，只有当生存消费得以满足时，才有可能做出旅游消费。因此当预期收入高时，个体愿意做出

---

① Mutinda, R., Mayaka, M., "Application of destination choice model: Factors influencing domestic tourists destination choice among residents of Nairobi, Kenya", *Tourism Management*, Vol. 33, No. 6, 2012.

旅游消费决策，且旅游消费的水平随预期收入的提高而提高①。而旅游本身就是发生在个体空闲时间当中的活动，旅游相对于个体的日常活动是一段空闲时间②。当进入旅游目的地后，旅游者的时间尺度再次发生改变，开展各类旅游活动的时间相对成为"忙碌"时间，而其他诸如在酒店泡温泉、在街边漫步等慢旅行的时间则更加的"休闲"。个体对可支配空闲时间的评价尺度改变，相应地带来了他们目的地决策偏好的改变。

旅游者并不总是以个人形式出游，当旅游者结伴出游时，社会关系也是他们做出旅游决策时的一种重要考虑因素。当旅游者以个体单位出游时，目的地决策完全由个人掌控，可以自由地选择旅游目的地及其旅游活动；而当旅游者以团队为单位出游时，个人意见会受到团体意见的限制，整个旅游决策都需要考虑绝大多数人的利益，需要与同行伙伴协调后做出决策③。在团体旅游决策过程中，旅游者需要把个人选择及理由与其他团队成员分享，经过互相的讨论和说服，最终形成一个群体共识的目的地决策结果④，其中成员间的亲疏远近、关系类型对整个团体的最终决策会产生重要影响⑤。一般而言，个体间关系越密切，双方互动行为中维护社会关系的动机越强，在决策过程中为对方考虑的程度就越深。

（二）影响决策动态性的目的地因素

旅游目的地是旅游活动的客体，为旅游者提供服务和产品，以满足旅游者的精神需要与消费需求。旅游资源是旅游目的地的核心吸引力，

---

① 魏翔:《有钱而游，还是因梦而旅？——预期收入对旅游消费决策的作用机制研究》，《旅游学刊》2020 年第 4 期。

② Schänzel, H. A., Smith, K. A., "The socialization of families away from home: Group dynamics and family functioning on holiday", *Leisure Sciences*, Vol. 36, No. 2, 2014.

③ Kozak, M., "Holiday taking decisions – The role of spouses", *Tourism Management*, Vol. 31, No. 4, 2010.

④ Lam, S. S. K., Schaubroeck, J., "Information sharing and group efficacy influences on communication and decision quality", *Asia Pacific Journal of Management*, Vol. 28, No. 3, 2011.

⑤ Hütter, M., Fiedler, K., "Advice taking under uncertainty: The impact of genuine advice versus arbitrary anchors on judgment", *Journal of Experimental Social Psychology*, Vol. 85, 2019.

是吸引旅游者做出目的地选择的重要条件；基础设施是旅游目的地的有形产品，服务与管理是旅游目的地的延伸产品，影响着旅游者的停留时间、消费程度与重游率①。因此旅游目的地的有形资源禀赋和无形声誉形象的动态发展，牵引着旅游者的决策倾向。

目的地发展存在着出生期、成长期、成熟期、衰退期和再生期五个阶段，旅游者的目的地决策与之息息相关②。目的地处于出生期时，旅游资源开发程度低、基础设施不完备、市场知名度低，到访旅游者少，且以偏好探险的冒险型旅游者为主。当旅游资源进一步开发、当地基础设施完善、旅游产业体系建立，目的地便进入快速扩张的成长期，旅游者数量相应上升，旅游者市场细分类型增多。经过一段快速发展和生产资料积累，目的地转入成熟期，此时目的地声名远播，极大数量的大众旅游者带来了丰厚利润，然而此时旅游资源与基础设施被消耗、破坏的状况日益严重。随着资源的不断消耗，目的地负面声誉增多，旅游者开始远离，目的地随即进入衰退期。在衰退期的末端，目的地面临两种发展方向，一种是对少数来访的旅游者"大宰特宰"获取短期利润但牺牲长期利润，直至逐渐退出市场；另一种是开发新的旅游资源，实现目的地转型，吸引新的目标市场群体，从而带来利润回升，进入下一个生命周期的循环。

旅游者筛选旅游目的地时，不仅依据目的地的资源和设施，无形的形象和声誉也是重要考量因素。一个旅游目的地能够从众多旅游目的地中脱颖而出，对旅游者有巨大吸引力，主要是在产品和服务的质量、独特性、能够引起旅游者的情感共鸣等方面有突出之处③。目的地在市场细分的基础上，向不同旅游者市场投射不同的目的地形象，同样，不同旅游者对旅游目的地投射出的同一个形象有着不同的解读。二者都依托于目的地的营销手段进行动态调整，随着目的地形象的变化，旅游者对

---

① 吴晋峰：《旅游吸引物、旅游资源、旅游产品和旅游体验概念辨析》，《经济管理》2014 年第 8 期。

② 李天元：《旅游学概论》（第 7 版），南开大学出版社 2014 年版，第 313—318 页。

③ 张高军、吴晋峰、周靖超：《旅游目的地形象的代际差异比较——兼论代沟理论的 3 种不同学说》，《旅游学刊》2017 年第 2 期。

是否选择该目的地、为什么选择的决策倾向也在变迁。

※研究案例：花心的旅游者：旅游者 决策变化规律[*]

　　得不到的永远在骚动，遥远的远方永远比身后的景色更美丽。做出旅游决策的时间距离正式出游的时间越长，越容易夜长梦多。迟则生变，旅游者的决策不断在改变，哪里有从一而终的旅游者，我们都是一群这山望着那山高的花心游客。随着目的地决策时间拉长，个体改变想法的倾向就会更明显，这就使得研究偏好一致性具有很强的意义。

　　大多数旅游活动发生在头脑中，一年中，我们花了好几个月的时间来梦想、计划和期待下一个假期，然后花了很多时间来回忆，深情地（或懊悔地）回忆那些经历。因此，与一般消费环境不同，度假（目的地）选择通常是一个复杂而漫长的过程，在此过程中，旅游者的偏好可能会在做出最终决定之前发生变化。然而，许多现有的目的地决策研究都采用了横截面方法，忽略了这一动态过程。利用解释水平理论来解释偏好的动态模式，恰好弥补了现有研究的不足，站在动态的视角下，描绘旅游者偏好的时间变化过程。

　　一般来说，旅游者的偏好在经过不同的考虑和决策阶段时，从可取性（如渴望美丽的风景或异国文化）转向可行性（如旅行成本或目的地可达性）。然而，还有许多问题尚未解决，比如在决策过程中，旅游者在多大程度上愿意在可取性和可行性之间妥协？所有旅游者的偏好模式是否都会随着时间的推移发生相同类型的变化？为此，本研究首次将解释水平理论与心态理论相结合，从可取性到可行性的跨期转变视角，来探索内部因素（即心态）对偏好的调节作用。

---

　　* Li, Qiuyun, Chunxiao (Spring) Li, Scott McCabe, and Hong Xu., "Always best or good enough? The effect of 'mind-set' on preference consistency over time in tourist decision making", *Annals of Tourism Research*, Vol. 75, 2019.

一　理论假设

很少有研究者关注旅游决策过程偏好如何改变，解释水平理论可以解释偏好动态过程，即从追求可取性到可行性。但旅游者多大程度上协调满意和满足，是否所有旅游者都遵循这个规律等问题都尚不清晰。

为了更好解释这些问题，本研究引入了"心态"这个概念。"心态"是指个人在做决定或对情况做出反应时的一般思维方式。不同个体的决策方法存在着差异，有些人的目标是在选择情况下实现结果最大化，被称为"最大化者"，而其他人则愿意接受一个"足够好"的结果，被称为"满足者"。最近的研究发现相比最大化者，满足者更愿意为可行性而妥协，这表明旅游者在其偏好结构中妥协的程度存在差异。

时间距离对目的地属性偏好的影响。目的地选择研究一直是旅游研究的重点。旅游目的地决策是一个复杂而漫长的过程，旅游者的选择很可能会随着时间而改变。解释水平理论指出时间距离会影响未来事件的心理表征。远距离未来更有可能用抽象和核心特征（高级解释）来表示。近期事件则更加具体，侧重于外围特征（低级解释）。这种心理表征意味着个人对特定属性的偏好会随着时间距离发生变化。

案例研究关注两个"必要"类别来简化属性的多样性：可取性和可行性。可取性是指行动的"原因"（目标、动机），而可行性是指"如何"（成本和约束等工具和情境因素）。可取性提供了自我实现、目标实现等，但由于成本、时间等原因无法实现。在以目标为导向的活动中，活动最终状态的可取性代表一种高级解释，而达到该最终状态的可行性代表一种低级解释。根据解释水平理论，在遥远的未来事件中，可取性比可行性更重要，而在近期事件中则相反。一般来说，当面对遥远的未来访问的目的地时，旅游者会更多考虑可取性属性，而随着旅行的临近，可行性逐渐突出。因此，我们提出以下假设：

H1：时间距离影响旅游者对目的地选择的可取性或可行性的偏好

H1a：对于时间长距离远的旅行，旅游者更喜欢具有更强期望

属性的目的地而不是具有更强可行属性的目的地

H1b：对于未来较近进行的旅行，旅游者更喜欢具有更强可行性属性的目的地，而不是具有更强期望属性的目的地

心态对偏好变化的调节作用。可取性和可行性是目的地选择的两个方面。在选择框架中，Bettman、Luce 和 Payne（1998）认为追求可取性和可行性分别与价值相关和努力相关的目标一致。也就是说，可取性是指行动的最终状态的效价，而可行性是指达到最终状态的难易程度。随着距离旅行的时间越来越近，旅游者会因近期时间的低解释水平而关注可行性，在可取性上做出妥协，但两种属性之间的权衡可能会导致认知失调。如果旅游者选择放弃一个可取性目的地而选择一个更可行的目的地，他/她可能会感到遗憾和不满。对抗性干预措施，例如转移注意力、练习心理模拟和突出价格信息等都会抵消偏好不一致。然而，这些研究中的大多数都关注外部干预而不是决策者的内部变量。事实上，人们对可取性和可行性因素的重视程度与他们的心态高度相关。

一个人的心态会影响他们最终的选择，最大化心态者往往倾向选择最好的而不是满足于足够好的选择。如果没有得到最佳选择，负面情绪会被最大化者放大。因此为了做出最优决策，最大化者愿意对所有可能的选择进行详尽的搜索，在决策过程中投入大量时间和精力。另一方面，满足者有一个内部可接受性阈值，他们根据该阈值评估选项，并将选择高于该阈值的结果。他们关注与努力相关的目标，因此，满足者更可能牺牲最初期望。

案例研究假设一个人离目标越远，更倾向启动高级解释，个人更关注可取性（即与价值相关的目标）。在这种情况下，无论个人是最大化者还是满足者，具有更强期望属性的目的地都比具有更强可行属性的目的地更受欢迎。然而，当时间距离更小时，低水平的解释被激活，与努力相关的目标被优先考虑。然而，具有最大化思维模式的人——他们对与努力相关的目标的关心程度远低于满足者——仍然更喜欢可取的目标而不是可行的目标。相比之下，考虑到与努力相关的目标，具有满足心态的个人应该更喜欢具有可行属性的目的地。

H2：旅游者的心态（最大化或满足）调节时间距离对目的地偏好的影响

H2a：在时间长距离大的情况下，具有两种心态的个人更喜欢具有更高可取性属性的目的地，而不是具有更高可行性属性的目的地

H2b：在时间短距离小的情况下，具有最大化心态的旅游者保持一致的偏好，而具有令人满意的心态的旅游者将偏好转移到更可行的目的地

满足者和最大化者的不同之处不在于他们对可取性的重视程度，而是他们对可行性的重视程度。在时间长、距离远的情况下，高级解释被激活，最大化者和满足者都关注可取性，因为对可行性的考虑被抑制了，而可取性被高度重视。随着决策时间的临近，当低层次的解释被激活时，最大化者和满足者都开始考虑与可行性相关的问题。但是，由于最大化者对可行性的重视程度远低于满足者，因此他们妥协原始计划的倾向应该远低于满足者。基于这一假设，研究认为可行性的重要性也是心态对偏好随时间变化的调节作用的中介，提出假设：

H3：对目的地可行性特征的重视在旅游者心态对时间距离和目的地偏好的影响中起中介作用

二　实证检验

在研究方法上，实验室实验法能有效地控制无关变量的影响，研究解释变量和被解释变量间的因果关系；问卷调研法能够大范围内调研旅游者群体，弥补实验法采用大学生样本的缺陷。因此，本文通过两种方法验证了假设，使得结论具有高一般性和可信性。

为了实现对可取性到可行性的跨期转变的测量，引入心态这一调节变量，具体分为"最大化"和"满意性"。由此将旅游者划分为两类群体，一类追求单次旅游的利益最大化；一类则认为满意即可，对单次旅游的效益抱着知足的心态。

案例研究通过前三个实验研究了心态对目的地选择的影响，在最后一个实验进一步测试了可行性的感知重要性是否解释了偏好模式随时间的差异。

1. 实验 1

实验 1 测试时间距离（近期与遥远的未来）对目的地偏好的可取性和可行性（H1）的影响；并提供证据证明不同思维模式的个体是否会随着时间的推移在偏好一致性方面有所不同（H2）。在实验开始前，案例研究通过访谈和案头研究开发了关于可取性和可行性属性目的地描述材料（见表 8-1）。

表 8-1　　　　目的地 A 和目的地 X 的可取性和可行性操纵材料

目的地 A	目的地 X
目的地 A 是你最喜欢的海滨度假胜地，那里的水清澈见底，阳光灿烂而美丽，海滩非常柔软而干净	目的地 X 是你最喜欢的海滨度假胜地之一，那里的水很清澈，阳光充足，海滩很柔软
这里的活动丰富而多样。除了常见的海滩活动，如：日光浴、游泳、钓鱼、划船，你还可以享受冲浪、攀岩、烧烤和篝火晚会	虽然这里的活动并不多样，只有常见的海滩活动，如：日光浴、游泳、钓鱼、划船等，但你觉得它们足以让你享受
由于语言障碍，你至少要花半天时间集中精力在网上阅读旅游指南才能适应当地生活	目的地 X 很多中文标识，也有会说中文的服务人员。无须过多准备就可以适应当地生活
去往 A 地的机票没有折扣	目的地 X 的机票正在促销，可得到 50% 的折扣

实验设计。首先，受访者被随机分为两组（时间：近期 vs 远期），要求他们想象自己将在一周（时间距离近）或一年（时间距离远）内去度假。经过仔细选择，只剩下两个海边目的地（目的地 A 和目的地 X），并将这两个目的地的描述然后呈现给受访者。阅读材料后，参与者被要求在 7 点量表上表明他们的相对偏好［目的地 A（=1，可取但不可行的选项）和目的地 X（=7，可行但不可取的选项）］。两个目的地以随机顺序呈现，并统一偏好分数以供进一步分析，分数越高表明对高可行性和低可取性选项的偏好越高。

随后通过时间感知距离量表,和最大化量表分别测试时间距离操纵和最大化倾向,最后要求参与者完成人口统计和旅行经历的问题。

实验结果。分层线性回归结果显示,时间距离对偏好的主效应是显著的,随着时间距离的增加,对高可行性/低可取性的偏好会减少。最大化倾向对偏好的主效应显著,满足者对高可行性/低可取性目的地偏好高于最大化者。假设 H1、假设 H1a、假设 H1b 得到验证。

时间距离和最大化倾向的交互效应分析表明,时间距离对具有满足心态的参与者的偏好有轻微的显著影响,然而,具有最大化心态的参与者,对近期和远期距离目的地之间的偏好没有显著差异。假设 H2、假设 H2a、假设 H2b 得到验证。

2. 实验 2

实验 2 旨在进一步证明心态影响旅游者的偏好变化模式。实验共招募了 534 名大学生,实验 2A 和实验 2B 都采用了基于 2(时间:近期与远期)×2(心态:满足者与最大化者)的设计,因变量是他们为获得可取性的选项而牺牲的最大努力。

实验设计。实验 2A 和实验 2B 都采用了相同的心态操纵方式,随后,参与者完成心态操纵检测问题,"当在选项中做决定时,你的选择在多大程度上是由_____?"(九点量表,最左边的点标为"选择一个我满意的",最右边的点为"选择最好的")。回答被重新编码为"1"到"9",分数越高表示越有最大化倾向。在启动任务之后,受访者被要求想象他们将在一周(时间距离近)或一年(时间距离远)内旅行,并阅读两个目的地选项的描述性材料。在实验 2A 中,受访者被要求指出,如果一个不太理想的风景区的费用是 60 元人民币(在进行实验 2A 时约为 8.82 美元,因为 1 美元约合 6.8 元人民币),他们会花多少钱去参观一个可取性的山地旅游目的地。在实验 2b 中,受访者被要求指出,如果在一个可取性的主题公园没有等待时间,他们准备在那里排队等候入场的时间是多久。最后,参与者被要求完成人口学统计和旅游经历的问题。

实验结果。实验 2A 和实验 2B 结果显示满足心态被激活时,参与者在近期条件下比在远期条件下更倾向于在可取性目的地上花费更少,愿意等待的时间更短。这进一步支持了假设 H2，满足者和最大化者之间偏好变化模式的差异的原因是他们在不同的时间距离上为追求这些价值而牺牲可行性的意愿水平不同。

3. 实验 3

为了得到更加被信服的结论，实验 3 将研究情境拓展到了真实的旅游目的地（西藏）。同时通过向不同年级学生（低年级学生与高年级学生）预期毕业旅行直接操纵时间距离远近，这些高年级学生将在两周内毕业，而低年级学生还有一年的毕业时间。

实验设计。实验 3 招募了 223 名大学生参与者，采用了 2（时间：近期与远期）×2（心态：满足者与最大化者）的主体间设计。主要的因果测量是去西藏参加毕业旅行的可能性，分数越高，代表可能性越大。

首先，参与者完成最大化或满足的心态激发任务，然后被要求阅读一段关于西藏的描述性文字。在文中，西藏被介绍为毕业旅行的一个备选方案，文中包括了有关其可取性和可行性的信息。在预测试中，西藏被认为是一个具有高可取性但低可行性的目的地。其次，参与者被要求用 7 分制（1 = 不可能，7 = 非常可能）来表明他们将西藏作为毕业旅行目的地的可能性程度。最后，参与者完成了关于感知的时间距离、人口统计学和以前的旅行经验的问题。

实验结果。当满足的心态被激活时，近期比远期条件组的参与者更不可能选择去西藏。当参与者被最大化心态刺激激发时，时间距离的主效应并不显著。进一步检验了假设 H2，并证实和提高了整体结果的可靠性。

4. 实验 4

实验 4 的主要目标是进一步解释为什么心态的差异可能导致不同程度的偏好不一致，通过验证可行性的重视程度是导致群体之间的偏好变化模式不同的原因（假设 H3）。同时，为提高本研究的外部效度，选择了非学生样本。

实验设计。实验 4 选择了 18 岁以上的中国人样本，通过在线调查平台 so jump 招募了 345 名被试。参与者被随机分配到 2（时间：近期与远期）×2（心态：满足者与最大化者）的组间设计中。通过剔除不完整和不符合月收入条件的样本，最终得到 268 份数据。首先，被试完成与实验2相同的心态引诱任务。随后，受访者被要求想象他们将在一周或一年内去度假，经过仔细选择，剩下两个目的地（A 和 X）。每个目的地的五张图片在一页上呈现给受访者，然后是与目的地可行性有关的文字描述。然后，参与者被要求以7分制（1 = 完全不重要，7 = 非常重要）来评价预算机票和做旅行计划所需时间的重要性。随后，参与者被要求在一个7点量表上指出他们的相对偏好，锚定在对目的地 A（ = 7，可取但不可行）和目的地 X（ = 1，可行但不可取）的偏好，更高的分数表示对高可行性和低欲望的选择有更高的偏好。最后，参与者被问及人口统计学特征和旅行经验。

图8 - 4　目的地图片（左为目的地 A，右为目的地 X）

实验结果。数据分析结果比表明心态在时间距离和目的地偏好之间的关系中起到了调节作用，而这种调节作用又被可行性重要性进一步完全调节，验证了假设 H3。

三　研究发现与贡献

四项决策实验的结果表明，与具有知足常乐心态的人相比，具有最大化心态的人不愿意为了可行性而牺牲可取性，这降低了随着决策时间的临近而改变偏好的倾向。此外，我们发现最大化者与知足常乐者之间的不同偏好模式不是由可取性决定的，而是由可行性的重要程度不同决定的。

研究结果证明了在跨期目的地决策过程中，旅游者对目的地可取性和可行性的偏好是不同的。随着时间的临近，个体决策更偏向于现实主义，不仅要考虑目的地的可取性，还要考虑可行性；且这一过程还受到个体心态的调节，当时间距离较远时，追求最大化和满意性的个体更偏好于可取性的目的地，当时间距离较近时，追求满意的个体目的地偏好从可取性转为可行性，而追求最大化的个体更偏好尽自己最大的努力去克服限制，并坚持最初的目的地偏好。

第二节 旅游者偏好

所谓旅游偏好，本质上是"一种趋向于某种旅游目标的心理倾向"，是潜在或现实旅游者对某一旅游产品或旅游目的地所表现出的以认知因素为主导的具有情感和意向因素成分的心理倾向[①]。旅游偏好是旅游需求的具体表现，对旅游者的旅游行为具有很大的引导作用。旅游偏好形成于旅游者个体影响因素和外在信息刺激的双重作用之下，体现在旅游者如何对待个体在时间线上分配资源的时间偏好、如何对待风险与不确定性的风险偏好、如何对待个体与他人交往的社会偏好这三类行为偏好，并因个人特质和阅历的不同而呈现出异质性。同时，不同的时代和社会背景下，比如后疫情时代，旅游者的偏好也会呈现出有规律的整体变迁。

一 旅游者偏好特征

（一）时间感知偏好

时间偏好是一个稳定的个体差异特质，也是预测个体行为的重要考

---

① 马耀峰、白凯：《旅游者购物偏好行为研究——以西安入境旅游者为例》，《旅游学刊》2007 年第 11 期。

量因素。对时间偏好的衡量，可以直接通过时间偏好率反映，也可以使用耐心度替代测量。

时间偏好率等于现在消费与将来消费的边际替代率，一般用时间贴现率表示，时间贴现率越大表明个体越看重现在。也就是说，时间贴现率越高的消费者越注重即时享受。而耐心度衡量个体为了获取未来收益愿意付出的等待时间，耐心程度越高表明他越有可能偏好延期消费，同时耐心程度会随着时间距离递减。

McClure 等的双系统模型系统性地解释了时间偏好递减这一认知偏差的产生原因和行为影响①。双系统模型提出人们的决策和行为是大脑中两个系统共同作用的结果。一个是情感系统，主要受刺激机制驱动，只考虑短期利益；另一个是理性系统，用来处理更宽泛的目标，对短期利益和长期利益一视同仁。两个系统作用相叠加导致在短期决策时，由于情感系统作用会占上风，人们会只注重短期利益；而在进行长期决策时，情感系统作用微弱理性系统独自起作用，人们会非常理性不再短视。因此行为主体就会表现出短期的高度不耐心和长期的理性，也即时间偏好递减。在旅游决策中的表现为，旅游者旅游前的决策时间点与旅游实际发生的时间点距离较远，因此游前决策呈现出理性特征；而进入旅游阶段，旅游现场的决策点与行为发生时间点距离较近，因而旅游中决策更重视即时享受的短期利益。

（二）风险感知偏好

风险是一种不确定性，而个体对于承担风险的种类、大小等方面所持有的基本态度就是风险偏好。风险偏好通过风险认知即个体对存在于外界各种客观风险的感受、认识和评价来影响决策②。人们在面对决策的过程中并非是客观理性的，对风险的态度与偏好会随着赢利和亏损的不同情景而发生改变③。总体来说，个体在决策时会对某个参照点上自

---

① McClure, S. M., Laibson, D. I., Loewenstein, G., Cohen, J. D., "Separate neural systems value immediate and delayed monetary rewards", *Science*, Vol. 306, No. 5695, 2004.

② 刘健、陈剑、刘思峰等：《风险偏好与属性约简在决策问题中的应用研究》，《管理科学学报》2013 年第 8 期。

③ Kahneman, D., Tversky, A., "On the interpretation of intuitive probability: A reply to Jonathan Cohen", *Cognition*, Vol. 7, No. 4, 1979.

已为将要做出的决策所承担的风险和收益进行主观评价，处于尽可能规避损失博取收益的原则做出决策，因而风险偏好直接影响消费者的消费意愿与支出。例如风险回避者比风险追求者更愿意将收入用于储蓄而降低消费支出，消费弹性较高的旅游消费支出也会相应减少。另外，在消费决策过程中，消费者个体的风险偏好程度越高，在决策过程中查找相关信息投入的努力程度就越高。

旅游者的风险偏好主要集中于对目的地环境评估的旅游风险感知、对购买行为倾向评估的沉没成本误区和对购买决策结果评估的预期后悔。这三种风险偏好源于旅游者对未来旅游经历的不确定性认知，旅游活动本身的不确定性促使旅游者在决策时"深思熟虑"；但另一方面，旅游经历也以其不可复制的唯一性，鼓励了旅游者的风险寻求，促使他们愿意尝试新选择、获取新体验。

旅游风险感知是旅游者对自己在旅游活动过程中遭遇负面事件概率的预期，是选择旅游目的地考虑的主要因素之一，也是影响旅游者旅游经历和体验的重要因素[1]。当他们对目的地风险的感知超过了自己能承担的阈值，就会远离该目的地。尽管旅游者是旅游风险感知的承担主体，但风险感知在很大程度上来自于目的地形象。当目的地发生比较大规模的危机性公关事件，不仅会影响当前的现实旅游者的风险感知，也会影响潜在旅游者的风险感知，旅游者需要确定这次旅程是安全且怡人的才可能选择该地。

成本实际是为实现一定的目的而付出的牺牲，旅游成本一般包括时间成本和货币成本[2]。旅游者做出目的地决策后所付出的预付费和为了选择目的地付出的时间精力都成为不可回收的沉没成本，当他们进入目的地时，倾向于因已付出的成本而投入更多的成本以获取更好的体验，本着"来都来了"的想法，再多花些钱让这次旅游更有意义、更丰富、不留遗憾。然而，旅游者已经陷入了沉没成本误区，为了逃避让已付出

---

① 石勇、姚前、王文华等：《基于 Web of Science 的旅游风险感知研究进展》，《资源科学》2021 年第 5 期。

② 谢慧明、沈满洪、李中海：《中国城市居民旅游需求函数的实证研究》，《旅游学刊》2014 年第 9 期。

的成本白白浪费的风险，而去购买一些不必要、没意思、没意义的旅游产品，花费更大的时间和精力成本，而不能带来旅游体验的显著提升。

预期后悔是指消费者在面临购买决策时，预想到自己的决策是否会带来消极体验或情绪的预期判断，可分为预期购买后悔和预期不购买后悔，前者会抑制消费者做出购买决定，而后者会刺激消费者购买[1]。预期后悔是在消费者信息不对称的客观条件，与个体规避风险的主观倾向的综合作用下产生的。而旅游目的地决策情境下，旅游者能够掌握的信息比之日常决策更加缺乏，也难以根据自身经验对搜集到的信息做出是否准确真实的判断，预期后悔情绪对旅游决策的影响随之加大，促使着旅游者倾向于独立于目的地的第三方平台搜索信息，并参照网络口碑做出决策。

（三）社会感知偏好

人之所以区别于一般动物的一大基础特征就是人具有"社会性"属性，社会偏好利用公平、互惠、利他、不平等、厌恶等社会性因素解释人们的非自利行为产生的原因。社会偏好大致分为三类：公平偏好、互惠偏好和利他偏好。公平偏好指个体偏好公平的结果，拒绝不公平的结果；互惠偏好指个体的行为决策取决于对方的行为、期望等，会做出"投桃报李"或"以牙还牙"的行为；利他偏好是指个体以帮助他人为乐，不求回报。利他偏好是一种无条件的社会偏好，而互惠偏好和公平偏好则是有条件的社会偏好。

需要强调的是，个体的社会偏好具有情境依赖性，旅游情境作为区别于其他惯常的特殊情境，当旅游者置身其中后，社会偏好会发生相应的变化。一方面，不同的社交情境可能会增强个体某一类型的社会偏好，甚至对其他社会偏好及自利偏好产生挤出效应。诸如在某个景区当中，旅游者甲在建筑物上刻下"到此一游"，景区既没有追责也没有修复，后来的旅游者就有可能因为旅游者甲已经破坏了自己的游览体验，侵占了自己本该享有的服务供给而又未付出代价产生报复心理，效仿旅

---

① Connolly, T., Zeelenberg, M., "Regret in decision making", *Current Directions in Psychological Science*, Vol. 11, No. 6, 2002.

游者甲的做法以获得"他可以我为什么不可以"的补偿感。相似的，在一个秩序良好环境优美的景区当中，旅游者更可能做出带走垃圾的亲环境利他行为。另一方面，受到非惯常环境特殊性的影响，旅游者的社会偏好还会朝着相对良性的方向发展，变得互惠、利他。具体而言，酒店情境作为旅游非惯常环境中的重要一环，类似于家但又区别于家，在这里，旅游者也会做出"投桃报李"的行为选择。例如，当酒店环境、服务情境超出旅游者的预期时，旅游者会产生物超所值的感觉，进而愿意更努力地去维护环境的整洁有序，做出环境互惠行为；酒店的陌生性和公共空间属性也会让旅游者保持安全社交距离和友好的互惠距离，降低说话分贝不打扰别人休息，随手丢掉房间垃圾不给保洁人员添麻烦。

（四）偏好异质性

旅游目的地的核心功能是为旅游者提供旅游体验，然而体验本身是一个主观的经验判断，不能以客观标准量化衡量。旅游者自身具有异质性，旅游目的地同样也是异质的，不同旅游者对自己的旅游体验有着不同的期待，这导致他们对同一个目的地的选择不同，进而造成了他们对一段旅游服务的评价差异。如果只是将旅游者视为一个同质群体，通过评分高低粗浅地判断他们的旅游体验质量，很难细致地发现目的地哪些服务符合旅游者预期，哪些服务不能满足旅游者预期，同时也忽视了旅游者需求的多样性、复杂性。

了解旅游者具有哪些异质性偏好、为什么有这些差异，又如何利用这些差异为旅游者创造更好的体验，显得尤为重要。但旅游者偏好的异质性又是难以琢磨和测量的，大量研究将旅游者的人口特征作为研究其偏好异质性的分类依据[①]，这固然是一个直观而便捷的分类标准，但是并不精准。即便是人口特征相近的旅游者，因其性格、阅历、同伴等因素，在旅游偏好上都有可能表现迥异，而这些深层次因素往往难以使用访谈、实验等传统手段准确识别。

基于用户生成内容的大数据分析则可以弥补传统方法的不足，研究

---

① 张鹤冰、李春玲、魏胜：《在线顾客感知质量、感知价值对购买意愿的影响——基于消费者异质性视角》，《企业经济》2020 年第 5 期。

者从用户生成内容中收集到的丰富、真实、主动发布的关于其旅游体验和偏好的反馈信息，与需要预先为研究者主观设计的访谈和问卷调查相比，这些旅游者主动发布的包含其真实情感的文本信息更加无偏和公正[①]。借助大数据手段，可以实现在"求同"描摹群体共同特征的基础上，"存异"地深描旅游者需求结构、偏好倾向的个体差异性，从而更好地理解旅游者行为并精准定位目的地管理着力点。

※研究案例：多彩华夏：入境旅游者偏好深描[*]

与出境游的蓬勃发展态势相比，我国入境游发展较为低迷亟待提振。提高我国旅游目的地旅游产品的竞争力，需要对入境旅游者旅游需求与体验更加准确的了解和掌握。

目前，针对入境旅游者旅游体验感知的研究主要从心理学的期望、偏好与动机，消费者行为学的行为意图、决策等角度展开。并且已有研究大都采用问卷或访谈的手段，受数据获取渠道的限制，只能聚焦于某些特定的旅游目的地或某个具体的入境旅游市场，将研究对象作为同质群体开展分析，而对这一市场中不同感知偏好、不同体验需求的异质性挖掘非常匮乏。对这些异质性缺乏深入研究会阻碍更加全面、准确和清晰地认知入境旅游者市场，从而限制对旅游者偏好与决策行为的准确捕捉与预测。

一 理论背景

旅游体验是整个旅游过程中游客消费对象和活动的呈现效果、旅游动机的主观解释及其在整个旅游过程中的感知表达。不仅影响了游

---

① Ruiz – Alba, J. L., Nazarian, A., Rodríguez – Molina, M. A., Andreu, L., "Museum visitors' heterogeneity and experience processing", *International Journal of Hospitality Management*, Vol. 78, 2019.

* 李春晓、李辉、刘艳等、梁赛：《多彩华夏：大数据视角的入境游客体验感知差异深描》，《南开管理评论》2020 年第 1 期。

客满意度，也决定了游客是否会产生重游意愿或进行口碑宣传，因此在竞争激烈的旅游市场中，提升旅游产品的象征价值和体验品质至关重要。

旅游体验的构成具有多维性。当前学术界较为认可的是 Walls 等的游客体验感知的四因素理论框架。该理论框架将影响消费者体验的因素分为四类：感知的身体体验因素、人际互动因素、情境因素、个体特征。身体体验因素即旅途中消费的有形产品及服务所产生的各种感官信息融合所形成的感知，这种感官体验受到供应商可控的活动类型、体验的硬件设施条件和不可控的如天气、安全感等因素的影响；人际互动因素在服务情景和旅游产品消费过程中都十分重要，包括游客间的互动、游客与服务提供者的互动、游客与当地居民的互动；个人特征建立在消费者个性类型的基础上，包括游客的文化背景、性别、年龄等；情境因素和旅游目的地及游客旅游目的紧密相关，具体包括旅游目的地的性质、属性、风格和游客的旅游需求等。其中，个人特征和情境因素属于不受目的地控制的因素，身体体验和人际互动因素属于目的地可控因素。

目前，支撑该理论猜想的以往研究的素材主要基于专家访谈和问卷调查。这种对传统数据收集方式的依赖，一方面会受限于研究者主观假设和所用研究方法本身的限制，能够发现的旅游体验影响因素不够全面，另一方面游客体验信息都通过一种被动的形式收集得到，数量有限，真实性和丰富性也有待考证，其支撑下的旅游体验影响因素理论可靠性也有待验证。

二 研究设计

（一）数据收集

随着旅游电子商务高速发展，越来越多的旅游者在网络平台分享旅游体验，真实地表达自己对旅游产品的感知与评价。与传统的访谈和问卷调查数据相比，这种开放式的网络评价包含更多可供挖掘的真实信息；同时尽可能地最小化研究者主观预期对结论的影响，从而能更加客观地反映出不同旅游者群体对旅游体验的感知与态度，为旅游市场细分研究提供有效的数据来源。

研究案例选取当前全球最大的旅游在线评论网站 TripAdvisor 作为数据来源，采用三分法将旅游目的地分为自然、人文和人造三类景区，共选取出 218 个热门景区，使用 Python 爬取入境旅游者评论文本数据 7 万余条。

（二）数据处理

文本挖掘过程分为五个步骤：数据获取、评论分层、因素提取、分层过滤和差异深描。具体而言：（1）在采集到的旅游网络评论源数据基础上，分别对三类数据挖掘分析；（2）将网络文本数据根据满意度类型进行分层挖掘处理；（3）对评论文本数据进行二次语义挖掘和分析，提取出不同满意度群体在评论时都会涉及的三类体验感知因素：人际性因素、体验性因素和结构性因素；（4）以上述三类感知因素为基础，将评论数据分层过滤，聚焦不同满意度群体的感知和评论差异；（5）基于单因素方差分析和事后检验，对比不同满意度人群所游览的目的地景区特征和旅游者自身特征，将显著的自变量与满意度进行二次语义分析，更加准确地将人口属性与景区特征与满意度类型进行匹配。其中，对文本的语义挖掘采用可将大数据文本可视化的分析软件 Leximancer 完成，其实质是使用贝叶斯的定量分析方法实现对语义文本数据的定性分析。

（三）研究结果

通过对网络评论数据进行初始处理和分析后，最终确定了 60 个概念和 5 个主题。在 Leximancer 文本挖掘的概念编码设置中引入满意度作为变量，分别用概念及主题共现性分析四个游客满意度等级群体所关注的核心概念。不满意群体的感知核心是人"People"和价格"Price"；持中立态度的入境游客核心感知主题是"Places"和"People"。较满意群体核心感知主题是历史"History"；满意度最高的入境游客群体核心感知主题是"Wall"，主要集中于对长城的关注与赞叹。

随后，按照不同满意度等级进行了二次语义和语境关联分析，发现不同的体验会为不同的旅游者留下一幅不同色彩的华夏印象图。这些印象主要受到人际性因素、体验性因素、结构性因素以及人口和景区特征

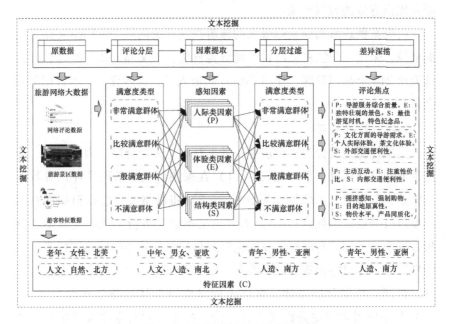

图 8-5 旅游评论文本挖掘过程

的影响，并且不同满意度群体的感知呈现出较大的组内相似性与组间异质性。其核心规律与特征如下：（1）成也导游，败也导游；（2）拥挤感知对旅游体验的非线性影响；（3）旅游者希望像当地人一样生活；（4）人造景区的历史感并不厚重；（5）距离不一定产生美，越熟悉反而越包容；（6）内部交通落后、时间安排冲突、商品高同质化是景区发展三大痛点；（7）男观建筑女拍照，老看服务小看票。

三 研究结论和理论贡献

本研究为基于大数据的旅游体验研究提供了一种新的路径。已有相关研究大多采用传统的自上而下的研究范式，无论是定性研究还是定量研究，大多都基于特定目的地或特定群体；且研究中使用的数据样本量有限，容易产生选择偏差和估计偏差，导致分析结果不够准确，甚至可能与实际情况和广义结果相反。本研究创新性地采用自下而上的研究路径，从已有海量数据所蕴含的现象中出发（并非从传统的假设出发），将定性数据与定量分析相结合进行旅游体验研究，能够更加客观地挖掘出更多真实信息。此外，已有研究大多将入境旅游市场视为同质的群体或者只对游客的人口特征进行细分，而对这一市场中不同感知偏好、不同体验需求的异质性挖掘非常匮乏，本研究通过满意度的评论分层与过滤，首次深描出不同满意度群体的体验感知差异及痛点所在，为更好地了解和掌握入境市场的偏好与需求奠定了基础。

此外，本研究还对已有的旅游消费体验影响因素理论进行了补充拓展及实证检验，发现除了 Walls 等所总结的四类体验感知影响因素外，结构性因素（包括交通、时间和购物）应该被单独提出并予以重视。本研究基于大样本数据验证了已有理论框架中身体体验和人际互动因素对游客体验感知的重要作用，并提供了更为完善的补充。同时，本研究将游客的个人特征和景区特征归结为特征因素，并单独列出做关联分析，不仅能够更加全面而充分地对入境游客的体验偏好与特征进行侧写，还能进行不同游客在不同类型目的地的横向比较，适用于更广泛的旅游情景，也有助于进行市场细分研究。

二 后疫情时代旅游偏好的变迁

旅游偏好是旅游者个体影响因素和外部环境刺激共同作用的结果。个人特质会影响旅游者在时间、风险、社会关系等各方面的偏好规律。与此同时，不同的时代和社会背景下，旅游者的偏好也会呈现出有规律的整体变迁。疫情的影响下，国家政策与防疫需要导致的有限自由和各种心理变化使得旅游者的偏好也发生了一些共性的变化规律。而引用元需求的三维度框架能够帮助我们更好地梳理、掌握和预测这些整体偏好变迁规律。

（一）生存需求偏好变迁

生存需求包括了人类最基本的生理需求，对食物、性、安全感和物质财富的渴求。随着演化的推进，生存需求逐渐作为一种最内在的需求，渗透到人类的思维方式和活动之中，同时又被有意识地外显为各种行为，通过行为实践得到需求的满足。需要强调的是，外部环境的变化会改变个体行为实践的条件和机会。新冠疫情作为一种全球性质的公共卫生危机，在一定程度上威胁了人类的生命安全，这必然会造成恐慌感、恐惧感以及由此产生的风险厌恶、安全距离变化。此外，在全球积极应对新冠疫情的过程中，难免出现一些会对个体自由产生限制的政策管控（例如有疫情传播风险地区的居民，非必要"少聚集""不流动"；感染者需要集中接受治疗或居家隔离至自愈），这在一定程度上会造成个体的孤独感知。上述的心理感知又会进一步影响旅游者的生存需求偏好。

1. 恐惧感增加引起的消费选择变化

在新冠疫情之前，人们的生命威胁感知更多地会联系到疾病和意外，且在通常意义的行为选择上并不会占有优先地位，因为人们对自身的安全控制感较强。而新冠病毒作为新型病毒，人们尚不能完全掌握感染的风险（后遗症、自愈周期等），这加剧了不确定性引发的恐惧感知，从而使得生命安全成为个体行为选择相对首要的考虑因素，这又会进一步导致个体对熟悉产品、干净产品、无接触服务、身体挑战类产品的偏好。

熟悉产品的偏好。熟悉指被消费者熟知并经常使用的品牌或产品，具体到旅游领域，可能是地理差异性较小的目的地、曾经到访过的景区、心理距离较小的旅游产品等。熟悉的产品能够帮助个体重新建立一种结构感、确定性、可预测性、和舒适性，以恢复控制力[1]，进而降低恐惧感。因此，新冠疫情或将增加旅游者的重游意愿，或对某些酒店品牌、餐饮品牌的忠诚度。

干净或标准化产品的偏好。心理安全需求也是旅游者产品偏好选择的重要标准，新冠疫情之后旅游者对酒店清洁卫生和食品卫生安全做出了更高的要求。具体而言，旅游者可能对民宿、农家类之类共享性住宿的偏好有所降低，取而代之地是选择标准化酒店（或度假酒店）。因为酒店的设施和保洁服务有相对客观的保障，且有较大的空间私密性和社交距离，旅游者能有更为安全、舒适、便捷的感知。

无接触服务的偏好。保护动机理论指出，敏感性感知会激励消费者

---

① Whitson，J. A.，Galinsky，A. D.，"Lacking control increases illusory pattern perception"，*Science*，Vol. 322，No. 5898，2008.

的保护行为，而无接触服务就是新冠疫情"人人传播"风险下的消费者自我保护的行为选择。同时，病毒的易感染性增加了消费者对社交距离的要求，保持社交距离可能在短期内成为塑造消费者活动的新规范。基于此，各个旅游服务部门依托 AI 技术，增加了酒店机器人送餐、景区机器人导览等无接触服务形式，较为有效地改善了旅游者的心理安全，受到旅游者的青睐。

身体挑战类产品偏好。新冠疫情给消费者带来的恐惧和焦虑在某种程度上也可以维持大脑的兴奋，使得个体选择积极的应对方式，以缓解自身的负面感知。例如，通过运动降低自身的脆弱性，提升身心韧性。疫后体育锻炼的流行趋势不断上升，八段锦、刘畊宏、毽子操受到追捧，身体挑战类旅游产品的偏好也不断上升。身体挑战类旅游体验贯穿游前、游中、游后的全过程。旅游开始前，旅游者会对即将参与的跳伞、蹦极、攀岩等活动产生期待，刺激大脑产生多巴胺。在旅游中的沉浸式体验过程里，享受身体的"痛并快乐着"，旅游后实现情感满足、升华与身体适应，提升了应对风险的能力和对生命的掌控感。

室外活动偏好。对社交距离的高要求，也会导致旅游者的社会拥挤感知上升。新冠疫情前，旅游目的地人挤人的盛况屡见不鲜，但新冠疫情后，即便还会出现此类景象，但旅游者在选择目的地时，仍会考虑拥挤程度，尽量避开人流、错峰出行，特别是对有疫情潜在风险的地区。此外，由于室外环境较于室内环境更为开场，且空气流通，会在一定程度上缓解旅游者的社会拥挤压力，逐渐成为旅游者体验的倾向环境，例如自然环境良好的生态旅游景区颇受青睐。

2. 孤独感增加引发的产品偏好

孤独感是一种自我威胁相关的感知，往往由于本我的需求满足和外在世界规范限制之间的冲突所导致。疫情期间的一些流动限制政策，会让个体感受到社交需求的不被满足，从而产生苦闷、自责、孤独等负面情绪，这势必也会影响旅游者对产品的选择。

对柔软产品的偏好。触觉对人类的身心健康具有关键意义，是个体建立和维系归属和依恋感的重要方式①。触摸柔软的物体能在一定程度上缓解社交分离或错配的痛苦②，可以帮助消费者消除不安全感、孤独感等负面感受，提升归属感和依恋感③。具体在旅游领域，亲水类旅游产品、沙滩、大熊猫基地这样的"柔软触感"的景点会受到旅游者的偏爱；柔软的床品、毛巾可能会提升旅游者对酒店的满意度；毛绒类旅游纪念品可能会受到旅游者更多的关注。

对在线社区的偏好。尽管身体被禁锢，但是个体的灵魂依然希望在路上。旅游直播、短视频的兴起能在一定程度上缓解"自由受限"带来的孤独感。旅游者更愿意通过在线社区种草目的地、产品；通过旅游直播想象第二人生；通过分享自己的旅游趣事、参与社区话题讨论提升社会联系感。

（二）镜像需求偏好变迁

个体实现"镜像自我"的努力路径有两种，其一是通过不断向内审视而规范自我外在形象的自我管理；其二是尝试向他人（向外）投射自身所希望他者感知到的自我形象的印象管理。自我管理需要个体在互动中不断观察、揣测、理解、模仿，甚至走入他人的思想和情感世界，从而适应社会规范，使自己变得更加"合群"。印象管理意味着个体会依据生活中所感受到的社会赞许和社会认同而调整自身的印象。努力抗击疫情，是人类在社会实践中建构起来的集体记忆，人们会记得英雄城市武汉。在提及樱花、热干面、方舱医院等标志物时，会唤醒人民的集体记忆，并产生共情心理。这会在一定程度上增加个体的亲社会偏好和社会身份归属类产品偏好。

亲社会偏好。疫情防控取得阶段性成果离不开各个地方的极力配合，不惜暂停经济发展，配合静默管理。有较强共情能力的旅游者会对

---

① Hertenstein, M. J., Verkamp, J. M., Kerestes, A. M., Holmes, R. M., "The communicative functions of touch in humans, nonhuman primates, and rats: A review and synthesis of the empirical research", *Genetic, Social, and General Psychology Monographs*, Vol. 132, No. 1, 2006.

② MacDonald, G., Leary, M. R., "Why does social exclusion hurt? The relationship between social and physical pain", *Psychological Bulletin*, Vol. 131, No. 2, 2005.

③ 丁瑛、宫秀双：《社会排斥对产品触觉信息偏好的影响及其作用机制》，《心理学报》2016年第10期。

一线医护人员、志愿者、努力防疫的目的地产生敬畏、互助等积极情绪，致使其希望通过自己的努力改变目的地困境，或增加旅游者利他和购买欲，渴望通过系列消费行为提高社会整体福祉，或者做更能产生意义的事情（例如亲环境责任行为），以此保护自己赖以生存和依恋的群体和社会，即产生亲社会行为偏好。个体会通过增强亲社会消费来建立群体归属感，牢固树立群体身份。

社会身份归属类产品偏好。已有研究发现死亡威胁会增加消费者对国产品牌的偏好①。而旅游文化产品的社会文化内涵决定了文创具有很高的象征价值，使旅游者能够通过购买和使用文化类旅游产品来表达自己的个人和社会身份。新冠疫情在一定程度上构成了个体的生命威胁感知，这会导致旅游者更倾向于具有历史文化元素、生命演进特征、中国IP的文创等旅游产品。

（三）好奇需求偏好变迁

好奇是人类探求新知识和新信息的内在动力，能够激发人的兴趣并缓解不确定感②。好奇心也是人类学习和发展的内在动力，是人类进行探索性和创造性活动时所具备的重要心理特征。好奇需求意味着一种纯粹的喜欢，无关物质生存也无关镜像管理。疫情期间，居家隔离使得旅游者有充足的时间内向探索，以丰富内心世界，故而其旅游好奇需求也会发生一定的转变。

虚拟好奇偏好增加。虚拟环境的恢复性在环境心理学中被广泛关注，虚拟环境有助于疫情期间情绪、压力和活力的调整和恢复。新冠疫情期间，人们会有对客观环境的低控制感，进而产生错觉模式知觉（Illusory Pattern），即侧重通过虚拟想象或自己强加的某种联系去控制事物，形成一种虚幻控制力③。这种虚拟控制力可对一系列刺激之间连贯且有意义的相互关系进行识别。居家期间，云旅游、旅游数字藏品、旅

---

① Liu, J. (Elke), Smeesters, D., "Have you seen the news today? The effect of death – related media contexts on brand preferences", *Journal of Marketing Research*, Vol. 47, No. 2, 2010.

② Litman, J. A., Collins, R. P., Spielberger, C. D., "The nature and measurement of sensory curiosity", *Personality and Individual Differences*, Vol. 39, No. 6, 2005.

③ Burger, J. M., Hemans, L. T., "Desire for control and the use of attribution processes", *Journal of Personality*, Vol. 56, No. 3, 1988.

游元宇宙沉浸式游戏逐渐被旅游者追捧，旅游者渴望与一个超越人类的、主体间的、神奇的世界相遇，这激发了许多旅游幻想，旅游者呈现出虚拟好奇替代现实好奇的趋势。例如，在旅游过程中，旅游者会对诸如"超现实类"主题公园、圣地巡礼类等产品感兴趣。

幸运和超自然类产品偏好增加。当消费者的控制需求高于控制能力时，他们会更偏好幸运类产品，以此获得虚拟的控制感[①]。购买幸运产品会让消费者产生一定的控制错觉，即自己有能力控制不确定的结果，从而增加对未来成功的预测。对新冠疫情影响下的旅游者来说，其自身很难操控疫情的走向，加之我国传统文化和神话故事的渲染，旅游者很容易在内心产生对神灵、古树等意味着幸运、好运的事物的追寻，进而产生具有超自然信仰偏好的旅游行为[②]。

---

① Hamerman, E. J., Johar, G. V., "Conditioned superstition: Desire for control and consumer brand preferences", *Journal of Consumer Research*, Vol. 40, No. 3, 2013.

② 刘彤：《基于元需求的疫情后游客偏好与旅游产品创新研究》，硕士学位论文，南开大学，2021 年。

第九章　旅游中的行为异化

第一节　非惯常行为[*]

一　非惯常行为的定义及特征

惯常环境和非惯常环境都会在不同程度上影响并塑造个体的行为。惯常环境使得个体拥有自身禀赋、被内化的经验、对外界的理解和认知，形成具有"持久性"和"可转移性"的惯习；非惯常环境对个体行为的影响则体现在时空的双重作用上。旅游者从惯常环境进入非惯常环境，一方面，表现出对时间序列的否认，打破惯常作息时间表，晚上熬夜、白天睡觉、不戴手表以适应新的"时间表"；另一方面表现为对空间序列的打破，一反平常对频繁社交互动的沉浸，享受人烟稀少、偏僻空旷、可以独处的非惯常环境。时间和空间的打破，使得旅游者可以短暂地从按部就班的"麻木"生活状态转换到相对自由的"兴奋"状态中，进而发生行为的逆转或"偏离"，即非惯常行为。

非惯常行为是旅游者进入非惯常环境后所表现的有别于惯常行为（截然不同或略有差异）的自发性旅游行为，具有五个基本特点：跨情境可对比性、双向转变性、自发需求导向性、偶发性和旅游常态性、影响双向性。跨情境可对比性指非惯常行为并非专属于旅游环境，而是在惯常环境中也同样存在，能够实现跨情境的对比。双向转变性指一方面

---

[*] 李琳：《非惯常环境下旅游者的非惯常行为及其归因研究》，硕士学位论文，华中师范大学，2021年。

指，行为的变化可能"更坏"也可能"更好"，可能从满足"单向度的人"的生存层次需求转向满足"双向度的人"的兴趣、社交、审美等层次需求，也可能从"双向度的人"暂时转变为"单向度的人"；另一方面指，这种转变既可能是完全对立的，也可能是温和过渡的，即非惯常行为并非完全与惯常行为截然不同，存在类似但又有异于的差异状态，从惯常行为到非惯常行为转变的构成是一个连续谱。自发需求导向性指的是非惯常行为不应包括旅游情境中"不得不"出现的行为，即受限于非惯常环境中的硬件设施、文化氛围等而不得不做（没有选择余地）的行为，如用手势交流、用不熟悉的厕所、说外语、吃不习惯的食物等行为。非惯常行为应强调旅游者的主观愿望支配性，其行为的出发点是为了满足自我需求，承载着自我主导、自我控制与自我决定。偶发性一方面指非惯常行为或将随着非惯常环境的变化而变化，并非每次旅游都会产生且不同的旅游过程未必产生相同的非惯常行为；另一方面体现为非惯常行为并不是每个人都有的，部分旅游者在家和在外的行为并没有多大不同。常态性是指旅游惯习的作用，即经常或长期的旅游经历和所积累的经验形成了约定俗成的行为规范和思想准则，是旅游者在旅游中常有的而又区别于惯常的行为。影响双向性一方面表现为双向互斥性，即非惯常行为对行为发出者的影响是正面的，而对行为承受者或环境的影响可能是负面的；另一方面表现为双向协调性，即非惯常行为对旅游者和环境双方均有利或有弊。

二 非惯常行为的类别

非惯常行为是非惯常环境和个体惯习相互作用的结果，根据场域理论，外在环境条件（非惯常环境）常以惯习发挥作用后的结果来影响惯习，使其既具有惯性和较强的路径依赖（即使身处非惯常环境也保持惯常行为），也能在与场域不吻合时，出现改变和调适。当旅游场域（非惯常环境）和日常生活场域（惯常环境）不一致时，会促使旅游者的惯习发生改变和调适，或产生新的惯习，以适应非惯常环境的需要。旅游非惯常环境存在类型划分，不同类型的旅游非惯常环境对应不同水平的旅游者心理期待满足程度，进而会对惯习的延续或改变产生影响，而惯习延续或改变的程度又进一步决定了非惯常行为的类型表现。因此，依据非惯常环境与惯习的相互作用关系可将非惯常行为进行分类（见图 9-1）。

图 9-1　非惯常行为变化的连续体

惯常行为是惯习作用很大，而非惯常环境作用很小时出现的"个人化行为"，此时旅游者更多考虑到自身的舒适性和自我需求的满足，坚持惯常行为。类惯常行为是当非惯常环境同惯常环境差异较小时（多处于类惯常环境），旅游者保持惯习即可应对差异，不需要做出过多的行为模式调整。弱非惯常行为是惯习和非惯常环境对旅游者均有一定的影响（多处于合理非惯常环境），二者不断交互调试，致使旅游者的惯常行为发生一定程度上的改变以适应新的环境，呈现出惯常行为的温和过渡状态。完全非惯常行为是惯习作用很小，而非惯常环境作用很大时出现的行为"逆转"状态（多处于超非惯常环境）。但这种划分是理想化、理论化的，现实中旅游者的惯习只会部分延续，一般不会完全延续，否则可被认为是没有完全进入旅游世界（非惯常环境）的表现；同理，一般也不会存在完全的逆转；因此，实践中的非惯常行为更多是类惯常到近完全非惯常行为。

三　非惯常行为的表现及原因

（一）非惯常行为与惯常行为的差异

相关研究已基于二元对立的思想，从行为表象和行为心理两个方面对旅游行为与惯常行为的差异做了大量总结，体现在时间安排、生活方式、占有欲、道德感、语言表达、互助倾向、冒险倾向、经济行为、服饰行为、环境责任行为、饮食行为、不正常和无意义的行为等多方面。

表9-1　　　　**已有研究中关于"惯常行为—旅游行为"的比较**

比较维度	比较项	惯常行为	旅游行为	相关作者
行为表现	生活方式	严格日程、快节奏、下里巴人、追求富裕	弹性变动、慢节奏、阳春白雪、追求简单	Graburn（2009）；Gottlieb（1982）；Graburn（1980）
	经济行为	节俭、理性消费；主要为自己和家人购物；回购率高	大方、付小费、炫耀消费、低效、不经济、冲动、穷家富路；人际购物增加；回购率低	张凌云（2008）；管婧婧等（2018）；李春晓等（2020）；李志飞（2014）
	服饰行为	考虑场合需要，应该穿代替想要穿	"想要穿"多于"应该穿"；随意、自在、夸张、重视	李志飞等（2018），李琳等（2022）
	饮食行为	健康、节制、保守、追求性价比、有规律；随缘进店；自己品尝；粮食消费为主、酒水饮料相对最少	不健康、贪食、打包少、浪费、注重拍照打卡、求新求特色、强调食物的原真性与文化象征；认真决策；与人分享；支出增加；粮食消费减少，对肉类、水果、酒水饮料消费增加	Gottlieb（1982）；Graburn（1980）；李琳等（2022）；刘彬等（2017）；孙佼佼等（2021）；张盼盼等（2018）；Juvan等（2018）
	语言表达和社交互动行为	贴近生活、符合身份；有益的家庭互动受时间限制；沉浸拥挤的社交	频次变多，更容易交流；话题更敏感、喜剧、涉及通常不谈论的事情；有益的家庭互动因专注当下而变多；避免社交、沉浸于人烟稀少；入乡随俗、谨小慎微	李志飞等（2018）；Isabelle F（2019）；Gottlieb（1982）；李琳等（2022）
	环境行为	环境责任行为较多；表现稳定、可重复性高；绿色交通行为少；环境消费行为、说服行为、身体力行行为较多	多不可持续；表现"随机"、具有情境变化性、可重复性低；绿色交通行为多；教育行为和法律相关行为较多	Carr（2002）；Barr（2011）；Lee（2005）；邱宏亮等（2018）；Miller等（2014）；洪学婷等（2019）
	不正常和无意义的行为	相对较少	更容易发生精神颓废、道德沦丧、赌博、嫖娼等	姜海涛（2013）；Becker（1953）

续表

比较维度	比较项	惯常行为	旅游行为	相关作者
行为心理	占有欲	相对较弱	相对较强	姜海涛（2013）
	道德感	相对较强、符合社会规范	相对较弱、忽视社会规范	姜海涛（2013）；夏赞才等（2016）
	互助倾向	—	相对更多	李志飞等（2018）
	冒险倾向	—	相对更多	李志飞等（2018）
	情绪管理	操心、易怒	不操心、不会为一些琐事而烦恼	Isabelle（2019）
	宽容倾向	—	交往呈现更加宽容的变化	李志飞（2014，2018）
	面子倾向	关系交往型和消费本位型为主	个性彰显型和文化资本型突出	郭晓琳（2015）

注：表格内容是对已有研究的总结，本书认为上述行为还存在另一个方向的转变，即与本表格总结呈现相反状态；本表格呈现的并不是提出该观点的所有作者，而是能够直接体现非惯常环境思维、二元对比思维的作者。

（二）酒店住宿情境中的非惯常行为表现

从具体情境来看，酒店住宿中旅游者的非惯常行为具体包括入住行为、电灯使用行为、叠被行为、洗澡行为、热水壶使用行为等 25 个方面。从非惯常行为类型来看，少数旅游者表现出近完全非惯常行为，大多数旅游者呈现"温和过渡"的行为状态，这意味着旅游者非惯常行为的研究在一定程度上要打破二元对立的思想。其中，近完全非惯常行为主要体现在垃圾处理、热水壶使用、毛巾浴巾使用、入住行为、酒店用品打包行为等方面，例如垃圾随手乱扔；不再使用热水壶；用毛巾当地垫；把衣架和水杯放在门把手上，以确认住宿安全；在锁孔周围塞入卫生纸；打包酒店所有一次性用品等。弱非惯常行为主要体现在衣服清洗行为、马桶使用行为、床品使用行为、洗澡行为等方面，例如只选择清洗小衣物，马桶用热水清洁后使用，频繁更换床品，洗澡时间变长等。类惯常行为主要体现在窗帘使用、吹风机使用、房间整理方面，例如确保窗帘拉完整，吹风机小心使用，房间依旧几乎每天整理等。

从具体行为的改变来看，部分行为的变化方向存在对立。如洗澡行为、空调使用行为会存在时间变长和变短两种对立转向，其次还存在更多/更少、大/小、用/不用、整理/不整理等对立变化。这就意味着，对环境而言非惯常行为既存在可持续方向，也存在不可持续方向。不可持续的非惯常行为有洗澡时间变长、洗澡频次增加、空调使用时间增加、电灯使用时间增加、电视机使用时间变长、每天更换床单、用纸巾擦身子、选择使用一次性马桶套、热水冲刷马桶圈、卫生纸垫马桶圈、烧开第一壶水倒掉再使用、不倒垃圾、房间使用脏乱、一次性用品打包等。可持续行为有洗澡时间变短、放满浴缸水泡脚、空调使用时间变短、电视机使用时间变短、减少纸巾使用、说话分贝变小、衣物清洗减少、保持房间整洁、不使用和打包一次性用品等。一般而言，非惯常行为的影响具有双向性，旅游者对自身的行为往往会有较为清晰的价值判断。例如，电灯、电视、空调的过度使用会对环境造成负面影响，但是旅游者会收获放纵带来的即刻幸福感，且部分旅游者可以意识到其行为对环境的负面影响。对于受环境影响，而不选择使用酒店的毛巾、缩短洗澡时间虽然有利于环境保护，但却会降低旅游者的体验感、舒适度，容易产生负面情绪。

（三）其他情境非惯常行为表现

在其他旅游情境中，旅游者非惯常行为会体现在餐饮选择行为、夜间休闲行为、购物消费行为、服饰选择行为、交通选择行为、早餐食用行为等方面。具体而言，餐饮行为方面，旅游者可能会呈现"出来玩就是要吃很多好吃的，暂时不考虑减不减肥，就要从早上吃到晚上""旅游很舍得花钱买吃的，不会考虑什么性价比，经常胡吃海喝，因为回家就吃不到了""很好奇家里没有的这些吃的都是什么味道的，就会一直买一直吃"等心理活动，这会导致旅游者打破惯常生活环境中的节制、健康饮食，而转变为尝鲜、放纵性饮食；旅游者的餐饮选择行为也会呈现出相反的状态，表现为吃得更小心更健康，担心担心吃坏肚子影响游览安排。关于夜间休闲行为，旅游者的休闲时间、空间和活动丰富程度都会发生变化。旅游者可能会更想体验当地的夜生活，欣赏不一样的夜景，更倾向于"逛吃"，与"宅在家里"的惯常状态大有不同，更偏好室外活动。购物消费行为可能会呈现冲动购买和格外谨慎两极分化，例如部分旅游者可能抱有"旅游地的很多产品都很贵、质量一般，买完经常后悔，所以现在出来旅游都会比在家谨慎的状态，怕被宰""导游说得很好，但是买完回家就后悔了""以往旅游经常会一时冲动买一些没有用的东西，像那些纪念品就很鸡肋，买回家爸爸妈妈也不是很喜欢，所以现在就只会买一些吃的，大家都很喜欢吃"等心理和行为，另一部分旅游者也可能因为兴奋、新鲜感、时间压力、导游压力等而产生冲动购买行为。服饰选择行为，旅游者可能怀有"出去玩总要与平时有点不一样吧，换个衣服换个心情"等想法，而穿一些舒适且彰显个性的衣服；或是因为身份匿名而能够卸下职场和生活中的"伪装"，展现真实的自己，敢于穿"奇装异服"；也可能会随着旅游地的景观特征而选择差异化服饰，视出游为一次宝贵且难得的经历，为了留下靓丽的照片，满足镜像需求。交通选择行为方面旅游者会出现公共交通和出租车选择、坐车与步行两种转向，出于体验当地生活、欣赏人文风光和节省时间、保障安全的不同考量。早餐食用行为则体现为：吃与不吃、吃的时间和种类的变化。

（四）非惯常行为归因

1. 惯习的影响

一个生活领域可能"溢出"到另一个生活领域，惯习存在迁移。尽管旅游吸引物都或多或少超越旅游者的惯常生活经验，但旅游者无法完全摆脱惯常经验的作用，旅游者的个人经历、思维方式、日常活动特点、社会关系都将随着旅游者的身体共同进入非惯常环境，其部分行为会效法日常生活的具体做法，表现主生存场的自我规范，呈现惯习的延续，而部分行为则表现为惯习交互、惯习极限、惯习失衡，即产生非惯常行为。惯习具有"无意识转移性""可转换性""持久性"特征，可分为行为惯习、心理惯习、思维惯习和身体惯习。行为惯习指个体日常生活中建立在深思熟虑基础上的行为标准和行为模式，是被旅游者认为"合适的方式"的经验结构。心理惯习包含个体的受教育水平、价值判断、个人偏好、内在需要、人格、性格、态度、经历、经验、听闻等多因素影响而形成的一种较为固定的认识状态和心理活动习惯。个体的心理活动若出现超载的情况，则会产生对环境的不适应和"心理震惊"，随之会导致心理惯习发生变化，进而影响低碳行为、从众行为或标新立异等行为的产生。身体惯习是指个体自我身体管理的习惯，承载着惯常环境的社会规范，形容个体通常感受不到自我身体存在的状态，若旅游者感受到身体失衡，则会采取新的行为。一个人若惯习的作用强度持续而稳定，则较少会产生非惯常行为表现。

2. 非惯常环境的影响

（1）旅游活动固有属性的影响

旅游的固有属性赋予旅游非惯常环境区别于其他非惯常环境的重要特征。一是后台性，个体能够短暂"抽离"惯常生活中的人际关系义务、经济、社会等约束，是一种幕后的地方。旅游者在后台可进行"动物性"放松，即会表现出打呵欠、打饱嗝、挠痒痒、扣鼻屎之类在惯常公共环境下不会出现的行为[①]。二是停留暂时性，意味着旅游活动是有限次博弈的，其发生频次较低，空间分散、重游率不高、重置成本大，因此一会降低社会规范的束缚，妨碍绿色消费意愿；二会使得旅游者格外珍视每一次出行，极端表现为"到此一游务必深刻"，留下不文明的刻画、作出出格但能满足自己内心畅爽的"不良行为"；三会引发时间压力感知进而促进冲动购买等行为变化。三是包价特征，旅游消费具有瞬时性和一次性结算，会导致游客产生"不用白不用"心理；四是悠逸性，指旅游天然隐喻着放松身心、优先享乐和舒适便捷，不太受正常角色要求和人际关系义务的束缚，能够补偿旅游者因惯常环境的设施和社会规范而压抑的需求。旅游者的"悠逸诉求"会使其产生有别于惯常环境的心理和行为，存在"倒逆"现象，一方面会降低自我节制的欲望，追求自身利益，贪图一时方便，如平日低碳行为意愿较高的个体在旅游中也会表现出环境不友好行为；另一方面会增加获得愉悦的付出，如为了满足好奇、好玩、化解无聊，无视旅游地社会规范，表现出"病态愉悦"或者翻越栅栏、站在雕塑上拍照、在禁止投喂的情况下投

---

① ［英］克里斯·希林：《身体与社会理论》（第二版），李康译，北京大学出版社2010年版，第81—82页。

喂野生动物等不文明行为。五是重塑性，非惯常环境为个体提供新的生存要素和环境要素，在某种程度上意味着"一切都是新的"，旅游者可以自拟新的角色、身份，拥有新的心情、需要和责任，进而导致行为变化。个体感知到的旅游活动固有属性越强烈，则越容易产生非惯常行为。

（2）非惯常环境特殊性的影响

惯常环境和非惯常环境的差异赋予非惯常环境以特殊属性。一是陌生性，一方面体现在"身份匿名性"带来的责任不确定、道德感降低、行为影响短暂，另一方面体现在"感知行为障碍"，由于文化差异、信息不对称、风险感知增加等，旅游者产生相应行为前会感知到知识、信息、能力、机会等的缺乏，进而表现出行为变化。二是地理差异性。一方面主客存在二元性，主要体现在主客双方的社会文化差异（文化习俗差异、公共秩序差异、人际关系差异等），以及由此产生的交流误会，表现为以"入乡随俗"为借口的放松、放纵等行为和故意为之以获得"关注"的"入乡不随俗"行为。另一方面则是由自然环境差异引致的行为变化。三是距离差异不确定性，非惯常环境和惯常环境存在虚拟空间、物理空间、文化空间等的实际差距，叠加旅游者的心理感知距离会呈现出认知变化，随着时空压缩、亲密关系网络的流动性增加、环境泡的笼罩，距离差异具有不确定性，无法完全预设，所以会导致旅游者产生摆脱日常经验、禁锢于日常经验、平衡于日常经验等不同行为。

（3）非惯常环境质量的影响

旅游者对非惯常环境有心理期待，非惯常环境质量可以由能否满足旅游者的心理期待进行衡量。依据旅游者感知的非惯常环境质量，又可将非惯常环境进一步细分为符合预期的预期类惯常环境和预期非惯常环境，不符合预期的失望非惯常环境和惊喜非惯常环境以及一种特殊情况，即没有预期的无所谓非惯常环境。

其中，预期类惯常环境是旅游者自愿选择的与惯常环境类似的非惯常，空间、文化和心理距离都较小，此时旅游者的惯常行为得到较大延续。预期非惯常环境是旅游者可以接受的合理非惯常环境，环境差异不仅符合旅游者的预期，且能够满足旅游者预期的放松、度假、在冬天感受暖阳、吃海鲜、冲浪等需求，此时旅游者的较少产生近完全非惯常行为，行为多表现为"温和过渡"或惯常行为延续。

失望非惯常环境表示非惯常环境中的自然环境、社会环境、经济环境等远未能满足旅游者心理期待，即非惯常环境质量过低，旅游者会产生"报复求平衡"心理，进而会产生破坏、放肆等负向的非惯常行为，倾向于近完全非惯常行为。惊喜非惯常环境表示环境的正向差异大，超出旅游者的预期，这会产生两种情况的非惯常行为，其一可能会表现出格外珍惜爱护环境等正向非惯常行为，其二也可能出现"嘚瑟""糟蹋"等过分享受优质环境的负向非惯常行为。无所谓非惯常环境指旅游者因某种原因对非惯常环境没有预期，即非惯常环境的质量变得并不重要，该类旅游者或无感知距离差异，较少产生"感知行为障碍"。

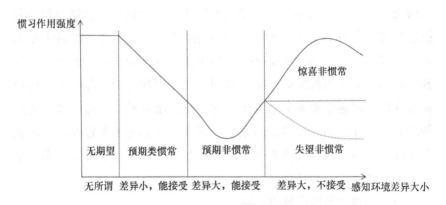

图9-2 不同非惯常环境质量类型下惯习的作用强度模型

3. "惯习—环境"的博弈特点

旅游者的惯习和非惯常环境都会对旅游者行为产生影响，根据"个人—情境"争论可以得出，不存在完全的个人化行为以及完全的情境化行为，行为具有跨情境一致性，也具有跨情境差异性，惯习和非惯常环境的相互作用中，二者主导程度的差异决定了行为的性质，可对应行为的不同状态。其中，非惯常环境质量、本我状态、稀缺性感知会调节惯习和非惯常环境的相互作用。本我状态可分为本我压抑和本我外显，前者指惯常环境中尽管现实自我与内心本我差距较大，但个体不得不服从于惯常环境的约束，本我受到压抑；后者指惯常环境中以"个人化行为"为主，"惯习"顺从"本我"，行为不受约束。稀缺性感知可分为供过于求和供不应求。供给和需求不是完全平衡的，不同状态的不对称水平会引致不同的旅游者行为。例如，当非惯常环境的影响其主导作用时，旅游者会产生近完全非惯常行为。具体而言，处于失望非惯常环境时，行为可能朝不可持续方向逆转；处于惊喜非惯常环境时，行为可能朝可持续方向逆转。但在供不应求的情况下，旅游者容忍度提高，负向行为可能相对减少。而在供过于求的状态下，则会加剧。

惯常环境中的本我压抑与非惯常环境的悠逸性、陌生性、后台性相互作用时，可能会导致旅游者主动放弃惯习，尝试不一样的行为，行为朝不可持续方向逆转。而惯常环境中的本我外显与非惯常环境的重塑性和服务性相互作用，可能会导致旅游者行为朝可持续方向逆转。同理，弱非惯常行为是惯习和非惯常环境的博弈后，非惯常环境的影响大于惯习而导致的；类惯常行为则是博弈后惯习的影响大于非惯常环境而导致的。

第二节　旅游中的恣纵消费

城市化和信息化的发展，使得惯常生活节奏逐渐加快，人们步履匆匆，难以在喘息中进行搏击。"屈服于"惯常的生活步调，他们不得不伪装自己、忍痛割爱、进退维谷。行为和意愿的失协，使得人们对周遭的环境变得麻木，逐渐趋向于"单向度的人"。而旅游非惯常环境，能够重新唤醒旅游者的意识，让麻木的思想和身体得以解放。陌生性的加持，可以使旅游者通过逃离复杂身份、责任、需求的禁锢，获得"独属于自己的时光"。旅游在某种程度上成为释放内心的"恣纵"手段，旅游恣纵消费正在发展为一个重要的旅游行为方式和旅游市场。本节将会对旅游恣纵消费现象做出基本解释，并以"圣地巡礼"为代表的"二次元旅游"为例，介绍个性化恣纵消费的基本模式以及未来发展方向。

一 新时代的旅游消费趋势

（一）旅游消费"主力军"向Z世代转变

在过去，传统旅游消费者多以"60后""70后"为主；而今，成长于商品经济时代和互联网高速发展的Z世代们（出生年份介于1995—2009年的一代人）具有个性鲜明，追求兴趣、热爱文化旅游，选择的旅游方式更加独特和多样的特点。携程旅游网发布的《2019国民旅游消费报告》指出，在通过携程预订产品的用户中，"80后"和"90后"占据了70%以上的份额，已经成为后工业化旅游时代消费者的主力军。Z世代们有着前卫而个性化的旅游理念和旅游方式。在旅行中，他们追求放任自我、无拘无束的"恣纵"（Self–Indulgent）消费体验。这种喜爱，体现在对互联网潮流的追赶，对个人兴趣的追求等方面。他们有着自己的兴趣圈子，形成了独特的"圈层文化"，对以互联网为主的虚拟世界、虚拟时尚有着很强的依赖性，能够在虚拟网络与现实世界中无缝切换，且这一代人愿意为兴趣类文化产品买单。

（二）压力感知成为自我恣纵消费的诱因

近些年来，"内卷"成为新的社会热词，内卷可以理解为一种"努力的通货膨胀"，需要做的事情的难度并不会下降，甚至更为艰难，但是能取得的收益却越来越少，这种社会现实会给迷茫的年轻一代带来莫大的压力。《职场人压力报告2020》显示，25—30岁的年轻职场人士成为近年来感知压力的主体。调研数据显示，受到疫情影响，2020年职场工作者的平均压力值为6.9，达到了近两年的压力峰值。年轻人们感觉工作"一事无成"，缺少努力的意义。面对日益增长的压力，年轻一代"逃离""放纵自我"的欲望也越来越强烈。这种"天性的释放"可以体现在恣纵消费、对虚拟世界的依赖、对个人兴趣世界的沉迷、对前往陌生环境的渴望，等等。同时，基于进化论视角的研究表明：由于环境富裕和消费主义盛行，现代消费者的自我恣纵行为将会越来越普遍①。尤其是在旅游中，旅游者脱离了原社会系统中的职能和角色约束，更容易将惯常生活环境中被压抑或者无法满足的需要展现出来②。

（三）旅游消费形式步入网络化与虚拟化

根据 CNNIC 发布第 47 次《中国互联网络发展状况统计报告》，截至 2020 年 12 月，我国网民规模达 9.89 亿人，互联网普及率达 70.4%。网络的高度普及，助力旅游业发展提质增效。从旅游营销的角度来看，利用网络"信息爆炸"的特点所进行的营销，制造出越来越多的"爆款""网红"旅游地，吸引着旅游者前往，也成为许多旅游目的地"起死回生"的法宝。对于旅游者而言，网络贯穿于其旅游的全过程，包括游前的信息搜集、游览中的导览、游览后的分享等多方面。大量的游记、攻略使得旅游者可以了解目的地的更多信息；信息化的电子导览和虚拟影像技术等使得博物馆旅游如火如荼地展开；小红书、携程、途牛等在线社区也成为旅游者游后分享的重要阵地。

网络化也促进了虚拟化的发展，旅游企业、景区纷纷进入赛道，旅游者的消费需求也渐趋虚拟化。旅游 + VR、虚拟 + 现实、元宇宙等理念的引入，使得旅游企业、景区在一定程度上摆脱了发展的瓶颈，迈向可持续发展新阶段。三维虚拟景区、虚拟地标、数字藏品，为旅游者带来了全新的沉浸式体验、购买体验，使旅游者的好奇需求和镜像需求能够同时得到满足。此外，时空边界的模糊与弱化，使得旅游者能够进行心理时间旅行，在幻想的世界里、第二人生中冒险与旅行，从而实现熵减。

二　旅游中的恣纵消费

在早期的文献研究中，"恣纵"这一概念或多或少与自我放纵、享

---

① Sharma, P., Sivakumaran, B., Marshall, R., "Impulse buying and variety seeking: A trait – correlates perspective", *Journal of Business Research*, Vol. 63, No. 3, 2010.

② 谢彦君：《旅游体验——旅游世界的硬核》，《桂林旅游高等专科学校学报》2005 年第 6 期。

乐划等号，带有一定的贬义色彩①。而随着研究发展以及社会背景的变化，恣纵行为"放纵"的罪名得以洗脱，获得了一定的正当性。针对恣纵行为的研究开始也偏于表述行为产生是行为主体对生活压力和消极情绪的补偿、对生活的享受等②。广义角度的恣纵行为，是行为主体在某种情境或心理因素的作用下，享受当下的一种状态；在这一过程中可能会在一些方面表现超出正常水平和范围，但不一定会产生负面影响和后悔情绪。具体而言，恣纵消费需要符合以下三个条件，即：（1）注重需求的及时满足③，（2）追求当下的享乐体验④，（3）在投入的时间、金钱或精力等某个方面超出常规水平⑤。

旅游作为一种脱离常规生活环境、角色责任的独特休闲方式，更容易让旅游者释放出平时被压抑的需求，产生恣纵消费行为，以实现身份熵减和需求熵减，例如买买买、尽情地做自己、享受自己的爱好等。越来越多的旅游者开始重视个性化需求的满足和旅游体验过程中的享乐价值⑥。基于此，旅游者的自我恣纵行为在未来将会越来越普遍⑦。旅游

---

① Kivetz, R., Simonson, I., "Self – Control for the Righteous: Toward a Theory of Precommitment to Indulgence", *Journal of Consumer Research*, Vol. 29, No. 2, 2002.

② Sharma, P., Sivakumaran, B., Marshall, R., "Deliberate Self – Indulgence Versus Involuntary Loss of Self – Control: Toward a Robust Cross – Cultural Consumer Impulsiveness Scale", *Journal of International Consumer Marketing*, Vol. 23, No. 3 – 4, 2011; Cavanaugh, J. R. and Shankar, S., "Producing Authenticity in Global Capitalism: Language, Materiality, and Value", *American Anthropologist*, Vol. 116, 2014.

③ Bechara, A., "Decision making, impulse control and loss of willpower to resist drugs: A neurocognitive perspective", *Nature Neuroscience*, Vol. 8, No. 11, 2005.

④ Mak, A. H. N., Wong, K. K. F., Chang, R. C. Y., "Health or self – indulgence? The motivations and characteristics of spa – goers", *International Journal of Tourism Research*, Vol. 11, No. 2, 2009.

⑤ Heather B., "Epistemic Self – Indulgence", *Metaphilosophy*, Vol. 41, No. 1 – 2, 2010.

⑥ Man – U I., "Exploring the impact of hedonic activities on casino – hotel visitors' positive emotions and satisfaction", *Journal of Hospitality and Tourism Management*, Vol. 26, 2016.

⑦ Sharma, P., Sivakumaran, B., Marshall, R., "Looking Beyond Impulse Buying: A Cross – cultural and Multi – domain Investigation of Consumer Impulsiveness", *European Journal of Marketing*, Vol. 48, No. 5 – 6, 2014; Crouch, G. I., Huybers, T., Oppewal, H., "Inferring future vacation experience preference from past vacation choice: A latent class analysis", *Journal of Travel Research*, Vol. 55, No. 5, 2016.

者的恣纵消费在决策模式[1]，偏好属性[2]以及游后满意度[3]等许多方面都与普通的理性消费者有所不同。这意味着，有必要对旅游者恣纵消费进行清晰的界定。

为了更好地理解这些新颖而独特的旅游活动，本书基于元需求的三个维度，对这些新兴人类的旅游恣纵消费进行梳理和剖析。

1. "追赶潮流"的恣纵消费——通过旅游满足镜像维度的元需求

在朋友圈、小红书、微博等平台分享旅游过程中的精美着装、高价、特殊的活动体验、精修的网红地打卡照片、完美的旅游经验等，此类与"分享、炫耀、别人去过我也要去"等良性嫉妒心理相关的恣纵消费旅游，都可以用以镜像理论为基础而展开的印象管理需求来进行解释。

镜像维度元需求是指，个体有能力感知并且在意自己在他人心目中的镜像，同时愿意为了维护这个虚拟的、并不是实体存在的镜像而分配资源、时间和精力。镜像维度元需求是社交需求的基础，即人的社交天性和人的一种本能。人类在构建并适应一个更加庞大和复杂的社会时，需要在互动中观察、模仿、理解、揣测，甚至真实地走入他人的思想和情感世界，需要个体为了适应社会规范的要求使自己变得更加"可爱"，更加合群，甚至有时候让个体做出牺牲自我利益来达到被群体接受的目的[4]。

2. "高度兴趣化"的恣纵消费——通过旅游满足好奇维度的需求

圣地巡礼、追星旅游等小众化旅游，均为满足好奇维度元需求的代

① Goossens, C., "Tourism information and pleasure motivation", *Annals of Tourism Research*, Vol. 27, No. 2, 2000.

② Albayrak, T., Caber, M., Çömen, N., "Tourist shopping: The relationships among shopping attributes, shopping value, and behavioral intention", *Tourism Management Perspectives*, Vol. 18, 2016.

③ Huang, S. (Sam), Crotts, J., "Relationships between Hofstede's cultural dimensions and tourist satisfaction: A cross - country cross - sample examination", *Tourism Management*, Vol. 72, 2019; Calver, S. J., Page, S. J., "Enlightened hedonism: Exploring the relationship of service value, visitor knowledge and interest, to visitor enjoyment at heritage attractions", *Tourism Management*, Vol. 39, 2013.

④ Gallotti, R., "An older origin for the acheulean at melka kunture (Upper awash, ethiopia): Techno - economic behaviours at garba IVD", *Journal of Human Evolution*, Vol. 65, No. 5, 2013.

表性旅游类型。"二次元"们无论如何都想去日本圣地巡礼、朝圣旅行；为了偶像的演唱会愿意飞过大半个中国，即使睡在机场也在所不惜；会愿意为一个小小的"塑料小人"而一掷千金……这些新奇而狂热的兴趣型旅游，实际上都建立于一个根本的元需求——好奇。

好奇维度对应了个体的好奇心、各种爱好、兴趣等，这些偏好并不是为了获得财富，也不是为了经营镜像，只是单纯的喜欢。从生物学的角度来看，好奇是生物进化的信息寻求本能[①]。在心理学领域，学者们认为人们对好奇的认知从最早的好奇是人的一种本能，并且偏向于好奇会带来不良后果（好奇心害死猫），而后逐渐发展到哲学家们将好奇归为一种想要获得信息的动机。Litman 提出了兴趣——剥夺理论这一概念[②]，是目前学术界对于好奇的较好解释。这一概念指出好奇心的产生可能会来自兴趣或者剥夺感两种感受。从兴趣方面看，好奇是人们乐于并主动接收新的信息的状态，这种信息往往轻松愉悦、具有娱乐性；而剥夺感则是由于人们缺少某种特定信息而产生，此时的好奇驱使人们通过探索行为减轻或者填补他们所忽视的信息。

3. "逃离压力"的恣纵消费——通过旅游满足生存维度需求

诸如裸辞旅游、慢旅游、恣纵购物旅游等，均为是满足生存维度需求的代表性旅游类型。想要逃离快节奏的生活，想要与日常的生活"失联"，彻底地放松身心。这样的旅游需求在既往研究中仅聚焦于"逃离"这一概念，然而，这种逃离实际上是人们为了更好地生存，将生活中的压力进行转换，并在旅游中获得发泄的过程。

生存（Survive）是人类进化最基本的需求，人类的一切活动都是以生存为前提的。这一维度包括了人类基本的生理需求，包括对食物、性、安全感和物质财富的渴求。从生存维度来看，缓解生活或工作的压力，是使游客产生恣纵行为的一个重要动机。自我控制资源理论认为[③]，个体

---

① Berlyne, D. E., "An experimental study of human curiosity", *British Journal of Psychology*, Vol. 45, No. 4, 1954.

② Litman, J. A., Pezzo, M. V., "Individual differences in attitudes towards gossip", *Personality and Individual Differences*, Vol. 38, No. 4, 2005.

③ Baumeister, R. F., Catanese, K. R., Wallace, H. M., "Conquest by force: A narcissistic reactance theory of rape and sexual coercion", *Review of General Psychology*, Vol. 6, No. 1, 2002; Vohs, K. D., Faber, R. J., "Spent Resources: Self-Regulatory Resource Availability Affects Impulse Buying", *Journal of Consumer Research*, Vol. 33, No. 4, 2007.

表9-2　基于元需求的旅游恣纵消费动机预判

元需求与动机预判		旅游恣纵案例	恣纵消费特征	资料来源
生存维度	缓解压力	景区暴走旅游	1. 受众多是平时工作紧张、压力较大，但有知识且有一定经济实力的人。例如医生、大学教师，IT界从业人员和一些媒体工作人员。 2. 在一个周末里会背上行囊徒步疯狂走上数十公里，边走边游。这类人群追求一种舒适愉悦的心情，在追寻自然美的前提下强身健体。 3. "景区暴走"线路中绝大多数都是沿着河道行走，但是由于有河道，其危险程度也要高许多。路程较长，"暴走一族""常备各专业设备，体力消耗也超越正常水平。	[新闻网站] https://henan.qq.com/news/yujian/068.htm#p=1 http://www.people.com.cn/GB/shehui/47/20010828/545503.html
生存维度	缓解压力	"失联"旅游	1. 在信息爆炸的时代，脱离开自己不想接受却不得不接受的信息爆炸，借此机会让自己脱离原本的社会角色，释放压力并追寻真性。 2. 追求自然界本真的乐趣与体验。 3. 旅行前知道旅游目的地无法支持手机联网，例如朝鲜（北朝鲜）目前暂未完全对外开放，手机全程无网络，漫游不支持。这会对旅游产生较大的障碍和一定的危险性。	[微信公众号] https://mp.weixin.qq.com/s/MERMrQ02hODXEpE-WLk6sQ https://mp.weixin.qq.com/s/qm-CtX4qsgYBc72pCHX5Dtg
镜像维度	印象管理	免税店购物旅游	1. 对奢侈品、名牌商品的需求，在惯常生活环境很难买到有优惠的该类商品。 2. 享受当下尽情购物的乐趣，选购自己喜欢时希望以买到的商品。花费高昂，超出自己的惯常购买能力。 3. 免税店的气氛特殊，易产生冲动购买现象。	[旅游网站] https://www.mafengwo.cn/gonglve/ziyouxing/98306.html?cid=1010617

续表

元需求与 动机预判	旅游悠纵 案例	悠纵消费特征	资料来源
兴趣 维度	满足 好奇	网红美食 打卡	1. 吸引年轻人的追捧，近年对美食"喜新性"的追求。 2. 区别于其他品牌，不设分店，只有当地有，成为地标一部分。追求从未尝试过的味蕾刺激和文化体验。 3. 因一种食物追寻到某旅游目的地，人满为患，有时却发现并不适合自己的口味，意味着不必要的金钱和时间付出。	[微博公众号] https: //m. weibo. cn/1193725273/ 4416849774 76489
兴趣 维度	满足 好奇	故宫角楼 吃火锅	1. 满足对高度还原的清宫（慈禧时代）火锅的猎奇。 2. 追求这一特定场景下的饮食体验而非味道，大多数人以打卡晒照为乐趣。 3. 人均249元（远高于一般火锅的价位），需要排队3小时，且只能在固定时间用餐（等位时间长且用餐时间苛刻）。	[微信公众号] https: //mp. weixin. qq. com/s/ m3Do4RsuibWLDcqhdoarJw
兴趣 维度	满足 好奇	赌城游	1. 75%的顾客为回头客，满足悠纵、对金钱的渴求以及刺激感，长期光顾是一种病态的旅游行为。 2. 旅游者在在追求极致的享乐，不考虑后果。 3. 在金钱、时间和成瘾性物品上投入都较大。	[新闻网站] https: //world. huanqiu. com/arti- cle/9CaKrnJXmDZ

续表

元需求与动机预判		旅游恣纵案例	恣纵消费特征	资料来源
兴趣维度	满足好奇	动漫的朝圣之旅（圣地巡礼）	1. 满足了对特定动漫场景（未知文化和目的地）的探索欲望。 2. 追求与当地人的文化接触和感受动漫中高度还原的场景为乐趣。 3.（1）由于是朝圣者主动寻找动漫中相似的场景（个人行为），并非成熟线路，在时间和金钱上的付出都会超出正常水平；（2）同时，朝圣者在寻找时为争夺"位置寻找大师"的头衔，在精力上的投入和对动漫的熟悉程度都有很高的要求。	[文献] Akinori Ono, Sumiaki Kawamura, Yasuto Nishimori, Yuki Oguro, Ryosuke Shimizu, Sari Yamamoto, Anime pilgrimage in Japan: Focusing Social Influences as determinants, Tourism Management, Volume 76, 2020, 103935, p1-3
兴趣维度	满足好奇	未知旅行实验室	1. 在完全不知道旅行线路的前提下，出于物超所值的心态，对旅行产生的好奇和期待。 2. 提供13期"未知旅行"活动，取得数亿人次的关注。 3. 在对线路一无所知的情况下，可能所去的目的地是自己完全不感兴趣的领域（平时的旅游活动没有这样的风险），造成不必要的时间和金钱的浪费。	[新闻网站] http://scroll.huanqiu.com/scrolling/2019-09/15400759.html
生存维度 兴趣维度	缓解压力 满足好奇	高空跳伞	1. 从3km的高空自由下落，享受高空中无拘无束的极致飞行体验，是一种压力的释放和对"飞翔"的好奇。 2. 追求极限运动带来的极致享受。 3. 全国只有十几个基地，体验一次费用大概3k-5k，而飞行前必要动作的教授、飞行所需的设备，1对1的飞教练等等都需要额外付费，且教练需要预约时间（活动火爆）。	[旅游网站] https://www.mafengwo.cn/gonglve/ziyouxing/285392.html

续表

元需求与动机预判	旅游怂纵案例	怂纵消费特征	资料来源
镜像维度 印象管理 / 兴趣维度 满足好奇	北欧大环线自驾游/南极邮轮游+探险游	1. 对人迹罕至的北极/南极大陆的探寻，线路的设计完全由自己掌握。 2. 追求先驱性，与众不同的旅游体验和尚未被商业开发过的极致景色。 3. 由于整条路线较难开发过，交通、通信、住宿不便，环境恶劣，这种条件下的自驾游有很强的危险性（承担的安全风险高于正常水平）。	[旅游网站] http://www.mafengwo.cn/i/124441 14.html [新闻网站] https://k.sina.com.cn/article-3164957712_bca56c1002000wta5.html
生存维度 缓解压力 / 镜像维度 印象管理	裸辞旅游	1. 为缓解工作压力造成的身心疲惫，或长期缺乏工作幸福感而产生的旅行行为。 2. 追求抛掉一切的放纵感，希望树立一种潇洒独立的形象。 3. 无条件的辞职，不考虑后路，部分频繁跳槽的裸辞人士不利于个人的职业发展，放弃了稳定的资金收入，旅游时可能面对较大的经济压力和心理压力。	[微信公众号] https://mp.weixin.qq.com/s/AEOyFz99zk6g8QXHtouQ
镜像维度 印象管理 / 兴趣维度 满足好奇	网红打卡拍照	1. 由于是网红引发起的，部分旅游者有眼风的心态。拍出好看的照片发朋友圈的虚荣心态。 2. 很多商场里面的洗手间都设计得非常豪华，奢侈。旅游者追求一种当网红的体验。 3. 占用公共资源，可能造成很不好的社会影响。	[微信公众号] https://mp.weixin.qq.com/s/KV9AwiYhb_YXW2UUxy7vjQ
镜像维度 印象管理 / 兴趣维度 满足好奇	与大翅鲸同游/鲨鱼潜等	1. 对不常见的动物的好奇心理，人类潜意识中的驯服心态。 2. 水摄、明星大神以及旅游的免签政策的带动作用，中国旅游者呈上升趋势。大多是本身对这类项目的热爱者。 3. 对潜水技能有要求，对身体素质和意志的要求都超越一般旅游项目。	[旅游网站] http://www.mafengwo.cn/i/11858762.html https://www.mafengwo.cn/gonglve/ziyouxing/266338.html

的自我控制力需要消耗自我控制资源，而个体的自我控制资源在一定时间内是一种有限的资源，个体所有的自我控制行为使用的都是同一种自我控制资源。因此，当压力引发个体信息超载时，个体有限的认知资源被占用，会导致个体无法进行充分的认知思考①，偏向选择快速、信息量小、避免认知上压力的决策；同时倾向激励个体采取行动恢复认知资源，这一过程往往会引发旅游者产生补偿性消费行为②。此时的自我恣纵行为是为了弥补某种心理缺失或自我威胁而发生的消费行为，是一种自我压力的释放③。Cavanaugh 认为个体的恣纵行为或许是出于提高自我、补偿或改善某些消极情绪的原因。例如，旅游者经常使用计划外的放纵购买来修复不良情绪或增强良好情绪④。

※研究案例："二次元"旅游
——与虚拟伙伴的相会*

在这一篇章中，本书对旅游中的行为异化进行了现象分析和理论解释，并特别对旅游中的种种恣纵消费及其背后的不同原因进行介绍。而兴趣驱动性旅游作为其中的重要一部分，由于其旅游形式新颖多样、受

---

① 杜建刚、张宇、陈禹希：《基于归因理论的悲伤情绪对消费者食物偏好影响研究》，《管理学报》2019 年第 10 期。

② 郑晓莹、彭泗清、戴珊姗：《社会比较对炫耀性消费的影响：心理补偿的视角》，《营销科学学报》2014 年第 3 期。

③ Mai, A., Rucker, H., Sorge, R., Schmidt, D., Wipf, C., "Cost – effective integration of RF – LDMOS Transistors in 0. 13 μm CMOS technology", In *2009 IEEE Topical Meeting on Silicon Monolithic Integrated Circuits in RF Systems*, 2009, January. IEEE; Pettit, N. C., Sivanathan, N., "The Plastic Trap：Self – Threat Drives Credit Usage and Status Consumption", *Social Psychological and Personality Science*, Vol. 2, No. 2, 2011; Sivanathan, Niro Pettit, Nathan., "Protecting the self through consumption：Status goods as affirmational commodities", *Journal of Experimental Social Psychology*, Vol. 46, No. 3, 2010.

④ Atalay, A. S., Meloy, M. G., "Retail Therapy：A Strategic Effort to Improve Mood", *Psychology & Marketing*, Vol. 28, 2011.

* Ji, M. J., Li, C. (Spring), "Greeting 'virtual friends'：A study on the behavior pattern of Chinese anime pilgrims", In the *International Tourism and Retail Service Management Conference*, South Carolina, America, 2022.

众广泛，近年来越来越受到关注。

近年来，随着互联网的不断发展，Z世代们得以突破时间和距离的限制，深入发展个人的爱好与兴趣，形成了多种多样的兴趣圈层，并通过多种消费方式来满足对个人爱好的需求。而"二次元"圈层，则是Z世代中接受度较广、较为成熟的兴趣之一。基于网络媒体的发展，漫画、动漫、游戏、轻小说、虚拟主播等只存在于虚拟中的故事和人物，开始被越来越多的年轻人喜爱和接受。与此同时，Z世代们也愿意为自己的兴趣买单，通过多种多样的消费来拉近自己与虚拟角色、虚拟世界之间的距离，形成独特的自我身份符号。作为一种重要的休闲方式，旅游对新兴文化有着天然的亲和力，当旅游与"二次元"文化圈层结合后，形成了包括圣地巡礼旅游、动漫展会旅游等多种新兴旅游形式。与传统的旅游动机所不同的是，二次元旅游者不仅希望参观现实世界，并且更加渴望通过旅游与虚拟世界达成联系。这种特殊的旅游兴趣背后，则蕴含着十分独特的旅游动机——幻想性好奇（Fantasy Curiosity）。本案例重点介绍了二次元旅游中较为成熟的旅游方式——圣地巡礼旅游的行为模式，并对幻想性好奇进行了解释。

一　走近"圣地巡礼"旅游

（一）拥抱"二次元"的Z世代

与更偏爱观光游览的老一辈人不同，成长于改革开放和互联网高速发展的Z世代们（出生年份介于1995—2009年的一代人），对于兴趣和休闲有着自己的看法。根据近期发布的《2020年Z世代消费态度洞察报告》和《"Z世代"群体消费趋势研究报告》，Z世代群体出生于中国经济腾飞的时期，物质条件相对充足，有着注重体验、个性鲜明、兴趣独特、高度国际化的特点，并且有着相对较强的消费能力。在以电竞、二次元、模玩手办、国风为代表的圈层文化消费市场中，Z世代占据主力。

而二次元文化作为发展相对较早、相对成熟的文化圈层，近年来的发展令人瞩目。二次元最初的意义是指维度和平面，即二维空间，随着虚拟产业的发展，二次元开始具有"泛指在二元空间建构的世界"的含义。这一概念最早来源于日本，泛指由想象构建的 ACGN 文化，即动画（Animation）、漫画（Comic）、游戏（Game）、小说（Novel）四者的合称，近年来不断发展，成为流行文化的重要组成部分。

总的来说，二次元市场有着受众年轻化、消费能力强、市场增长快的特点。随着 Z 世代们逐渐走向经济独立，陪伴他们长大的动漫文化势必对其生活的方方面面产生影响。由此可见，无论在线上市场还是线下市场，动画及广义的二次元产业都有着广泛的受众和充足的市场潜力。同时，近年来，随着虚拟文化产业的蓬勃发展，学者们发现其具有独特的虚拟与现实结合属性，有着丰富的社群文化基础和受众群体，具有独特的行为模式、旅游动机以及消费决策模式旅游者行为、旅游者对于映射于现实中的目的地有较高的忠诚度等，也具有一定研究价值以及对未来旅游消费的启示能力。

（二）何为"圣地巡礼"旅游

所谓"圣地巡礼"，是指动漫爱好者前往在动漫中出现过或与动漫内容相关的现实世界景观进行参观、朝圣的旅游行为。圣地巡礼者会选择与动画作品内容有关的取景地，或者与作品、作者、制作公司相关的场景或区域以及被粉丝认为有参观价值的场所，例如女仆咖啡厅等作为目的地进行探访。与传统观光旅游有所不同的是，许多圣地巡礼目的地并非著名的自然、人文旅游景点，而是一些普通的地方或景物；并且圣地巡礼旅游者所追寻的旅游体验，也不仅限于对现实世界的感受，而是以现实为"物质锚"，利用想象来"补完"旅游经历，以达成他们追求兴趣的旅游动机。

在既往研究中，圣地巡礼者的典型行为可能包括在"圣地"拍摄与动漫中完全相同的场景照片，以求得"打破次元壁"的感受；参与制作、购买印有动漫人物形象的纪念品；或者在旅游后分享个人的旅游体验以及对动画作品的新见解。在本案例中，巡礼者还会进行包括设计巡礼地图、在目的地找寻与动漫场景相似的景物"线索"、品尝虚拟角色吃过的食物等。而这种现象背后的原因，则在于其背后的独特动机——幻想性好奇。

在进行这样一次独特的"打破次元壁"的旅游全过程中，圣地巡礼旅游者有着十分独特的旅游行为和旅游动机。下文将对圣地巡礼者的代表性行为，以及背后所隐藏的独特动机进行介绍和解释。

二 圣地巡礼旅游的行为模式

在进行一次圣地巡礼的过程中，旅游者在行前、行中、行后都有着独特的行为模式。本书采用深度访谈、视频信息转录与网络攻略收集的方式，通过对文本数据进行编码，对巡礼者的旅游行为模式进行了总结，并选择了在不同阶段中具有代表性的巡礼者行为进行解释。

（一）行前：绘制巡礼地图

在旅行前阶段，除却出国旅游惯常所需的护照、签证、飞机、酒店等行前准备，深度圣地巡礼旅游者们还需要准备一份"巡礼地图"。由于圣地巡礼旅游中的吸引物可能并不因旅游而著名，并且很可能是日常生活景观。因此，需要一份标明现实景物、动画场景以及其位置的巡礼地图。近年来，随着智能移动设备的发展，出现了许多专门针对圣地巡礼者的线上地图服务。例如，Anime Tourism 网站（https：//anime - tourism.jp/），集合 Open Street Map 和 Google Map，提供了可供旅游者自行修改及保存的圣地巡礼地图。丰富的圣地巡礼专业网站和粉丝群组则为更为专业的深度圣地巡礼者提供了更加翔实而小众的信息。一份制作精良的圣地巡礼地图，能够更好地方便旅游者设定旅游路线，确定想要巡礼的具体目的地。通过标明巡礼地位置、在动画中出现的场景，能够更好地在旅行过程中，融入虚拟世界，达成"打破次元之壁"的体验。

（二）行中：追求"打破次元壁"之感

拍摄"还原"照片。与传统的旅游者拍照不同，动漫旅游者会拍摄具有"还原度"的照片，并将其作为圣地巡礼旅游的重要旅游经历和旅游体验。为了拍摄出这样的照片，旅游者会在旅游前选择动漫场景进行截图，并结合"巡礼地图"以更好地安排行程。当到达目的地时，巡礼者会倾尽其所能，找到最接近动漫场景截图的角度、光线，等待一班与动画中相同的列车进站，去寻找一个随处可见的平平无奇的路标。与网红打卡不同，巡礼者将他们对动画的热爱化作追寻目的地的强烈热情，用强烈的好奇探索着"熟悉"的一国土地。如图9－3所示，通过寻找最完美的角度进行观赏以及拍摄，仿佛动画的世界映射于现实世界一般。而通过这种对现实目的地的追寻，旅游者在现实世界之中，获得了虚拟世界的视觉"线索"，从而让旅游者得以更加接近幻想中的"二次元"世界。

图9－3　"夏目友人帐"圣地巡礼照片　拍摄者：林元浩

体验动漫人物所经历的生活。作为虚无缥缈的动画人物，他们所经历的一切都不过是人为编造的故事，当故事结束，他们的"人生"便戛然而止。而进行圣地巡礼，去体验动漫角色的生活，品尝他们吃过的美食，走过他们的上学路，感受他们的日常生活，用现实的经历丰富和体会虚拟人物的感受，为平平无奇的景物赋予自己独特的旅游体验，通过想象，赋予人物基于建构主义的真实性。当巡礼者想象着虚拟人物所走过的场景，走过他们所喜爱的动漫人物所走过的沙滩时，来自真实世界的感受信息填补了虚拟与现实之间的空白，为想象提供了更多真实的证据。基于此，巡礼者往往会产生"这一切都是真实的，我所爱的角色们真的存在于这个世界上"的感受和体验。

（三）行后：社群分享与重游意愿

在圣地巡礼结束后，旅游者感叹于这段"打破次元壁"的旅游经历，通过前往巡礼地点，旅游者们体验了虚拟角色的生活，并理解了角色的感受，对虚拟故事世界有了更加深入的了解，并愿意进行分享。与传统旅游不同的是，巡礼者愿意在爱好者社群中进行旅游感受分享，以期成为社群中的"意见领袖"，并通过分享获得成就感。同时，通过研究发现，圣地巡礼旅游者有着较高的旅游意愿，他们愿意前往再次前往日本，巡礼其他动漫；抑或以圣地巡礼的方式，前往访问其他国家和城市。

三 圣地巡礼旅游者的核心动机：幻想性好奇（Fantasy Curiosity）

（一）幻想性好奇的理论基础——想象力与好奇心的协奏

通过对研究材料的分析，可以发现，旅游者出于对动漫的喜爱和对目的地的好奇开展一段旅行，并同旅行中通过想象达成体验的满足。这一群体在进行旅游时不仅关注现实景物，并且更为关心如何更加接近他们所喜爱的虚拟人物。他们前往旅游的目的，不是了解景观被赋予的传统意义与故事，而是通过参观现实景观，更好地与虚拟世界、虚拟人物产生联系，并通过想象，走进虚拟人物的世界。

在本案例中，主要涉及好奇的两个分类——兴趣—剥夺性好奇和人际好奇。Litman 将基于兴趣－剥夺理论将好奇的种类分为兴趣性好奇

（curiosity as a feeling of interest，CFI）和剥夺性好奇（curiosity as a feeling of deprivation，CFD）两个种类。兴趣性好奇多表现为阅读八卦等放松的、基于兴趣爱好的好奇心，包括对兴趣的积极感知以及参与学习新信息的快感。剥夺性好奇则是由于个体感知到信息缺失的"被剥夺感"，希望能够减轻或者填补他们缺少的信息的一种冲动，可表现为努力寻找困难问题的解答，当始终找寻不到问题的答案时，会感到焦急、压力甚至烦躁，因而会产生比兴趣性好奇更多的探索行为。兴趣—剥夺性好奇主要针对广泛的信息获取进行了定义，而人际好奇（interpersonal curiosity）则更加体现了对他人、对亲密关系相关信息的探求。这种信息既包括外在的经历、生活，又包括内在的情感、想法、人格等。人际好奇又可以被具体的分为情绪性好奇（curiosity about emotions）、侦探意愿（spying and prying）、窥探行为（snooping）。然而，当旅游者所期望收集信息的对象是并不存在的虚拟角色和虚拟故事时，由于从现实世界中无法找寻到直接与其相关的信息，旅游者转而前往寻找诸如场景、角度等能够证明其"存在"的线索，追逐动漫人物的脚步，并通过想象获知其存在，进入虚拟的故事之中。

在既往针对影视旅游的研究中，一些学者针对哈利波特幻想故事的灵感起源地、《权力的游戏》剧集中的取景地的双重感知。Li 等从想象角度进行了研究，并发现旅游者会通过想象来到达幻想中的世界并证明其真实性。而实际上，这种旅游之中经历的幻想与想象并不是完全脱离现实的，而是基于现实之上的。可触摸、可观看的，与想象有关的"物质线索"更容易激发鲜活的想象。综合以上理论，本书提出了"幻想性好奇"这一理论，用以解释圣地巡礼这一新兴恣纵旅游形式的动机。

（二）幻想性好奇的定义与作用

综上所述，如图 9 - 4 所示，在本案例中，旅游者在幻想性好奇的驱动下，产生了如图所示的行为模式。

总的来说，幻想性好奇的定义可以被总结为，一种想要从现实中获取虚拟世界、虚拟角色的信息和线索，并以此为基础，通过想象填补虚拟与现实之间的鸿沟，以更加接近虚拟故事和人物的兴趣和好奇。

图 9 - 4　幻想性好奇行为模式

　　这一崭新的旅游动机可以用以解释圣地巡礼旅游者在行前对信息的搜索、行中对"打破次元壁"体验的追求以及行后想要进行分享、二次创作的原因。与此同时，这一动机也同样适用于其他想象与好奇高度参与的商业活动与旅游活动中，例如与电子游戏、虚拟偶像、视觉小说等相关的旅游与消费行为。

四　研究意义

　　"兴趣＋旅游"的发展模式，拓宽了旅游目的地的边界，为旅游目的地增添了全新的、基于虚拟的发展内涵。成长于互联网高速发展时期的"90 后""00 后"已逐渐成为旅游消费市场的主力。对他们独特旅游行为的研究，有利于在目的地开发的过程中，更好地增加旅游产品的有效供给。在个性化恣纵旅游消费日益普及的今天，通过结合圣地巡礼旅游，与 IP 进行合作，能够充分释放虚拟文化粉丝群体的旅游消费潜力，同时为目的地增加流行文化属性乃至国际影响力，更好地促进景区的长期可持续发展。例如，在国内，近年来大热的开放世界游戏"原神"以中国山水景观为灵感，设计了虚拟国度"璃月"，并借鉴了国内山水名胜的真实景色来构筑游戏场景。在此基础上，与张家界、黄龙、桂林、长白山景区进行了联动活动，在景区设置了游戏内的一些标志性建筑，吸引了许多年轻的游戏爱好者前往游览观赏。同时，由于这一游戏在国际上有着一定的文化影响力，许多外国玩家也表现出了对联动活动、对景区的兴趣。

　　有助于促进旅游目的地的发展，形成"文化产业—旅游开发—消费者内容创造"的良性循环。文化产业与旅游产业息息相关，文化赋予了旅游意义，而旅游又进一步地对文化进行了丰富。同样的，在圣地巡礼旅游的情境下，基于现实景物及文化进行设计有利于二次元文化作品更

图9-5 "原神"与桂林开展旅游合作
资料来源：原神官方社区。

加鲜活真实、容易被观者接受；而目的地也能通过文化作品的创作，获得新的吸引力。另外，在二次元作品粉丝圈中，许多爱好者会根据个人对作品的理解以及见闻，进行"二次创作"，将作品按照自我的想象进行改写或续写并进行分享，进一步丰富其文化内涵。作为动漫大国的日本，在这方面的经验相对丰富。例如，WORKS 的作品多以日本小城为舞台，并在许多不同的作品中保持相似的背景设定。这些作品在制作之初就有着希望表现和丰富地方文化的相关设计，并希望与地方政府合作，通过"圣地巡礼"来拉动经济的愿望。例如花开伊吕波取材于石川县金泽市、真实之泪取材于富山县等。随着中国文化产业的发展，与文化作品或者 IP 进行合作，并形成"文化产业—旅游开发—消费者内容创造"的良性循环，有利于为目的地增添吸引力，增加文化旅游资源，形成可持续旅游发展。

第十章　旅游者忠诚与分享行为

第一节　旅游者忠诚

一　旅游者忠诚的来源

随着近年来国民收入的不断提高，物质层面获得基本满足的人们，开始寻求身心满足的消费活动。旅游作为一个综合性强、功能维度辐射范围广的消费产品，其市场也在不断扩大。越来越多的旅游企业和目的地产品进入市场，旅游市场的竞争也日益激烈，进入了一个崭新的竞争维度。旅游企业和目的地运营者的目标，已经从单一、传统地吸引未曾来过该景区的消费者进行一次性观光游览，转变成培养"回头客"。旅游者忠诚被越来越多地被提及，已逐渐成为旅游市场的战略目标之一。

旅游者忠诚为何在竞争日益激烈的旅游市场中显得如此重要？首先，旅游市场竞争日益激烈，目的地、旅游企业间不断争夺旅游产品的消费者。如果一个目的地或旅游企业仅以"一次性吸引""一锤子买卖"为目标进行旅游产品设计和景区运营，很容易造成"留不住消费者"的尴尬局面，不利于景区和企业的持续发展，或将提前进入衰退、停滞期。培养有依赖度的忠诚旅游者才是打破瓶颈的关键。其次，顾客忠诚是企业竞争力的决定因素，更是企业长期利润最重要的源泉，忠诚已经成为战略管理的一个基本概念，被认为是企业的一项重要资产①。

---

① Thomas, L. J., Hayes, R. H., Wheelwright, S. C., "Restoring Our Competitive Edge: Competing through Manufacturing", *Administrative Science Quarterly*, Vol. 30, No. 2, 1984.

旅游者忠诚即是旅游市场内顾客忠诚的具体形式，亦会逐渐成为旅游市场战略管理不可缺少的一环。最后，具有高度忠诚的旅游者在返回惯常环境时，也会变成"零号媒介"，有意识或无意识地承担了该景区、目的地的宣传活动。具有高影响力的忠诚旅游者会带来更多新的客源，新的客源中又有一部分群体具有发展成为忠诚旅游者的潜质。至此，由旅游者忠诚带来的影响力以正向积极的"滚雪球模式"不断扩大。

旅游者忠诚的产生离不开旅游者和目的地依赖的构建与维护，可以分为身体上的依赖和情感上的依赖与认同。身体上的依赖，顾名思义，就是目的地景区与旅游者的联系是依靠旅游者身体感知上的满足感所建立的。当目的地景区的特色，刺激和满足到了旅游者的感官后，旅游者会逐渐对该目的地景区产生身体上的依赖。当旅程结束后，旅游者仍会因为所获得的感官满足而怀念该目的地，进而产生重游的想法。例如，当旅游者在北海涠洲岛的沙滩上欣赏到了绝美的日落场景，对日落的风光产生了视觉上的依赖；又或者是在云南西双版纳的小吃街里，获得了酸爽可口的味蕾体验，对独特的酸辣口感产生了味觉上的依赖，那么他们在旅游之后，仍会对这些身体感官上获得满足的体验进行回忆，甚至规划起下一次重游目的地的时间安排。

情感上的依赖又可以分为心理依赖与精神认同两个方面。心理依赖体现在旅游者在该目的地进行旅游时，发生了具有纪念意义的事情，旅游目的地便与这件难忘且有意义的事情相互缠绕，共同进入旅游者的意识中。每当旅游者回忆起该事件时，旅游目的地的信息也一同浮现。抑或是旅游者较为完整、全面地回忆需要依赖于该目的地的环境、氛围等框架。那么当旅游者想要怀念此事时，很可能会重游目的地以获得更加沉浸式的回忆体验。例如，一对夫妻的求婚仪式举行在一个特定的旅游景区内，那么这个具有里程碑意义的人生大事会带着这个旅游目的地进入他们的心中，如果想要重温当年的甜蜜回忆，必然会考虑到重游该求婚目的地。这种基于事件相伴的心理依赖，也推动和刺激着当事人建立对该旅游目的地的旅游者忠诚。精神认同是比情感依赖更深层的方面。精神认同的产生可以类似于基于事件相伴的心理依赖，比如在旅游过程中感受到当地人的热情接待，让旅游者对该目的地地产生了一种被接纳的愉悦感，进而形成了对该地的精神认同。精神认同也可能源于目的地的精神内涵与旅游者的精神准求高度匹配。精神认同驱使他们主动重游，而不是因为必须满足某一特定的依赖进行重游。

作为消费市场上的一类特殊产品，以旅游形式而产生的旅游者忠诚具有其区别于其他一般消费者忠诚的特殊性。首先，旅游者在消费旅游产品的同时也是旅游目的地的共创者。旅游是一类开放式的消费品，其制造并非由目的地和旅游产品设计者一手操办，旅游者也会在其中以其独特的角色进行共同创造，所以旅游行为具有共创性。旅游产品的共创性推动旅游者忠诚的形成和发展。其次，旅游者在对该旅游目的地产生地方依恋与认同之后，会对所在的旅游目的地产生社会责任感，进一步进行游客公民行为，印证和强化旅游者忠诚的产生与发展。最后，具有非惯常环境特点的旅游产品，会受非惯常环境所衍生的匿名性所影响。旅游者忠诚的形成和发展机制与匿名性所带来的影响密切相关，旅游者忠诚的作用也因匿名性而放大。

二 旅游体验的共创者

价值共创是旅游者忠诚产生的重要途径。在旅游体验的过程中，旅游者必不可少地会与旅游目的地中的人、事、物产生互动。旅游者会对景观进行创造性欣赏与解读，与当地工作人员、居民进行信息索取与返回，与其他游客在特定情境下进行了社交互动，构建了一些人际关系等等。在互动的过程中，旅游者会提升对体验本身的感知价值，且互动质量决定了感知价值的大小。由此，旅游体验的价值和意义不再是目的地和产品设计的单方面输出，而是需要与旅游者共同创造。

（一）旅游互动引发旅游者共创动机

旅游体验是人地互动的重要形式，在互动的过程中，旅游者成为创造、改变、完善旅游目的地产品所不可忽略的群体。按照旅游者接触的对象可以划分为旅游者与物进行互动的共创行为和旅游者与人进行互动的共创行为。

旅游者与物所构成的共创行为体现在，旅游者通过欣赏、使用旅游产品和旅游目的地中的物象，创造了心理满足、精神愉悦感等积极感知①，旅游目的地为旅游者积极情感和价值感知创造外部环境和目标对象。与此同时，目的地的产品功能和实现形式也因旅游者的参与而得到完善与提升，旅游者"活化"了目的地的静态产品与物象。例如，旅游者身穿古代服饰在古文化街进行沉浸式体验，一方面，旅游者自身会收获穿越百年的神奇体验，得到身心愉悦与发展；另一方面，着古代服饰的旅游者也自成风景，其也成为目的地形象的关键一环。此外，目的地若与此类旅游者进行合作，也会碰撞出新的娱乐、营销等价值。

旅游者与人所构成的共创行为，又分成三个部分，分别为旅游者与工作人员、旅游者与目的地居民、旅游者之间。当然，无论是旅游者面向哪个群体发生的共创行为，前提都是二者之间需要形成积极良性的人际关系互动，从而让旅游者感到功能性的满足。旅游者与工作人员、居民的共创行为发生在旅游中，通常以旅游者求助，另外一方热情周到解答所形成。沟通的双方往往具有一定的信息不对等性，这也使得旅游者感受到被依赖和保护。例如，旅游者搭乘景交车，在愉快的交流沟通中，司机热情周到地介绍景点、积极解答问题，从而让旅游者感到温暖放心，此时旅游者对该地的印象在不断地提升，共创行为显现。

（二）旅游者共创与旅游者忠诚

旅游者共创行为在旅游者忠诚的形成机制下担当着重要的角色，为旅游者忠诚的形成带来积极深远的影响。首先，旅游者共创行为将旅游产品质量带入一个正向发展的良性循环中。在景区，因为一些特定的情境（例如问路），旅游者需要与身边的工作人员或同游者进行沟通，如果最终收到的是实用的信息，且沟通过程清晰愉快，那么旅游者在后续的旅游过程中，可能会更加积极地与其他人进行良性接触与沟通，进而形成更加和谐的景区社会关系。最终，旅游者作为旅游景区的一个组成部分，无形之中也优化了整体旅游产品的形象。一个积极过程的结束，刺激另一个新的积极过程的开始。由此可见，共创行为会提高整个目的

① Prebensen, N. K., Vittersø, J., Dahl, T. I., "Value co-creation significance of tourist resources", *Annals of Tourism Research*, Vol. 42, 2013.

地旅游产品的服务质量，进而为旅游者带来正向效益，这也会激励他们发生更多、更广泛的共创行为，最终形成一个受积极共创行为驱动的旅游产品质量——旅游者体验的良性循环。

其次，良性循环深刻影响着旅游者忠诚的产生和发展。在一名旅游者还未产生旅游者忠诚之前，旅游者的共创行为就已经发生。旅游者的共创行为是旅游者忠诚的形成机制前端十分重要的一个环节。共创行为在良性循环下会逐渐培养出旅游者忠诚。起初，若旅游目的地的产品能够达到旅游者预期，满足其基本需求，旅游者的积极共创行为更容易发生。在共创行为产生之后，随着良性循环的不断推进，旅游者对目的地形成了更多积极的印象和行为。目的地也因共创行为的增加，提升了自身的质量。随着目的地的形象在旅游者意识中愈加积极，旅游者对景区产生了地方依赖，在旅游结束后，仍想要故地重游，旅游者忠诚就此产生。

三 目的地的守护者

（一）旅游者公民行为特性

1. 旅游者公民行为特殊性

消费者所作出的购买、消费行为之外的有利于地方、组织、其他顾客等良性发展的行为（比如主动参与当地环境保护与文化传播），被定义为顾客公民行为（customers citizenship behavior），2005 年，Groth 正式提出顾客公民行为的学术概念，是指在服务传递过程中，顾客自愿采取的角色外行为[1]。"公民"一词体现出顾客在使用、享受产品的同时，还主动、积极地尽到利于产品发展的义务。旅游背景下的顾客公民行为被称为旅游者公民行为（Tourist citizenship behavior），首次由 Liu 和 Tsaur 提出，将旅游者公民行为定义为旅游者自发产生的、能够推动旅游企业有效运作的利他行为[2]。

---

[1] Groth, M., "Customers as Good Soldiers: Examining Citizenship Behaviors in Internet Service Deliveries", *Journal of Management*, Vol. 31, No. 1, 2005.

[2] Liu, J. S., Tsaur, S. - H., "We are in the same boat: Tourist citizenship behaviors", *Tourism Management*, Vol. 42, No. 6, 2014.

旅游者公民行为具有特殊性，大致体现在以下几个方面：第一，旅游在一定程度上是一种体验购买，区别于一般性质的物质或功能产品购买。体验购买需要购买者（旅游者）的积极参与，只有当旅游者对自己的旅游身份积极认同，参与到旅游世界中，公民行为才得以发生。第二，旅游活动的互动属性，使得帮助行为得以发生，如帮扶贫困户、购买助农旅游产品。帮助作为一种利他行为，不属于旅游者定义下的角色内任务。第三，自然环境差异是非惯常环境魅力的重要源泉，也是旅游体验、行为产生的重要外部条件，这也使得旅游者与目的地环境的互动必然发生。在这样的过程中，旅游者会产生地方依赖、认同，参与到地方的生态保护与社会实践中。当旅游者被赋予上当地公民的行为时，自然会担当起一定的社会责任，主动保护当地生态和历史文化古迹，彰显一定的公民义务。

2. 旅游者公民行为与共创行为异同

首先，它们的产生有主被动之分。旅游者公民行为是旅游者主观上积极参与而形成的主动行为。被赋予公民角色的旅游者在使用旅游产品的同时，会主动地去履行角色外的义务。并且在发生这些利他行为时，他们是有意识的，是因为自己拥有公民身份的认同感而采取行动。相反，旅游者共创行为是旅游者被动发生的行为，旅游者需要通过与身边的人和事随机被动地接触、合作。旅游者无意识地完成了共创行为，从而获得认同感和满足。其次，两种行为在旅游产品中所属的类别性质不同。旅游者共创行为有时候会作为旅游产品的一部分展现，因为共创行为体现了旅游者和旅游目的地合作提升旅游产品质量。而旅游者公民行为不是旅游产品中的一部分，是旅游者的主观行为，并非在行为中获得旅游体验，而是在旅游中产生新的利他行为。最后，二者的侧重点不同。旅游者共创行为，侧重于旅游者参与景观的二次解读和创作，以及与目的地中旅游者与周围人际关系的和谐构建。旅游者共创行为强调以旅游者为主体的社交性和理解性。而旅游者公民行为侧重于展示旅游者尽到目的地景区的相关社会责任，尤其是生态和历史文化遗产的保护，强调旅游者被赋予公民角色下的景区方的形象维护。因此，虽然旅游者共创行为和公民行为没有泾渭分明的划分标准，但从行为的出发点和内容方面是可以作以区分的。也有研究调查显示，共创行为可以通过两种途径刺激公民行为。第一种是共创行为的出现直接促进了公民行为的产生；第二种是共创行为通过提高顾客的满意度，间接促进公民行为的产生①。

（二）旅游者公民行为的形成机制

旅游者公民行为的形成受到多个因素的影响。第一，旅游者感知价值。当旅游者有较高的感知价值时，其会对该目的地产生依赖与认同，进而产生旅游者公民行为。第二，目的地的社会责任。旅游者会对目的地做出相应的社会责任判断，目的地方社会责任体现的多少，会影响到旅游者公民行为的出现数量。例如，在一个自然保护区里，如果工作人员生态保护意识高，不产生环境破坏行为，那么旅游者相应地也会更加重视目的地的生态保护。这可以被理解成一种旅游者的模仿行为或者是学习行为。第三，团体旅行时，领队的亲和力也是影响旅行团成员公民行为的关键。其中，感知价值在领队亲和力和公民行为中起到了中介作用②。在领队（导游）亲和力的感染下，旅行团内的成员和睦相处，进而促进旅游者感知价值的提升，最终激发旅游者公民行为。在旅行团中的旅游者公民行为又可以体现为三种表现类型：促进沟通管理，为旅游过程带来和谐愉悦、对成员进行体贴与行善、激励和支持服务提供者③。第四，心理所有权（psychological ownership）对于公民行为的产生有推动作用。目的地通过适当的营销与服务，让旅游者不断收获心理所有权。在心理所有权的刺激下，旅游者感知到自身对于目的地的控制权，从而激发旅游者的公民形象，进行公民行为。

（三）匿名性下参与构建的旅游者忠诚机制

在匿名性本质的探讨中，有一个可以用来解释匿名性与旅游者忠诚

① Assiouras, I., Skourtis, G., Giannopoulos, A., Buhalis, D., Koniordos, M., "Value co-creation and customer citizenship behavior", *Annals of Tourism Research*, Vol. 78, 2019.

② Tsaur, S.-H., Yang, T.-L., Tsai, C.-H., "Tour leader likeability and tourist citizenship behaviours: Mediating effect of perceived value", *Current Issues in Tourism*, Vol. 24, No. 18, 2021.

③ Liu, J.S., Tsaur, S.-H., "We are in the same boat: Tourist citizenship behaviors", *Tourism Management*, Vol. 42, No. 6, 2014.

产生联系的观点：角色论。角色论强调的不是匿名的内容和匿名本身，而是匿名性背后的角色扮演和身份认同功能。个体利用匿名性创造一个特定的代号，在固定且长期与其他代号的互动或资讯交流中，塑造这个代号的特性①。代号慢慢有了自己的身份认同，其实也是代号背后个体的人格心理的外化体现。代入旅游的视角，得益于匿名性的存在，旅游者可以重新塑造身份符号，并在与目的地的互动中发展新的身份符号，参与交际互动、价值共创。通过匿名性的影响，借助新角色的构建和维持以达到培养旅游者忠诚度的目的，这也是旅游者忠诚度特殊性的又一体现。匿名性为旅游者忠诚度带来积极影响的机制大概划分为以下两种情况。

第一，旅游者在旅游时运用匿名性构建出新的角色，以达到离开惯常环境和摆脱惯常压力的目的。一般而言，惯常环境的身份角色是压力的重要来源。旅游者会通过暂时性解除原始角色，在非惯常环境中构建一个让自己舒服的新身份，来摆脱惯常环境的压力和消极情绪。在非惯常环境中体验熵减，使得旅游者能够重新获得返回惯常环境对抗熵增的能量，能够在一定程度上继续或调整先前的角色。如果旅游者发现匿名性只能在某一特定的旅游目的地发挥积极作用，或者在该地收获的快感最多，那么其就会对该旅游目的地产生旅游者忠诚。

第二，旅游者对自己在旅游地构建的新角色产生了依赖，就需要回到该目的地进行所构建角色的维护与更新。有些时候，旅游者在目的地构建的新身份不一定是为了摆脱固有身份，消除消极影响。有一些旅游景区在设计时，可能就会让旅游者通过新的角色扮演收获更加完善、高级的旅游体验。构建一个与景区环境相互呼应的角色也是一部分娱乐性景点的体验项目之一。此时的旅游者并不是主动地利用匿名性达到体验身份熵减的目的，而是被动地被赋予了一个新得角色。如果这种匿名性参与的体验产品最终为旅游者带来积极的感知，那么旅游者也会产生喜爱、依恋之感，从而培养出一定的旅游者忠诚。例如，角色扮演类景区，景区的环境氛围和活动设计会让旅游者戴上一张"面具"，令其感

---

① 张再云、魏刚：《网络匿名性问题初探》，《中国青年研究》2003 年第 12 期。

受到隐匿的、非惯常的自我，若其沉浸于新的身份，或将定期返回，以维系新身份。

※研究案例：满意一定会重游吗？
感官印象的作用机制[*]

旅游者对目的地的态度主要由什么形成，是抽象的目的地形象还是具体的感官印象？理论上，创造一个独特的目的地形象被认为是提高旅游者忠诚度的有效手段[①]。然而在现实中，即使是一个成熟且成功的目的地，在确定自身形象和品牌定位时也会面临定位不清、形象重合等挑战。不断鼓励旅游者的探新求异行为，也未必是解决目的地形象的一劳永逸之策。事实上，对于目的地形象（认知或情感）的不同组成部分与旅游者目的地忠诚度之间的关系的大小和方向，文献中似乎没有达成共识[②]。例如，旅游者可能对某一特定目的地有着清晰而积极的形象，但对该地的参与和情感依恋不够强烈，从而并不会重游[③]。

旅游者忠诚从何而来？这个问题是否有其他答案可以解释？感官印象，或许可以独辟蹊径，从新的视角诠释旅游者忠诚。

人们普遍认为，如果不认识到我们通过感官与世界联系，就无法理解人类行为[④]。与主流观点假定个体通过解释外部环境的刺激和灌输来形成目的地感知形象的理论不同，感官印象理论采用自下而上的观点，

---

[*] Lv, X., Li, C. (Spring), McCabe, S., "Expanding theory of tourists' destination loyalty: The role of sensory impressions", *Tourism Management*, Vol. 77, 2020.

[①] Chi, C. G. Q., Qu, H., "Examining the structural relationships of destination image, tourist satisfaction and destination loyalty: An integrated approach", *Tourism Management*, Vol. 29, No. 4, 2008.

[②] Zhang, H., Fu, X., Cai, L. A., Lu, L., "Destination image and tourist loyalty: A meta-analysis", *Tourism Management*, Vol. 40, No. 1, 2014.

[③] Prayag, G., Ryan, C., "Antecedents of tourists' loyalty to Mauritius: The role and influence of destination image, place attachment, personal involvement, and satisfaction", *Journal of Travel Research*, Vol. 51, No. 3, 2012.

[④] Krishna, A., Schwarz, N., "Sensory marketing, embodiment, and grounded cognition: A review and introduction", *Journal of Consumer Psychology*, Vol. 24, No. 2, 2014.

强调外部世界通过感官到达个人，由此产生的身体经验的长期记忆对人们的态度和行为有直接影响[①]。为了更全面地了解感官印象是否与目的地忠诚度相关以及以何种方式相关，我们需要进行更详细的研究，以检验此类印象与传统目的地忠诚度测量和概念的比较。与目的地形象测量相比，感官印象的影响之间的关系（和差异），以及感官印象是否可以整合到目的地忠诚度的现有理论模型中，都产生了一些基本问题。具体来说，如果控制性目的地形象的影响效用（即增量有效性），感官印象是否可以提供额外的预测能力来解释目的地忠诚度？

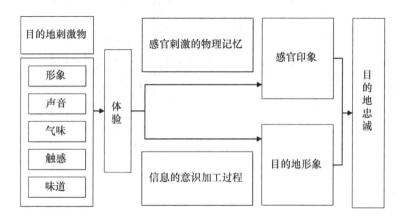

图 10 - 1　感官印象和目的地形象之间的差别

为解决这些问题，本研究以中国西南部著名的遗产旅游目的地黄龙溪为重点，基于不同类型的数据进行了三个渐进式研究，通过多层次的验证过程，探讨感官印象在理解目的地忠诚度方面所扮演的独特角色。

一　研究设计与发现

（一）感官印象对目的地忠诚度的影响

研究 1 从马蜂窝网站获取黄龙溪一千余份在线评论数据。首先使用

①　Agapito, D., Valle, P., Mendes, J., "The sensory dimension of tourist experiences: Capturing meaningful sensory – informed themes in Southwest Portugal", *Tourism Management*, Vol. 42, No. 3, 2014.

表10-1　研究框架

研究	研究对象	验证水平	数据来源	模型	模型验证
研究1	验证 SI 对忠诚的解释力	校标效度	在线评论	SI_Positive、SI_Negative → Loyalty	单因素方差分析、回归分析
研究2	区分 SI 和 DI 对忠诚的解释力	增益效度	实地实验	SI、DI → Loyalty	层次回归
研究3	检验 SI 是否可以嵌入到现有的忠诚法则网络中	法则效度	问卷	SI、DI → PQ、PV → SA、Loyalty	结构方程分析

注：SI_Positive=积极感官印象，SI_Negative=消极感官印象，SI=感官印象，DI=目的地形象，PQ=感知质量，PV=感知价值，SA=满意度。

内容分析法对原始数据编码，并提取与每种感官感觉和目的地忠诚度相关的所有表达。在最后三分之一的评论中没有出现新的感官印象编码，这表明数据达到饱和，并且确定的变量的有效性得到了确认。总共从评论中提取了 31 项感官印象（正面和负面），并统计了每个感官印象的频率。对于感官印象变量，五种感官（视觉、听觉、味觉、嗅觉、触觉）中任何一种的相关表达的出现频率对在正面感官印象或负面感官印象的维度下增加 1 分，该评价分数被用作满意度的测量指标。基于在线评论发现积极的感官印象对忠诚度有积极的影响，而消极的感官印象对忠诚度有消极的影响。

总体而言，69% 的评论样本包含正面感官印象，13% 包含负面感官印象，6% 的样本包含正面和负面感官印象。76% 的人对感官印象有清晰的表达，平均每条评论有 1.81 个感官印象。视觉印象占主导地位，占代码的 54%，56% 的样本包含某种视觉印象。味觉印象是第二常见的，其次是触觉、听觉和嗅觉。为了检验感官印象、满意度和忠诚行为之间的联系，正面和负面印象被用作自变量。忠诚度作为因变量，评论中的图片数量作为控制变量。满意度被用作感官印象和目的地忠诚度之间的中介变量。利用三步回归法进行分层回归，积极和消极的感官印象都与旅游者满意度和目的地忠诚度相关，但是负面的感官印象影响更大，其中满意度是部分中介变量。

基于这些结果，我们可以认为，旅游者在评论网站上留下的目的地评论确实显示了感官印象的证据，并且它们似乎是旅游者满意度和忠诚度的影响因素。然而，由于某些外部因素，如赞助帖子，一些在线评论可能会有偏差，研究 1 中使用的评论数据包含有限数量的有效忠诚度代码，这可以解释回归模型（R^2）。因此，需要进一步的证据来探索感官印象和忠诚行为之间的联系。此外，在线评论数据不能用于检查感官印象和目的地形象之间在概念层面上与忠诚行为的联系的差异。因此，通过使用更严格的实验数据，研究 2 需要证实这些关系，并根据经验比较这两个构念。

（二）感官印象与目的地形象的比较

研究 2 采用实地调查法，招募了 40 名被试者前往黄龙溪一日游。

旅游前一周，被试者被要求搜索目的地的信息。在前往目的地的途中，被试者需要填写一份关于黄龙溪的目的地形象和感官印象的问卷。返回后，要求被试者再次填写问卷。这一次，除了与目的地形象和感官印象相关的问题外，问卷还包括测量满意度和忠诚度的问项。

由于目的地形象更为抽象，涵盖目的地的方方面面，因此，在以往的研究中，具有更多文字和详细描述的旅游笔记是提取目的地形象变量的常用数据资源。为了与现有研究相一致，从马蜂窝网站获取了 50 份旅游笔记（约 10 万字），用于提取黄龙溪的形象属性，然后使用研究 1 中获得的在线评论来验证目的地形象编码数据的完整性和准确性。将这些编码的形象属性与文献中确定的属性类型进行进一步比较，然后进行过滤和修改。最后，产生了 12 个认知和 4 个情感意象项目。忠诚度通过询问"重游意愿"和"向他人推荐的意图"来衡量。

为比较旅行前后目的地形象和感官印象的变化，进行了配对样本 T 检验，以揭示这两个概念之间的差异。二者均在旅游后产生显著变化，而感官印象的变化幅度更大，尤其是听觉、嗅觉、味觉和触觉印象。而后回归分析表明感官印象与忠诚度有着非常密切的联系，进一步的逐步回归证明，感官印象在解释目的地忠诚度方面比目的地形象表现得更好。

（三）将感官印象整合到旅游者忠诚的网络中

研究 3 目的在于验证前两项研究结论的稳健性，并比较感官印象如何与作为理论构念的形象和忠诚度相关联。在研究 2 的基础上增加了解释目的地忠诚度的常见概念，其中以目的地形象为自变量，感知质量、感知价值和满意度为中介变量，忠诚度为因变量。感知价值由三个维度组成：时间价值、金钱价值和努力价值。这些数据是通过向黄龙溪停车场的游客随机发放调查问卷收集的，这些旅游者在游览结束后刚刚回到自己的车上。共发放问卷 509 份，回收有效问卷 323 份。通过结构方程模型证明感官印象与感知质量、价值和满意度等构念相关。

此外，通过比较是否加入感官印象的结构模型，发现与目的地形象模型相比（没有加入感官印象），加入感官印象的解释力显著增强。每条路径的影响都非常显著。感知质量、感知价值和满意度在目的地形象对忠诚的影响中起中介作用；他们还中介了感官印象对忠诚度的影响。同时，感官印象对其他变量的直接效应系数显著，这意味着感官印象对模型中的所有其他变量都有很好的解释力。此外，感官印象和目的地图像之间的路径系数的比较再次证实了直接和间接效应大于目的地形象。

二 研究启示

1. 理论启示

研究从具身认知视角来研究目的地感官印象，探索旅游者的目的地忠诚度。与研究心理过程不同的是，具身认知视角认为身体感受对旅游者态度和随后的行为有直接影响。它强调了感官作为信息接收工具的重要性，更重要的是，这些身体感受可以被认为是潜意识的触发器，从而导致满意或忠诚行为等结果，这为理解目的地忠诚度提供了一个新视角。

2. 实践启示

就实践发展而言，感官营销理论已经证明了感官体验的营销潜力，特别是对于旅游目的地来说，旅游资源的发展，丰富了感官体验。首先，目的地营销组织应将感官印象构建到旅游体验的设计中，本研究结论表明，感官印象与感知质量、感知价值、满意度以及更重要的忠诚度密切相关，特别是旅行后，感官印象对旅游者推荐和重游意图的影响大于目的地形象的影响。且目的地不仅要注意视觉景观的建设，还要考虑创造多种感官景观，这样，旅游者的体验就可以扩大到创造多维的感官印象，有助于目的地获得竞争优势。

第二节 旅游者分享的涟漪效应

网络时代的来临、智能手机的普及，让传统的旅游六要素转变为七要素，即"食住行游购娱＋分享"，旅游分享成为旅游经历的重要一环。旅游者愿意使用社交媒体或是面对面的形式进行分享，以多次描绘、重建、重温他们的旅行经历。分享行为也不断地调节着旅游者自身的旅游体验和游后福祉①。旅游者的分享行为不仅能创造有意义的旅游体验，也能通过游后分享积极经历提升旅游者的积极体验，减少消极体验，从而促成对当次旅游活动更积极的总体评价②。甚至，通过旅游积极事件的分享，旅游者可以更容易地在惯常生活中体验到积极情绪和生活满意度。此外，旅游分享行为对旅游者而言也是一种反思行为。旅游者对旅行经历和遇到的问题进行回忆的反思和刺激对个体变革有重要作用，并引导旅游者开启有意义的生活改变③。在多种涉及个体福祉的变量背后，是信息分享行为中所携带的旅游能量。旅游活动产生的个体能量可以通过分享行为被重新唤醒，每次唤醒都会对旅游者的个体能量进行再次赋能，由此产生旅游者寻求从未来的旅游活动中获得新的旅游能量的动机。不仅如此，信息分享者与阅读者在双方的互动中交换信息并分享各自的情绪状态，形成自身的认知和行为倾向，最终建立群体内的关系联结、维护社会关系④。由此，旅游能量不仅作用于旅游者自身，也能通过分享行为波及扩散到原本与这次旅游活动无关的信息受众。

总而言之，旅游能量通过分享行为，在旅游者自身的生活中延续，同时也向信息的接收者传播扩散。旅游能量的扩散范围逐渐扩大，使得越来越多的个体通过分享行为而受到旅游者当次旅游活动的余波影响，正如石子投入水中产生的涟漪，即产生旅游分享的涟漪效应。而旅游分享所产生的这种双向涟漪效应，即个体生活延续的纵向能量传递和群体互动之间的横向能量传递，也是旅游特殊性的重要体现。

一 旅游者分享的动机和过程

大部分旅游者都有过分享旅游体验的经历，调查发现受过高等教育

① Ye, H., Tussyadiah, I., Fesenmaier, D., "Capturing the phenomenon of tourism experience as a foundation for designing experiential brands", In *The 14th Annual Graduate Student Research Conference in Hospitality & Tourism*, 2009.

② Kim, J. (Jamie), Fesenmaier, D. R., "Sharing Tourism Experiences: The Posttrip Experience", *Journal of Travel Research*, Vol. 56, No. 1, 2017.

③ Kirillova, A., Maxson, R., Stoychev, G., Gomillion, C. T., Ionov, L., "4d biofabrication using shape-morphing hydrogels", *Advanced Materials*, Vol. 29, No. 46, 2017.

④ Munar, A. M., Jacobsen, J. K. S., "Motivations for Sharing Tourism Experiences through Social Media", *Tourism Management*, Vol. 43, 2014.

的年轻群体、女性群体，以及在旅游过程中对使用社交媒体感兴趣的群体，更容易表现出的分享意愿①。旅游者愿意参与分享的原因可以从内部、外部动机两方面进行理解。内部动机包括：自我提高、自我认同、自我表现、感知愉悦、自我记录与分享、认知动机、关系动机（如获得社会联系与支持）、增强自尊、寻求旅游信息等；外部动机包括：外在奖励、互助利他等，如获得金钱奖励、帮助社区提升可持续发展水平、帮助旅游者最小化决策风险等②。其中，社交动机对知识分享行为影响最为显著③，感知愉悦是旅游后信息分享的主要动机④。此外，有研究显示，内部动机比外部动机对分享意图的影响更大。核心动机的潜在满足，尤其是认知动机和关系动机，是推动社会分享的重要力量。

　　从分享的时间和计划性来看，旅游者的分享可能是在旅游前已经计划好的，也可能是在旅游的过程中，抑或是旅游结束回忆时的有感而发。不同的分享时间，决定了分享内容、平台、对象的差异性，也将会产生不同的涟漪效应。一般而言，旅游前的分享充斥着旅游者对非惯常环境的期待，例如与同游者反复讨论行程，在决策的过程中进行心理模拟；在旅游社区进行信息搜寻，分享自己的旅游预期，以寻求帮助；与身边的人分享即将出行的喜悦等，多为反映积极情绪的内容。旅游中和旅游后则多以表达意见和分享旅游经历为主，例如在美团、大众点评等具有评价、赋分功能的平台进行产品评价、种草、避雷经验分享；与亲朋好友面对面分享旅游中的囧事和趣事。旅游者所分享的内容可对应知识型信息或个人的情感经验⑤，既有反映积极情绪的内容，也有体现挫

① Amaro, S., Duarte, P., Henriques, C., "Travelers' use of social media: A clustering approach", *Annals of Tourism Research*, Vol. 59, 2016.

② Munar, A. M., Jacobsen, J. K. S., "Motivations for Sharing Tourism Experiences through Social Media", *Tourism Management*, Vol. 43, 2014; Pearce, P. L., & Wu, M. Y., "Chinese tourists' on-site experience in Florence: Applying the orchestra model", *Chinese outbound tourism*, Vol. 2, 2016.

③ 蔡剑、詹庆东：《研究生群体网络信息分享行为动机研究》，《图书情报知识》2012 年第 2 期。

④ Ayeh, J. K., Au, N. and Law, R., "Predicting the Intention to Use Consumer-Generated Media for Travel Planning", *Tourism Management*, Vol. 35, 2013.

⑤ Mariani, M., Ek Styven, M., Ayeh, J. K., "Using Facebook for travel decision-making: An international study of antecedents", *International Journal of Contemporary Hospitality Management*, Vol. 31, No. 2, 2019.

折感或抱怨的消极内容①，且内容的起伏、详略、情绪效价往往取决于分享者所认为的听众希望听到的内容，以及其自身想要呈现的内容。分享载体以旅游照片最为常见②，但也因具体内容而异。认知信息多以文本进行分享，体验信息多通过音频或视频的渠道。

依托柯林斯的互动仪式链理论，我们可以将旅游分享行为视作一个共同的仪式。该理论认为，人们的一切互动行为都发生在特定的情境中，而情境中的互动仪式是一个具有因果关联与反馈循环的链条。一个完整的互动仪式应该包括4个构成要素：（1）群体聚集（身体共在）：两个或两个以上的人聚集在同一场所，因此不管他们是否会特别有意识地关注对方，都能通过其身体在场而相互影响；（2）排斥局外人的屏障：对局外人设定界限，因此参加者知道谁在参加，而谁被排除在外；（3）相互关注焦点：人们将注意力集中在共同的对象和活动上，并通过相互传达该关注焦点而彼此知道了关注焦点；（4）共享的情感状态：人们分享共同的情绪和情感体验。其中，相互关注焦点和共享的情感状态是最重要的两个要素，仪式要素之间相互反馈、通过有节奏连带的反馈强化。通过符号互动与成员间的身份认同，最终产生仪式结果，即a.群体团结：一种成员身份的感觉；b.个体情感能量：一种采取行动时自信、兴高采烈、有力量、满腔热忱与主动进取的感觉；c.社会关系符号：标志或其他的代表物（形象化图标、文字、姿势），使成员感到自己与集体相关；d.道德感：维护群体中的正义感，尊重群体符号，防止受到违背者的侵害③。

旅游信息分享行为的仪式过程如图10-2所示，旅游者分享的渠道（线上/线下）决定了群体聚集的方式，需要强调，线下分享是一种意义共在，线上分享被汇聚起来的不是身体本身而是意义符号；旅游者分享的对象是否拥有与旅游者相似的经历决定了分享者与受众间情感屏障

① Sparks, B. A. and Browning, V., "The Impact of Online Reviews on Hotel Booking Intentions and Perception of Trust", *Tourism Management*, Vol. 32, 2011.

② Lo, K. H., Hui, M. N. Y., Yu, R. M. K., Wu, R. S. S., Cheng, S. H., "Hypoxia Impairs Primordial Germ Cell Migration in Zebrafish (Danio rerio) Embryos", *PLoS ONE*, Vol. 6, No. 9, 2011.

③ [美] 兰德尔·柯林斯：《互动仪式链》，商务印书馆2009年版。

的有无;分享者的分享动机也决定了互动中彼此的关注对象。互动的过程也会有多种表现形式,例如,社交媒体受众会对分享者的信息展开讨论或仅为简单的点赞、收藏以示认同、喜欢。同样,面对面的听众也会给予面部表情、手势、语言等反应。不同的反应和互动行为会影响情感状态共享的结果。群体聚集、排斥局外人屏障、相互关注的焦点、共享情感状态四个仪式组成要素将直接导致仪式的结果,即情感能量的传递结果。而旅游的特殊性将影响情感能量的传递方向,即旅游是从惯常环境出发、前往非惯常环境最终返回惯常环境的闭环,此时旅游者身份会发生变化,旅游者面对的环境主体也会发生变化,即产生旅游者自我—惯常自我、旅游者—非旅游者群体的变化,所以分享引致的互动包括旅游者自我与惯常自我的互动、旅游者与群体(非旅游者)的互动两种形式。

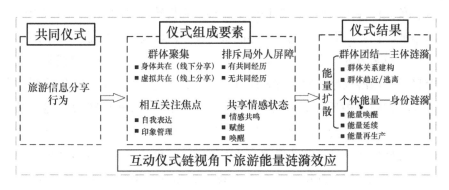

图 10 - 2 互动仪式链视角下旅游能量涟漪效应

二 旅游者分享的效应

信息分享是社会化进程的重要标志,它能够帮助社会和群体搭建情感和信息沟通的桥梁,建立联结纽带。信息分享具有促进积极情绪、维系成员间的互动关系、促进合作和社会联系、提升相关成员记忆的完整性、促进个人及群体认同等有利于人的发展的正面效益,同时信息分享还具有促进平台的建设与发展、提升产品或社区的知名度等利好。具体在旅游领域,旅游者分享对旅游者自身、受众、社区和第三方都有重要意义。对于前两者而言,旅游分享行为的结果效应即产生能量扩散,旅游者身份的转变（旅游者自我—惯常自我）对应身份涟漪，产生个体能量唤醒（如身体能量、心理能量、情感能量、道德能量、需求结构改变能量等）、延续与再生产，旅游者面对的环境主体改变，对应（旅游者—非旅游者）主体涟漪，产生群体团结、群体关系符号。对于社区和第三方而言，旅游者分享的效应更多地体现在能量涟漪后的忠诚（宣传、重游等）。

身份涟漪。从分享时间的视角切入，旅游前的分享是心理时间旅行的基础，能够帮助旅游者完善对目的地信息的搜寻，产生更为清晰的预期，在旅游前的一段时间内保持愉悦的心情，此时的能量由想象的旅游自我向现实中的惯常自我传递。旅游中的即时互动能够增强旅游体验的获得感、降低非惯常环境陌生性带来的风险感知，同时也能够缩短负面情绪的持续时间，阻隔负面事件的发酵，帮助旅游者及时止损，例如最大化负面体验的分享，一定程度上能够起到情感宣泄的作用。旅游中的分享或将使得旅游者自我的情感能量即便出现波动，也能够整体维系在一个相对积极的状态。旅游后不管是口头的经历叙述，还是依托于在线社区写下旅游攻略，对旅游者而言都是对旅游经历的重温，能够唤醒其在非惯常环境中所体验的身份熵减、需求熵减、时间熵减后的能量感知。尤其是，当受众对分享者所分享的内容作出支持性回应时，分享者会有更好的能量掌控和获得感，从而能够将其延续至对抗惯常环境中熵增中，实现非惯常环境（旅游者自我）到惯常环境（惯常自我）的能量涟漪。

但同样需要强调，分享也会带来负面效益。例如，旅游者满心欢喜地分享自己在目的地打卡的景点、美食，但却会收到"本地人从来都不去""这都是骗外地游客的""真正好吃的地方都在……"等负面回应，这在一定程度上会带来负面情绪，破坏旅游者的积极回忆，导致能量涟漪的中断。

主体涟漪，即分享者的情感能量会传递给受众。互动仪式所聚集的群体存在异质性，不仅存在有共同经历的局内人，还存在无共同经历的局外人。其中局内人和局外人都可以进一步划分为陌生人、强关系、弱关系熟人。群体异质性会使得互动仪式过程和能量扩散路径发生变化。

一方面，不同的关系强度会导致旅游者对相同体验的分享意愿产生明显差异，强关系更注重情感的联结与互动，弱关系则更重视认知或信息方面的影响①。这意味着，关系强度会调节互动和扩散路径。基于强关系的互动，分享者更注重情感表达和印象管理，其所传递的能量多为心理和情感能量。由此，受众可能更容易产生情感联结，且更愿意表达真实情感态度，促进群体关系的正向发展。其中，强关系中有共同经历的群体，能够识别共有的符号特征，从而获得更多的情感能量。无共同经历的受众可能通过互动产生临场感，进而产生拥有相同身份符号、融入互动仪式的意愿（产生去同一个旅游地旅游的意愿），例如，分享者的信息会影响他们对目的地的搜寻与决策、对目的地形象的想象、对旅游体验的预期等，进而引发旅游意向，产生旅游行为，成为旅游者，在此互动模式中完成身份的转换②；而在陌生关系或弱关系中，分享者和受众都会有选择性地进行分享，这将影响情感能量传递的连续性。其中，由于群体间原本的情感联结较弱，无共同经历则或将会扩大关系强度的影响，进而会产生群体排斥和群体抗拒，而有共同经历则会缩小关系强度的影响，将互动聚焦在事件和能量本身。此外，关系强度也将影响受众良性嫉妒的产生，以及由此引发的旅游意愿。

对于旅游社区和第三方而言的能量传递。互动仪式的过程和结果都会对旅游社区和第三方的发展带来重要启示。首先，旅游社区和目的地需要意识到旅游者分享对于营销的意义。一方面，旅游者通过社交媒体分享不满意的旅游经历可以减少对旅行的负面看法，并提高旅行后的评价，这将有利于提升目的地的旅游形象、口碑、知名度与吸引力。另一方面，分享者所讲述的经历起着重要的作用，是容易引起身份共鸣、被选择相信的重要信息。其次，需要重视互动仪式的结果对旅游意愿的影响。对于有共同经历的群体而言，旅游目的地需要挖掘互动过程中的关注焦点，其或将成为重游的重要推力；对于没有共同经历的弱关系或陌生群体，在线社区和目的地都需要关注群体排斥的现象，防止群体愤怒

---

① Ukpabi, D., Karjaluoto, H., "Consumers' acceptance of information and communications technology in tourism: A review", *Telematics and Informatics*, Vol. 34, No. 5, 2017.

② 朱竑:《中国旅游发展笔谈——旅游领域的认同研究》,《旅游学刊》2020 年第 11 期。

转移至群体聚焦的在线平台或目的地中，进而降低对平台的使用黏性，削弱旅游意愿。对于此类现象，在线平台或应积极发展社区生态，旅游目的地的宣传或应从注重情感转移至认知要素的吸引力。

旅游者的分享是完整旅游过程不可或缺的一环，其具有重要的个人和社会福祉，需要被重视和探究。

第四篇
旅游思维及其应用

第十一章　旅游研究思维

第一节　旅游学科研究的现状与问题

旅游学是什么？旅游学科是怎样的学科？这些是被持续讨论，却并未形成统一观点的问题。申葆嘉老师曾指出旅游学的出现是因为需要对错综复杂的旅游现象进行以"事实证据来支配"的系统化解释①。而由于旅游现象的综合性、内外部关系复杂性等特征，使得学者在进行系统化解释的过程中，出现了不同的学科切入点，诸如新闻传播学、经济学、金融学、管理科学等。这些来自不同学科的研究往往是将母学科的专业理论与技术应用到旅游场景之中。虽然对于更好地理解旅游现象提供了很有价值的视角，但是受到母学科的思维限制以及对旅游特殊性深刻把握的缺失，这样的"旅游研究"难免流于借别人的理论来分析旅游问题的层面，对于旅游学科自身的思维方式发展与理论体系构建作用甚微。旅游学科基础理论体系的缺失使得旅游学科虽枝叶交叉，但树干却"营养不良"，给人留下了"上手快""门槛低""易嫁接""易产出"的刻板印象，缺乏向其他学科进行理论输出与知识外溢的能力。旅游学想要发展、旅游学科想要进步，需要意识到现存问题的严重性，明确自身的独特性和研究任务，进而形成旅游学独立的研究范式和知识体系。

关于旅游学和学科发展的现存问题，很多学者参与了学科反思。宋

① 申葆嘉：《旅游学原理》，中国旅游出版社2010年版，第2页。

子千认为研究对象的分散和研究深度的丧失，成为阻碍旅游学科独立发展的内在建制问题；应用层面的研究导向使得旅游现象成为被其他学科分割剖析的对象，而非旅游理论产出的知识积累①。Echtner 和 Jamal 认为旅游知识体系和跨学科研究方法的缺失致使旅游基础理论薄弱②。

　　谢彦君和李拉扬指出旅游学存在不可通约性的问题，即不同学科背景的学者使用母学科固有的范式和方法对旅游现象进行研究，这导致了研究结果之间由于不兼容、甚至冲突的范式观点而无法沟通。不可通约性会限制学术交流、旅游独有理论产出和旅游知识共同体的形成③。专门的方法和理论的缺失，也是造成旅游学科很难区别于其他学科的重要原因。朱峰等指出，旅游者的身份联结和学科归属感薄弱，造成了学术交流的缺乏。同时，越来越多的年轻学者似乎也开始离开旅游研究。这势必也会造成"分一杯羹就走"的研究心理，难免使得旅游的学术成果走向功利化趋势。

　　归根结底，旅游学科的现存问题是研究对象不明确、主要矛盾不突出、理论碎片化、学科特殊性不明确、学者归属感低。解决上述问题，是一个需要感性和理性并存的事情。感性和情怀固然是不可或缺的，抵制"学术污名化"，建立学科归属感需要学科的带头人、高校、业界贡献自己的资源、智慧，形成旅游独特的培养体系，"众人拾柴火焰高"，只有研究前辈"不吝啬""努力想""努力教"，才能够让学生"想要学""有得学""学会用"，产生学术情怀和学术愿景。理性层面，既要承认旅游学科作为交叉学科的既定事实，又要厘清学科交叉的边界，避免旅游学科被交叉得"四不像"，同时不断思考如何使得交叉的结果服务于旅游学的"树干"成长。谢彦君老师一再强调找寻根本一致的"共核"的必要性，"共核"是联结多学科研究成果的纽带，是解决不可通约性的有力武器，可以在保留原有学科研究范式的特色的同时使成

---

①　宋子千：《学科理论视野下旅游学科建设反思》，《旅游学刊》2012 年第 12 期。

②　Echtner, C. M. , Jamal, T. B. , "The disciplinary dilemma of tourism studies", *Annals of Tourism Research*, Vol. 24, No. 4, 1997.

③　谢彦君、李拉扬：《旅游学的逻辑：在有关旅游学科问题的纷纭争论背后》，《旅游学刊》2013 年第 1 期。

果对旅游学科的发展做出贡献①，这也是凸显研究主要矛盾、学科特殊性的关键。共核的找寻，离不开对旅游现象本质的把握，需要透过现象，超越现象，探求旅游存在的真谛②，即致力于旅游本体论的探讨。从知识的本体论和认识论属性的角度看，只有那些在范畴和命题层面拥有独特的本体论观点的理论体系，才足以超越问题域的自然约束，成为解释问题本质的一般性知识，相关的研究人员也才能在此基础上构成相应的学术共同体，并实现跨学科输出。对于一个单纯现象的本体论认识而言，由于观察的立场或角度不同，就足以形成不同的本体论结论。本体论的多元会衍生出多样化的理论范式，理论范式的成熟度也将标志着学科的成熟度③。

第二节 旅游本体论的探索

旅游现象的不断发展吸引了越来越多的学者参与到旅游本质的讨论中，学者们分别从哲学、社会学、人类学、美学、文化学等多个视角探究旅游的本质，形成了系列旅游本体论学说，如谢彦君的旅游体验说、张凌云的旅游非惯常说、杨振之的诗意的栖居等，不同学者根据自身理解和研究侧重给出了不同的旅游本体说法。

一 旅游体验说

哲学、美学、心理学等关于"体验"概念和内涵的探讨，不断印证了体验之于个体和社会的重要意义，其能够回答和解决一定的人生和社会问题。其中"生命观""身体观""互动观"的相关思想，布斯汀的"寻求某种真实"、麦肯奈尔"体验是在一定的时空边界内的整个过

---

① 谢彦君：《旅游的本质及其认识方法——从学科自觉的角度看》，《旅游学刊》2010年第1期。
② 包军军、白凯、黄清燕：《主—客位视角对旅游者行为研究的启示》，《旅游学刊》2020年第2期。
③ 谢彦君：《旅游体验研究：范式化取向及其变革与包容趋势》，《旅游学刊》2019年第9期。

程"、特纳的"反常态"、科恩的"个人与中心的关系"等，为体验向旅游体验迈进，以及旅游体验概念及内涵的发展奠定了重要基础①。

谢彦君在早期已经意识到旅游学科以及旅游研究思想范畴统一的重要性，其旨在探究可以描述宏大旅游世界中复杂旅游现象的基本范畴，并提出旅游世界的核心是旅游体验，旅游体验是指处于旅游世界中的旅游者在与其当下情境深度融合时所获得的一种身心一体的畅爽感受②。该定义也揭示了旅游体验的四个属性，即具身性、情境性、流动性和生成性。其中，具身性保障了"身心一体"；情境性强调了旅游世界的时空边界以及与当下情境深度融合的特点；流动性体现在旅游体验贯穿于整个旅游过程，是由一个个"当下情境"构成的连续统一；生成性则揭示了"畅爽感受"对于生命存在的意义③。而后，谢彦君又致力于旅游体验研究的深化，例如对于旅游体验的情感、愉悦的内涵进行界定，以回应学界以"黑色旅游不愉悦"为代表的质疑声；同时，关注旅游体验类型、体验质量、具身范式、旅游体验共睦态等，相关论述无一不是为了旅游基础理论夯实地基，由此带动旅游研究视角和层次的突破。

旅游体验说被认为是旅游"成学"的重要动力，其使得旅游基础理论的发展能够"螺旋上升"，从碎片化渐趋体系化、学科化，从肤浅的操作层面，走向概念层面的深耕，对于系统解释旅游实践问题具有启发意义④。

二 非惯常环境说

二元对立给了非惯常环境说发展壮大的可能。从概念提出的脉络来看，国外研究暂未发现"非惯常环境"这一概念的直接提出，但有学

---

① 谢彦君：《旅游体验——旅游世界的硬核》，《桂林旅游高等专科学校学报》2005 年第6 期。

② 谢彦君：《基础旅游学》（第三版），中国旅游出版社 2011 年版，第 242、251—252 页。

③ 樊友猛、谢彦君：《"体验"的内涵与旅游体验属性新探》，《旅游学刊》2017 年第11 期。

④ 陈愉秉：《旅游成学——以一份理论实践为样本》，《旅游学刊》2005 年第 2 期。

者用到"不同寻常（*Extraordinariness*）"这一概念来表达旅游环境①。除此之外，关于旅游的定义中多出现"离开惯常环境的工作、居住环境""在通常环境以外的地方"等关键语句②。其中，UNWTO 在界定旅游时，还对惯常环境给出了相应解释，即居住地和所有常访地组成的一定区域之和③。

而非惯常环境这一概念能够进入我国的学术领域，得益于张凌云在2008 年发表的《国际上流行的旅游定义和概念综述——兼对旅游本质的再认识》一文，率先阐释了"惯常环境"和"非惯常环境"这一组相对概念。张凌云将"惯常环境"描述为惯常的生活和工作环境或熟悉的人地关系和人际关系④，将"非惯常环境"界定为人们日常生活、工作、学习以外的自然和人文环境，认为旅游是在特定的非惯常环境下的一种有别于日常经历的异化体验，是对于惯常境遇和生存状态的一种否定，是人的需要和行为得到满足时所产生的社会关系和现象的总和⑤。隔年，张凌云将社会关系和现象的总和更正为旅游现象，并说明旅游现象是"物"、是"环境"，提出了"流动的惯常环境"和"跨境的惯常环境"两个概念，将非旅游性质的活动排除在外⑥。之后，又在2019 年强调了旅游是非惯常环境下的特殊体验⑦。

非惯常环境的概念同时解释了"什么是旅游""为什么旅游"以及"旅游行为为什么特殊"的问题。非惯常环境概念的引入，再一次激起了国内学者对旅游现象产生的外部条件的再讨论，并对非惯常环境本身

---

① Gottlieb, A., "Americans' vacations", *Annals of Tourism Research*, Vol. 9, No. 2, 1982; Graburn, N. H., "Tourism: The Sacred Journey", In Smith, V. L. (Ed.), *Hosts and Guests: The Anthropology of Tourism*, Philadelphia: University of Pennsylvania, 1989.

② Govers, R., Hecke, E. V., Cabus, P., "Delineating tourism: Defining the usual environment", *Annals of Tourism Research*, Vol. 35, No. 4, 2008.

③ 张凌云：《旅游：非惯常环境下的特殊体验》，《旅游学刊》2019 年第 9 期。

④ 张凌云：《国际上流行的旅游定义和概念综述——兼对旅游本质的再认识》，《旅游学刊》2008 年第 1 期。

⑤ 张凌云：《旅游学研究的新框架：对非惯常环境下消费者行为和现象的研究》，《旅游学刊》2008 年第 10 期。

⑥ 张凌云：《非惯常环境：旅游核心概念的再研究——建构旅游学研究框架的一种尝试》，《旅游学刊》2009 年第 7 期。

⑦ 张凌云：《旅游：非惯常环境下的特殊体验》，《旅游学刊》2019 年第 9 期。

进行了诸如非惯常足迹环境和惯常非足迹环境等划分①。同时，也促进了学者对穷家富路、凡勃伦效应、越轨行为、不文明行为等旅游行为异化现象的再思考。在此过程中，学者基于二元对立的视角，剖析了非惯常环境的陌生性、身份匿名性等特殊性，以及其对旅游者行为的作用路径②，为凸显旅游学科研究的特殊性做出重要推进。

三 诗意地栖居

体验说是基于胡塞尔现象学所展开的论述，而诗意地栖居则是依据海德格尔现象学。诗意地栖居源自于海德格尔关于人如何存在的思考，是其在《诗·语言·思》一书中思想的高度浓缩③。杨振之基于旅游真实性和人类存在的视角，认为，旅游的本质是人短暂地、诗意地栖居在大地上。只要旅游者能够在旅游目的地找到真实的自我，那么他们的体验就是真实的、诗意的④。具体而言，在旅游中，旅游者需要通过体验激发自我、认识本我，感悟到天、地、神、人归于一体，并通过忘记世俗生活获得本我的回归，才能真正体悟到"诗意地栖居在大地上"。

杨振之的观点架构于旅游体验和非惯常环境说之上，其认为非惯常环境是旅游得以发展的保障条件，而体验只是旅游的基本特征⑤，旅游不仅仅是体验他种人生，更是追求良好的甚至是诗意的体验⑥。旅游是人存在于世界上的一种方式，由于日常生活难以找到诗意，所以人们选择去远⑦。区别于体验说和非惯常说的另一特征是，杨振之不赞成二元论的视角，即将旅游世界和生活世界割裂开来，其认为生活世界和旅游

---

① 陈海波：《非惯常环境及其体验：旅游核心概念的再探讨》，《旅游学刊》2017 年第 2 期。

② 管婧婧、董雪旺、鲍碧丽：《非惯常环境及其对旅游者行为影响的逻辑梳理》，《旅游学刊》2018 年第 4 期；李志飞、夏磊、邓胜梁：《旅游者社会行为变化及其影响因素研究——基于常居地—旅游地二元情境》，《旅游学刊》2018 年第 1 期；李春晓、冯浩妍、吕兴洋、李晓义：《穷家富路？非惯常环境下消费者价格感知研究》，《旅游学刊》2020 年第 11 期。

③ 杨振之、谢辉基：《旅游体验研究的再思》，《旅游学刊》2017 年第 9 期。

④ 杨振之、胡海霞：《关于旅游真实性问题的批判》，《旅游学刊》2011 年第 12 期。

⑤ 杨振之：《论旅游的本质》，《旅游学刊》2014 年第 3 期。

⑥ 杨振之：《旅游的本质：人诗意地栖居》，《中国旅游报》2012 年 1 月 4 日。

⑦ 杨振之：《论旅游的本质》，《旅游学刊》2014 年第 3 期。

世界是一元的，只有回到生活世界，才能找到旅游的本质。基于一元论的视角，杨振之提出生活世界的"烦"是旅游产生的动力和本源，而旅游的存在性是"去远"，走向远方的同时使得远方走近自己，进而获得诗意地栖居、真实世界、存在性、存在价值①。

杨振之的观点也引发后续学者的不断讨论。其中，曹诗图认为"诗意地栖居"不是旅游的本质，而是一种理想的精神追求，只有通过体验才能够实现。旅游的本质应该强调对这种精神的追求，而非精神本身，或直接用异地身心自由的体验来揭示旅游的本质②。旅游的本质是异地身心自由体验，这是由旅游的特殊矛盾——身心补偿决定的③。

四　旅游活动人生论

除此之外，旅游本体论的探讨还有旅游活动人生论。曹国新尝试回答本体论的三个基本问题（本源、本质、本体），进而定义旅游学。其认为旅游的本源是社会发展的片面化趋势与"情欲"驱动的个体全面发展需求之间的矛盾，促使旅游者产生"逸"的需求和行动，归根结底，旅游活动得以产生，源自于个人对自身生活状态的不满足；旅游活动的本质是一种意识形态；旅游活动的本体是对他种人生的尝试。由此，旅游学是"研究人通过对他种人生的尝试而完善人生的学科"④。曹国新是为数不多从人生论价值的视角探究旅游的本质以及旅游学定义的学者，其综合考虑了旅游活动产生的外部条件和身心动力，定义了何为"旅"、何为"游"，且用联系和发展观看待了日常生活与旅游活动，即体现了惯常生活会影响旅游体验，旅游体验也会反哺惯常生活的思想。同时，"对他种人生的尝试"折射着身心补偿、价值重塑、思想进步、个人变革等旅游福祉思想，为后续进一步挖掘旅游价值奠定基础。

---

① 杨振之：《再论旅游的本质》，《旅游学刊》2022年第4期。

② 曹诗图、韩国威：《以海德格尔的基础存在论与诗意栖居观解读旅游本质》，《理论月刊》2012年第6期。

③ 曹诗图、曹国新、邓苏：《对旅游本质的哲学辨析》，《旅游科学》2011年第1期。

④ 曹国新、汪忠烈、刘蕾：《论旅游学的定义：一种基于本体论的考察》，《江西财经大学学报》2005年第3期。

五 行为说

近年，黄潇婷提出应回归于旅游的主体——旅游者，并以"旅游者行为"为内核，进行了旅游学科理论体系的思考。其认为聚焦于旅游者行为，既符合原点性原则（旅游者行为贯穿于旅游活动的全过程），又符合独特性原则（抽离旅游者行为，旅游情境的旅游属性就不复存在）。旅游者行为表现能够成为判断旅游者是否从惯常的人转变为旅游者这一独特身份的标志，因而，行为的出现才是旅游活动的起点和原点[①]。

旅游本体论思辨逐渐走向成熟，已从宏观文化经济层面的探讨，迈入微观个体层面。虽如此，质疑声也不曾间断，但同样，相关质疑也推动着学界更为理性的究其本质。例如，邓勇勇指出，无论是体验说还是诗意地栖居，只是将旅游的本质圈定在希望哲学发展的某个特定阶段，并不利于推进研究结论走向深远[②]。黄潇婷指出，非惯常环境说和异地身心自由等说法不能涵盖旅游者活动的全过程，而体验和游历等本体论视角又无法凸显旅游学科的特殊性，不利于旅游学科作为独立学科的发展（黄潇婷等，2022）。这意味着，旅游本体论的辨析应该必要地跳出西方哲学思想的"遮蔽"，回归旅游者本位，从旅游者内在的角度辨析旅游的本质或是当务之需。

第三节 聚焦旅游者行为的旅游本质再思考

一 基于旅游者行为特殊性的旅游本质界定

本书也非常认同回归旅游者本位的建议，赞同将旅游学的内核转向"旅游者行为"。据此，本书以旅游特殊性为研究焦点，基于作者近年来在旅游消费行为领域的相关研究，重点从旅游者需求、心理与行为转

---

① 黄潇婷、郭福美、林谷洋等：《"旅游者行为研究前沿"系列笔谈》，《旅游论坛》2022 年第 3 期。

② 邓勇勇：《旅游本质的探讨——回顾、共识与展望》，《旅游学刊》2019 年第 4 期。

变的视角对于旅游的本质进行了思考，以期能够在已有的旅游本体论知识的基础上进一步回答以下问题：到底是什么样的特殊需求驱动人们离开自己的惯常环境，前往非惯常环境去旅游？旅游作为一种体验，其区别于日常生活体验的特殊之处体现在哪里？旅游消费行为与一般性的消费行为是否存在本质差异，何种差异？带着对这些问题的思考与理解，笔者提出旅游的本质就是人们通过短暂的时空转换和需求漂移来实现熵减的过程。旅游者通过在不同的人生系统之间进行切换，来更好地对抗熵增，从而达到生命的横向延展和生活的动态平衡。

何为时空转换？短暂的时空转换是熵减、需求漂移、消费异化的重要外部条件，这也暗含了非惯常环境具有地理差异性、停留暂时性、身份匿名性三大特征。地理差异性意味着非惯常环境提供的要素是惯常环境所缺失的，抑或是难以获得的，它为旅游者实现需求漂移和熵减提供养料。停留暂时性意味着旅游者能够在非惯常环境随着时间流逝趋于熵增时，自主进行系统切换，回到惯常环境以免受非惯常环境的无序之感。因此，非惯常环境得以成为一个特殊的时空环境，旅游者在这段时空里是简单的、自由的、能活出自己的。身份匿名性一方面强化了旅游者对身份角色转变的诉求，另一方面也给予了旅游者需求漂移的跳板。

何为旅游情境下的需求漂移？当旅游者从惯常环境来到非惯常环境时，环境的变化以及旅游者自身隐含情境（时间偏好、元需求矛盾等）的变化，会使得旅游者的元需求分布或多或少发生改变的现象。虽然，每个旅游者的需求漂移都是其惯常环境的映射，具有个体差异性，但究其本质，都是一种对抗惯常环境中的熵增的表现。而旅游者的需求漂移是旅游者行为区别于一般消费者行为的关键，因为这种需求结构的变化不同于日常生活中的需求转变（比如从吃饭需求转到听音乐需求再转回吃饭需求），它改变了人们在日常生活中长期形成的、较为稳定的各类元需求之间的排序或所占比重的配比。这种需求结构的变化会导致人在旅游的过程中以一种新的思维模式和价值排序来指导"第二人生"里各个环节的行为方式，从而产生系统性的、有规律可循的，而非单一的或偶发式的行为调整。当然，在行为改变的程度上，这种调整可以表现为生活各方面行为模式的显著改变，也可以表现为心理感知变化下不太明显的行为微调。

何为熵减？熵减是人们希望追寻的一种舒适的、有序的、可控的生命状态。与其他惯常环境中人们对抗熵增的做功方式不同，旅游是唯一一种通过切换系统来让人们实现熵减的特殊方式。当在惯常环境中的做功边际效用递减的情况下，旅游者可以通过前往非惯常环境，在"第二人生"的新系统中获得额外的能量，并将这种能量带回惯常环境中继续做功。此外，我们将得益于身份简化和回归，使得元需求聚焦或者强化，从而实现熵减的路径叫作横向熵减路径。而将基于时间偏好聚焦（聚焦过去、聚焦现在、聚焦未来）的需求漂移带来的熵减，称为纵向熵减路径。

何为横向延展？生命意义的循环创造、生命状态的不断激活、生命状态的延长。生命意义的循环创造指，当旅游者踏上行程之际，其生命的大门就被打开，从封闭转为开放，从单一可能转为无数可能，"第二人生"实现了对旅游者生命空间的延展，从而启迪对生命真谛、生活意义的思考。生命状态的不断激活指，旅游重新定义了人类的生存要素、提供人生角色变换的机会、搭建了个体关于过去、现在、未来三个时空的新联结，由此，旅游者能够发现赖以生存的基本要素的新意义、塑造身心平衡的惯常状态、掌握生命天平的动向。生命状态的延长指，某种程度上，旅游是利用了时间、事件和感知差，躲避了一些熵增，短暂地体验了负熵，实现了生命的延展。

何为动态平衡？从惯常环境到非惯常环境，正是对原有平衡的打破。时空的改变都或多或少会刺激旅游者的惯常状态，使其反思惯常的需求结构、存在方式，并在体会第二人生特殊意义的过程里，重塑惯常的意义，以实现需求和自我的平衡。

对于上述概念的理解能够更好地回答前文提到的关于旅游研究特殊性的核心问题。其中，需求漂移是旅游者行为区别于一般消费者行为的关键，非惯常环境特殊性和需求漂移的共同作用促使旅游者产生符合旅游者这一独特身份的行为模式。对于旅游者需求结构变化规律和影响因素的把握将引导旅游学科将研究视野转向旅游的特殊性，而非搭乘市场营销和消费者行为等研究的"便车"。而追求熵减的本底需求能够同时回答"为什么要去旅游"和"旅游回来以后会怎样"的问题。熵减思想是一种处于一元和二元论的中间状态，既强调了旅游者在惯常系统和非惯常系统的差异，又将其放在一个发展的连续带上进行考量，凸显了生命演进过程中的身份联结、需求联结、时间联结，人生的意义之网处于持续、交叉的编织中。需求的简化、明确和聚焦是实现熵减的重要途径。实现熵减和需求漂移或将为旅游学科建立理论归属提供新的方向，也为更好地解释旅游者在非惯常环境中所表现出的各种行为异化现象提供了新的理论视角。

二　熵减视角下旅游本质提出的理论意义

不同学科的魅力就在于每一门学科都会有其独特的视角和思维来认识和理解世界。人文学科则更加偏重于人类社会或个体的解读与思考。正如经济学多从成本与收益的思维视角探讨如何实现性价比更高，法学多从权利与义务的思维视角研究如何实现最大化的自由，市场营销学多从供给与需求的思维视角思考如何更好地创造价值与传递价值。因为学科内部拥有独立、连续的思维视角和统一、明确的学科研究目标，使得不同的学科可以围绕自身独特的视角和共同的目标去建立、发展和完善学科的理论基础与知识体系。这种独特性形成了天然的学科门槛与学科魅力，不仅可以让本学科的学者以实现学科目标为判断宗旨进行不断的思辨、交流、争论与进步，也可以让他学科的学者从不同的思维视角中汲取养料从而更好地进行跨学科的交叉研究。正如前文中关于旅游学科研究现状的探讨，当前旅游学科基础理论发展面临着两个亟待解决的重要的问题。一是大量旅游问题的研究视角往往来自研究学者的母学科，如心理学、经济学、地理学等，缺乏独特的专属于旅游人的思维视角。二是旅游学科的学术共同体缺乏统一的、明确的学科研究目标，往往单打独斗，无法形成合力。在旅游本体论发展的进程中，基于前人的思考与探讨，本书进一步提出了熵减视角下的旅游本质，以期更好地揭示旅游本体的独特性及旅游研究的终极目标。作者认为，旅游研究应从惯常与非惯常的系统切换这一思维角度出发探索如何让人们通过需求漂移来更好地实现熵减。

惯常与非惯常的系统切换思维强调了非惯常环境的特征刺激对于人们固有的心理状态、思维模式及行为方式的系统性影响。在这个方向上，旅游学者需要更好地回答惯常环境与非惯常环境的内涵与差异、在不同的环境系统之间进行切换的前因与后果、挖掘非惯常环境所具有的独特特征以及各个特征对人们行为改变的影响机制。而借用熵减这一热力学的概念来概括人们各种各样、千奇百怪的旅游动机背后最本质的追求，可以帮助不同的学者在一定共识的基础之上去探索旅游的意义，或者说什么样的旅游才是更好的旅游。熵减是人们期望通过旅游达到的一种生命存在的更好的状态，不仅是在旅游的过程中，还包括返回惯常环境以后的一段时间。不同于旅游是为了获得愉悦这样一种单一情绪层面的判断或是旅游是为了获得幸福这样一种方向性非常模糊的价值判断，熵减状态不仅涉及人们的情绪，还包括心理的认知、身体的感知，甚至是心态的重塑。以实现熵减为旅游研究与实践的目标，不仅能够更全面、丰富地理解旅游者的根本需求，也为如何评价旅游体验的好坏提供了方向明确的指引。熵减的过程是从无序到有序、从低能量到高能量、从更多无效做功到有效做功的过程。而旅游者追求的熵减就是通过需求漂移使得需求从无序到有序、通过切换系统从生活的低能量状态到高能量状态、通过更遵从本心从更多的无效做功到有效做功的过程。我们将能够帮助旅游者实现熵减的旅游体验定义为更好的旅游体验。上述三条旅游熵减的路径将为旅游学科更加系统、深入、可通约地探究和解释旅游者的行为异化规律提供有价值的研究框架。

同时，熵减视角的旅游思维也将为更好地理解和掌握一般性的人的行为改变规律及背后的原因提供旅游学独特的视角。比如一名内向的大学生，在暑期实习的过程中，可能会一改平日在学校的沉默寡言，变得开朗健谈。从惯常与非惯常切换的思维视角来解释，这可能是因为刚进入实习单位这样一个非惯常环境，大学生的镜像需求在职工身份的强化下变得格外突出，为了给领导和同事留下更好的印象，他在镜像需求的驱动下开启了开朗健谈的行为模式。因为非惯常环境中的同事们并不熟悉他本来的性格，所以该学生可以不用顾虑日常生活中其他同学对他的刻板印象，更容易地进行行为模式的改变。而这名大学生在实习单位发生的需求漂移（镜像维度元需求比例显著增加）和行为异化同样可以用熵减的视角来进行评价。如果这样的改变让他感受到了更多的从无序到有序、从低能量到高能量或是从更多的无效做功到有效做功的过程，那么我们认为这样的变化对于个体来说就是一种更好的状态。

　　熵减视角的旅游思维不仅可以更好地揭示旅游学科的特殊性，促进旅游学科基础理论体系的发展以及学科知识的外溢，也可以更有针对性地指导旅游产业的管理与实践。

第十二章 旅游熵减思维的
实践应用

第一节 熵减焦点视角下的市场营销

惯常环境中个体的元需求进退维谷，个体处于需求混沌的熵增状态。其主要原因大概有两方面，其一是生命历程中身份复杂性导致的需求复杂，其二是个体对未来时间的不确定性导致的长期需求和短期需求难以平衡取舍。这两种原因也构成了个体在非惯常环境中实现熵减的不同路径，分别为横向熵减路径和纵向熵减路径。而旅游目的地在营销中可以抓住不同类型熵减的"痛点"与"痒点"，进行针对性营销。

一 重塑身份角色

在惯常环境里，每个人可以同时拥有很多种身份，扮演不同的角色。这些身份和角色的复杂性以及不可逃避性往往使得个体在惯常生活中左右为难，这使得旅游者希望切换系统，短暂地享受自己可以选择的身份和角色。旅游目的地或可从两个方向做出努力，其一是依托旅游者的惯常身份，凸显真实自我的重要性，使得潜在旅游者意识到"真实自我缺失"，从而塑造旅游动机、产生旅游意愿。其二是创造有别于惯常身份的全新身份，吸引旅游者可以暂时剥离、丢掉惯常环境中多元身份带来的错综复杂的"社会关系"，体验一个从未设想过的新身份，从而获得新的能量。

身份减法。旅游者在一定程度上希望非惯常环境能够剥离惯常生活中的"形象包袱""责任枷锁""群体利益顾虑"，从而感受本我得到外显以及身份重构后的"新鲜"、愉悦。这就使得"拥抱真实的自己""找寻遗失的自己""寻找自己的本心"等旅游营销核心思想会收获部分旅游者的情感共鸣。"失联旅游""裸辞旅游"等都鼓励旅游者通过身心刺激，找到被丢失的自己，从而体验自然界本真的乐趣，在这样的过程中旅游者可能会重新认识自己，产生"我原来是这样的人""我原来可以解决这些问题"等有关自我变革的想法。"跳伞旅游""追星旅游""动漫朝圣旅游"等帮助旅游者"逃离"具有刻板印象的社会群体，能够暂时切断家人的不理解、朋友的叮嘱，去追寻自我对兴趣的定义，收获追求极限运动带来的极致享受、与偶像时空共在的身心愉悦。这鼓励旅游目的地营销从关注"地有什么"，到关注"人缺什么"。

身份异构。旅游目的地可以通过赋予旅游者惯常生活中不存在或不一样的身份，满足旅游者对不一样人生的体验。同时，通过单一身份的突出，实现熵减。

近年来"剧本杀＋景区""剧本杀＋旅游"的旅游产品及营销颇具吸引力。例如，江西上饶望仙谷景区的《我就是药神》剧本杀体验项目，成都青城山旅游区的"壹点探案"，上述旅游形式可以让旅游者获得全新的、有别于惯常的身份，并能够在沉浸式体验的过程中收获"第二人生"[1]。这种新的、异构的身份对于旅游者而言，颇具吸引力。2022年黄金周前，携程平台的相关旅游产品搜索关注指数明显上升，距离黄金周一周左右时搜索热度环比上涨120%，实景剧本杀相关景区的旅游热度也明显上涨[2]。除此之外，元宇宙所传递出的"身份平行""身份独立""身份自主""身份异构"等理念，与当下旅游者的某种动机与需求相契合。文旅营销和文旅应用已然为元宇宙开启了新赛道，基于全新身份的数字化营销或成发展新动力。旅游目的地可结合自身的资源禀赋创建多维度的数字旅游空间，旅游者可以随机切换身份参与到不

---

① 巨有科技：《景区的"元宇宙"了解多少？这是文旅场景运营的新思路!》（https：// it. sohu. com/a/505292697_455256）。

② 王潇雨、黄兴利：《冷门小城游火爆，景区剧本杀热度大涨："十一"旅游呈现另一种繁荣 | 黄金周观察》，2022年10月3日，华夏时报（https：//www. 163. com/dy/article/HIPMCHK50512D03F. html）。

同数字空间的互动中，例如以探险者的身份参与到印度乐园的丛林冒险，以武士的身份游览日本幕府时代乐园①。在虚拟数字化旅游情境中，旅游者可以拥有全新的身份角色和行为框架，实现身心的超越，获得非凡的经历，这对于在惯常环境中身份颇受牵绊的旅游者而言十分具有吸引力。

※案例1："剧本杀＋景区"营销新方向

江西省上饶市望仙谷小镇在景区内部的年历史古宅，推出了古装剧本杀旅游产品。景区注重沉浸式、互动式新玩法，利用古宅的历史文化和氛围优势，使其区别于城市剧本杀体验店，获得独特的旅游优势。自2020年年初开始，景区团队开始购买剧本、根据古宅环境和望仙谷当地传说故事（灵山传说）对剧本进行改写，采用多媒体技术创作沉浸式体验剧《我就是药神》，开设酱醋、油、年糕、豆腐等手工作坊吸引旅游者"亲自动手"等。2020年年底，剧本杀正式开放，反响甚好②。

景区自营剧本杀有成本低、灵活性大、剧本针对性强、体验真实性高等优势，景区还可根据参与者的反馈优化故事情节，促进景区转型发展。以剧本杀为宣传噱头，可以成功吸睛，甚至带动了许多旅游者多次体验角色，并成为零号媒介③。

二　突出需求焦点

旅游中非惯常环境的特殊性使得个体重新聚焦于内心最迫切、最想要、最本真的偏好，得以简化和明确自己在旅游中的需求。非惯常环境能够增强原本重要的元需求，也能够补偿在惯常生活中无法得到满足的元需求。旅游目的地或可按照旅游者需求漂移的趋势，有方向性地进行营销。例如，对于"只想做三天懒人"的旅游者，目的地旅游内容的丰富性并不构成关键吸引力，对于"只想做一个好爸爸"，那么亲子旅

---

① 黄锐：《旅游产业元宇宙：数字化旅游（三）——完结篇》，2022年10月6日，人人都是产品经理（https：//new.qq.com/rain/a/20221006A04B7V00）。

② 华旅国盛规划设计院：《文旅＋"剧本杀"五大案例，解锁沉浸式旅游的新玩法》（https：//www.sohu.com/a/551562191_ 121135419）。

③ IPMaker造物家：《沉浸式剧本杀为旅游业带来新发展机遇！》（https：//www.163.com/dy/article/H12K5033055236VN.html）。

游以外的营销内容也是不合时宜的。这意味着，面对具有增强需求的旅游者，应该注重品质营销；面对补偿需求的旅游者，应该对口营销；对于需求迷茫、需求漂移而不自知、只想出去旅游但不知道为什么的旅游者，可以进行猎奇营销。

需求增强，品质营销。元需求的配比发生变化，但是元需求的重要性排序并未发生改变。此时，目的地营销就需要突出非惯常环境在满足重要元需求方面所拥有的得天独厚的条件。惯常环境中沉浸于二次元世界的旅游者，其更希望看到旅游目的地与动漫元素的完美结合。"故宫以东"×国漫《一人之下》就是兴趣需求导向下品质营销的成功案例。动漫场景取自于真实存在的东城区标志性景点，可以增进 Z 世代与北京历史和城市文化的情感共鸣。借势动漫，北京东城区文旅局发起了"传承经典·寻找北京"活动，邀请动漫主要人物参与线下推介，更加会促使二次元文化"粉丝"萌生旅游意愿。敦煌研究院与腾讯达成战略合作，依托广受大众喜爱的王者荣耀游戏，推出敦煌飞天皮肤、敦煌飞天主打歌《遇见飞天》，通过游戏和音乐的新方式，激发游戏爱好者对敦煌旅游的兴趣。此类基于重要元需求（此案例中的兴趣元需求），进行增强与拓展的文旅营销方式或带来旅游目的地营销发展新方向[1]。

需求补偿，对口营销。对于在惯常环境中生存压力很大，需要全身心投入到生存需求要素获取中的个体而言，"逃跑主题"的营销或将很有吸引力。2022 年黄金周，越来越多的旅游者选择了"逃跑计划"，小众旅游城市逐渐走近旅游者的视野，例如衡水、鹤岗、日照、乐山、汉中、文昌等目的的旅游订单显著增长[2]。对于"打工人"而言，只需要优质的住宿环境，就能满足他们放下手机、丢掉工作，感受岁月静好的需求。"失联旅游"相关的营销不需要多么绚丽、丰富的目的地活动，反而需要在基本生存需求上多做文章，舒适的床、清新的空气足以疗愈

---

① 旅思马记：《实战案例：国内旅游营销经典荟萃》（https：//mp. weixin. qq. com/s/aRNRdvjMsU07HpoLiBoZpg）。

② 王潇雨、黄兴利：《冷门小城游火爆，景区剧本杀热度大涨："十一"旅游呈现另一种繁荣｜黄金周观察》，2022 年 10 月 3 日，华夏时报（https：//www. 163. com/dy/article/HIPMCHK50512D03F. html）。

身心，蝉鸣、鸟叫都会成为扣人心弦的旋律，从而刺激旅游消费。坐看云卷云舒、星辰大海对于这群追求生存和精神补偿的旅游者而言，吸引力或大于持续打卡，这意味着，对口营销才是大势所趋。

※案例2："短暂的躺平旅游"新卖点

从一张床到另一张床，让"打工人"称意的假期旅游方式。惯常环境里工作繁忙的"打工人"，在假期并不想费劲做攻略、马不停蹄地穿梭于网红景点，"休息"逐渐成为该类群体旅游的第一要义。

不少"打工人"实际上处于"想卷卷不动、想躺躺不平"的45°人生，惯常生活中的他们努力工作的同时，也渴求短暂的"放纵"。这样的群体，在休假时或选择去黑龙江的鹤岗短暂享受"躺平"。由于鹤岗并非网红旅游城市和省会城市，酒店房价相对较低，可以花费300元体验到五星级酒店一般的设施品质和服务。选择舒适的酒店，白天睡到中午、不出门、不逛景点，晚上吃夜宵成为新兴的"躺平旅游"。"江湖险恶，先躺为敬""今天躺到180°，明天搏击90°"之类通过"短暂躺平"实现"反向激励"的方式可以成为旅游度假区、度假酒店的营销新焦点[①]。

需求迷茫，猎奇营销。部分旅游者可能在出发前并不能确定自己为了什么而去旅游，只是单纯地想出去走走，对于该类旅游者或许可以借鉴2018年圣诞节，马蜂窝推出的"好吃的圣诞"活动，该活动可以算作走在盲盒经济的前端，平台承包9位幸运用户及同伴的跨国圣诞节大餐，旅途的一切都是未知的，旅游者在出行前并不知道是怎样的城市、怎样的东道主、怎样的美食在等待着他们[②]，这种猎奇消费对于需求迷茫的旅游者而言或具有很大的吸引力。相似的营销还有马蜂窝推出的"未知旅行"双人自由行产品，主题为"用一场未知的旅行，检验一段未知的感情"，曾取得数亿人次的关注。在旅行线路未知的情况下，仍有许多旅游者对旅行产生的好奇和期待。据携程统计，2020年年底，

---

① 王子伊：《假期，有人选择从一张床到另一张床》，2022年9月28日，《中国青年报》（https：//news. sina. com. cn/o/2022 – 09 – 28/doc – imqqsmrp0743896. shtml）。

② 探究文旅：《营销 | 近几年的五大旅游创意营销网红案例，吸睛更吸金》（https：//mp. weixin. qq. com/s/dSp50rMgQ7b_ 9e0w4lax9g）。

已有 2 亿人在携程直播种草"未知旅行",用户复购率超 40%①。这再次印证了在当下繁忙的社会生活中,人们的情感、迷茫需要用猎奇的方式唤醒,猎奇营销终有市场。

※案例 3:景区寻宝营销

巨有科技打造了景区寻宝这一营销工具,旨在依托景区平台和新媒体平台,起到为景区引流的作用。形成线上随看随买,线下扫码参与的方式。依据 LBS 地理位置,景区可将自身具有较大吸引力的景观作为寻宝活动的区域,旅游者可根据线索提示,在景区内部进行寻宝活动。当旅游者到达宝箱所在地时,可采用手机扫码开启宝箱,即可领取优惠券、DIY 文创礼品等奖励。新奇的线上场景和新鲜的景区浏览方式,可以刺激旅游者的消费欲望。与此同时,旅游者还在充分的线上线下互动中获得了参与感和体验感②。

三 注重时间联结

随着生命历程的迈进,个体的时间感知以及时间对元需求的刺激将不断改变。个体的时间偏好在聚焦过去、聚焦现在、聚焦未来中徘徊,不断产生后悔、怀旧、想象未来、关注当下等情绪和意识。据此,旅游目的地可以通过"提供不同时间焦点"的营销方式,匹配旅游动机和需求。

聚焦过去的情感营销。由于身份和需求的复杂性,人们会经常产生"如果过去怎样……就好了""如果过去没有怎样……"等反事实思维,进而产生后悔、怀旧等情绪。情感可以被回忆、情绪可以被召回,并与记忆中的特定事件相关联③。记忆与情感有着重要联系,情感又能促使寻找记忆的行为。例如怀旧旅游,怀旧情绪强的人,出游的欲望可能会

---

① 环球旅讯:《携程直播:2 亿人种草"未知旅行",超 3000 家酒店景区加入》(https://www.traveldaily.cn/article/142685)。

② 巨有科技:《"景区寻宝赢大礼"——景区营销"破局"的关键节点》(https://www.sohu.com/a/583013486_455256)。

③ Hosany, S., Hunter - Jones, P., McCabe, S., "Emotions in tourist experiences: Advancing our conceptual, methodological and empirical understanding", *Journal of Destination Marketing & Management*, Vol. 16, 2020.

更加强烈。加之新冠疫情的影响，人们的怀旧情绪高涨。旅游目的地和企业可以抓住旅游者记忆与情感的联系，投放可以唤起潜在旅游者特定记忆的情感内容，例如"回到匆匆那年""小时候的那天晚上"，为旅游者打开触摸过去、思考过去、弥补遗憾和美好增强的大门，让旅游者能进行出行前的心理模拟与想象，并使之产生出游的想法。除此之外，旅游者对过去的事情也产生了极大的心理好奇，"一秒穿越古代""黄河文明唤醒师"备受青睐。此类旅游策划与营销，能够使搭建旅游者与过去的情感联结，延续过去的力量，从而治愈当下，激励未来。

聚焦现在的"回归"营销。惯常环境中的个体会受到印象中的过去自我和想象中的未来自我所调节，一定程度上剥夺了现在自我的价值，造成了现在迷失。旅游目的地在营销时，应该突出过去和未来之于现在的矛盾，"忙于工作，还没有好好陪陪孩子，他就长大了""为了毫不费力的未来努力升职，还没来得及带父母出去走走""为了弥补高考的遗憾，一直在拼命学习，已然忘记究竟为什么而出发"，使旅游者意识到用于遗憾过去和焦虑未来的经历已经剥夺了对当下的美好享受，身体匆匆赶路，灵魂却丢在了很远的身后。并通过提供使旅游者注意力转移至当下的情景刺激，"诱惑"其沉浸当下，回到内在。

2019 年，武汉策划举办了"花点时间游武汉""花 YONG 武汉 48 小时"等系列活动，其中"花点时间游武汉"反响强烈，这在一定程度上属于基于当下的营销，唤起了人们"当下值得"的情绪和心理，产生了"珍惜现在"的情感共鸣。除此之外，"莫愁""莫急""慢下来""旅行即相聚"或将成为未来目的地营销中能够直击当下潜在旅游者心灵的主题。

聚焦未来的想象营销。过去和现在的生活都塑造着个体对未来的期望水平，预知未来是很多个人都想拥有的超能力，有关"提前置身于未来"的旅游营销可能会吸引旅游者的注意力。2021 年"双十一"前后，"未来旅行"的概念在旅游营销中浮出水面[①]，这在一定程度上将"有

---

① 每日商报：《"未来旅行"概念吸睛 旅游企业纷纷开始打造全新的营销模式》（http://www.jhrbs.com/jinhu/gz/2021/1105/48109.html）。

限自由"下旅游者的目光投向"未来",即疫情的寒冬总会过去,旅游的春天必将到来。与预先支付、超前消费不同,"未来旅行"给当下风险敏感的旅游者"双保险",即价格优惠、随时订、随时退,既保留了对未来出行的美好期待,又打消了其关于疫情结束时间的顾虑。

相关旅游产品销售平台、目的地本身都相继推出"旅游预售产品""机票盲盒""旅游盲盒""福袋制""年卡制"为核心的消费,唤起了旅游者的情景式未来思维,让"预约未来旅行"成为可能。聚焦未来的想象营销,可以让旅游者充分想象自己未来体验产品时候的场景,也使得旅游者可以依据产品信息,制定自己未来的工作、生活计划,以随时迎接可实行的"旅游计划"。在此过程中又可以增强个体的自我肯定感,强化个体的自我身份,又能进一步提升自我控制感,增加消费欲望。例如,2022年9月与同城联手的柯桥文旅线上盲盒消费活动不断吸睛,上线一分钟内便被一抢而空,这印证了聚焦未来的营销方式的可行性①。

第二节　需求漂移视角下的目的地管理

一　系统支持——全域旅游思维

(一) 全域旅游思维概念与内涵

旅游者选择切换系统对抗熵增,体验不一样的第二人生。对抗熵增不是一蹴而就的,非惯常环境或旅游目的地这一新的系统需要为旅游者提供边际效用递增的"做功保障要素"。同时,第二人生也不是一个个孤立的散点,而是一个完整的叙事线,这就需要目的地的各个方面、各个环节和谐统一、共同合作。目的地能否提供精彩且连贯的第二人生,满足不同旅游者的需求漂移路径,就决定了旅游者能否体会到熵减这一

---

① 中国旅游协会:《同程旅行目的地盲盒:跨圈营销开辟蓝海赛道,助力众多目的地提升文旅影响力|第四届"中国服务"·旅游产品创意案例(10)》(https://mp.weixin.qq.com/s/6il5ox4JvNqqMXJryXXs4A)。

舒适状态。

目前，国内旅游目的地管理提倡并应用的全域旅游思维，就体现了通过各方面协作提供一个有吸引力的、完善的系统，来满足旅游者需求的思想。全域旅游思维就是在地区发展规划中，优先以旅游者需求的视角思考问题，同时又秉持人本主义原则，兼顾旅游者和本地居民的共同利益。从产业和空间视角来看，全域旅游鼓励打破时间和空间的限制，将旅游作为各类产业和区域发展的连接点，实现产业和区域的整体联动，努力促成随时随地即可旅游。贯穿不必刻意划分出与本地居民生活相分割的旅游空间的思想，使得旅游空间的范围逐渐从封闭的景区景点，走向目的地全域。

（二）全域旅游的实施路径

空间重构，系统开放。旅游目的地天然具备着区别于旅游者惯常环境的心理层面优势，这意味着，旅游目的地可以借势更进一步发挥"开放""发散""不确定"等优势，在地理边界角度补偿旅游者在惯常生活中因有限、狭窄而固定所带来的心里不满足。旅游目的地管理，不能仅塑造完美的"前台"，而忽略了饶有兴趣的"后台"。旅游者的第二人生和本地居民的第一人生，是相互补充，投射切换的。旅游目的地的每一个空间单元，对旅游者而言都有特殊的意义。近年来，各地都在致力于提高可达性，传递着"漫长的一千里"和"最后的一公里"同等重要的思想，"景区直通车""共享单车""智能电子导览"等都为旅游者在系统中的空间感知与实践助力。同时，随着网络社区的发展，目的地的特色生活街区不断进入旅游者的视野。藏在巷子里的宝藏饭店、居民楼里的魔幻天井、街道拐角的彩虹步梯都被赋予了旅游的新价值。这意味着，目的地在管理创新的过程中，不能仅要聚焦于传统的、区域规划范围内的景区，还需要注意新兴的、为旅游者需求漂移提供支点的新事物、新空间。

动态创新，系统优化。空间重构离不开目的地对各个空间单元的创新，其中厕所革命就是动态创新的有益实践。厕所革命从旅游者的视角出发，满足其逐渐提高的公共服务需求水平。与此同时转变了人们对厕所功能的固有印象，在一般公共服务设施属性之上被赋予了审美、娱乐、体验等新功能，体现了旅游的服务意识和审美意识等。厕所不再被简单地当作一般的基础设施，而是成为新型的全域旅游产品，被打造成舒适体验的场所，拓宽了生态、生产、生活、生命空间的基础意义，满足了人民群众更高质量的需求，为旅游目的地空间治理与优化提供新的思路。此外，目的地还需要依托旅游者的偏好和需求变革，重新思考自身的定位。例如，故宫不仅可以作为传统的观光游览、打卡拍照、学习历史文化类景区，其还可以延伸出故宫火锅、故宫文创等产品，这是对固定空间的创新使用。人均 249 元（远高于一般火锅的价位）、排队 3 小时且口味平平无奇的故宫火锅成为打卡爆点，就足以证明新时代旅游者对清宫（慈禧时代）火锅的猎奇需求，能够重塑空间的价值。当一个空间重塑后的衍生产品能够超出旅游者的期待，并且突破自身发展的局限，就意味着该空间朝着可持续发展又迈进一步。

产业联动，系统生态。旅游是对第二人生的综合性体验，故而旅游产品应是一种整体性的经历或体验，这决定了旅游产业应涵盖人们消费的众多方面，体现在食、住、行、游、购、娱多个领域。目的地管理应该环环相扣，依托旅游者不断衍生的新需求，综合提升目的地的服务能力。例如，新世代的旅游者对于生存、镜像和兴趣需求都呈现出变化迅速、边界模糊、难以预测的特点。喜欢动漫的少年，其不仅希望旅游目的地有专门的动漫展览和动漫场景中的自然原相，更希望在交通、酒店、餐厅、纪念品商店等多个活动空间都能发现动漫元素；普通的旅游者也不再满足于特色的景区，还需要类似成都的爱心斑马线、北京的创意红绿灯、重庆的地铁等额外的惊喜；想要身份聚焦的父母，需要既能满足小朋友兴趣需求的产品，又需要能够治愈因工作繁忙而身心俱疲的基础设施。若目的地能够抓住旅游者需求漂移的趋势，并能够从全产业链的角度提档升级，那么，该旅游目的地的综合优势必然上升。相关的产业投入也会塑造独特的目的地文化，促进旅游产业八爪鱼效应的发挥，带动目的地的综合发展。

（三）全域旅游的实践案例

※**案例 1：海南省全域旅游实践**

海南作为首个全域旅游创建省，为全国探索经验、做出示范。其中，"1+3+N"旅游综合执法机制是创建全域旅游示范区的重要抓手，由海南省首创。"1"指设立1个综合协调管理机构，即旅游发展委员会；"3"是指设立3大联合执法机构，分别是旅游警察、旅游工商分局和旅游巡回法庭；"N"是指其他有关部门。该执法机制用于解决市场经营主体混乱、监管主体力量薄弱分散、市场监管多头执法，监管执法责任范围不明确、旅游者与商家之间的矛盾纠纷等问题，有利于及时处理旅游者投诉，挽回旅游者经济损失，保护旅游者权益，推进旅游体制改革，打破部门利益固化。"1+3+N"旅游综合执法机制的突出表现就是灵活创新，服务优先。从旅游者的视角出发，考虑到了旅游者的需求多样性。旅游者构成复杂，加之时空差异和文化差异，使得其产生了多样化的需求，且这些需求存在一定特殊性，不能简单地将其与普通居民的需求相类比。例如，旅游需要提供安全的环境，这个环境既包括生命财产的安全，还有旅游者的心理安全。该政策的出发点正是为广大旅游者服务，通过整合管理资源的方式进行服务创新，为旅游者身份聚焦、需求简化、熵减实现提供系统支持。

除此之外，《海南省旅游发展总体规划（2017—2030）》指出，未来要注重包括旅游集散中心和旅游信息咨询中心的全域旅游服务中心的建设。在重要的交通节点分级建设集散中心，构建一二三级旅游集散中心体系，提供网络化、信息化的集散服务。同时，依托旅游集散中心和窗口服务单位（景区景点、旅行社、酒店等），建设旅游信息咨询中心。探索建设具有海南风情的"黎苗人家"旅游信息咨询志愿服务站，逐步构建海南旅游信息咨询网络体系。海南省的为旅游者第二人生提供系统支持的做法可归纳为：扩空间；强吸引；提品质；促融合[①]。

※**案例2：青岛市崂山区旅游厕所革命实践**

在旅游厕所革命的实践中，山东省青岛市崂山区成效显著，主要归功于三个方面的理念创新。其一是，在合作模式上追求创新。该区域引入PPP模式，与中国光大集团合作，通过社会资本和技术的注入，节约

---

① 北京巅峰智业旅游文化创意股份有限公司课题组：《图解全域旅游理论与实践》，旅游教育出版社2016年版。

了政府人力物力的投入，有效降低行政运行成本，使得旅游配套设施的投资和运营水平稳步上升，提高了该区域的公共服务质量。其二是，建设标准体系的创新，该区域结合国内外的公共卫生间与设施标准、质量等级标准，创新性地打造了生态化、无味化、智能化、标准化、效能化的"五化"厕所建设体系。其三是，运行管理方面的创新。设立运营管理控制中心，利用"互联网＋中央控制技术"，随时补齐相关设施和服务，全自动远程控制一体化设备运行，保持精细化优质服务标准。上述的理念创新为其他地区进行旅游厕所革命提供了很好的思路①。

二　系统和谐——主客共享理念

（一）主客共享理念的概念与内涵

随着全域旅游的发展，旅游目的地前台和后台的界限被逐渐削弱，旅游者和本地居民的时空重叠程度越来越高。这样的发展趋势不免需要目的地时刻关注主客互动的方向与结果。而促进主客共享在一定程度上是出于对主客良性互动的考量。

主客共享理念传递着平等共享的思想，即用于城市规划的空间既需要满足本地居民休闲生活的需要，又可以成为对旅游者有吸引力和可达性的目的地；用于旅游规划的空间亦不能剥夺本地人的利益，应得到本地居民的认可。过分着眼于外来旅游者的需求，而忽视本地居民的行为则属于本末倒置。同时，空间共享也意味着旅游者将更加自由，能够在更大范围的空间里满足自身个性化、多样化的需求。

（二）主客共享理念的实施路径

把握需求漂移规律，以"客"塑"主"。旅游者的需求会发生漂移，其对于惯常环境和非惯常环境重叠的同一空间要素的需求和偏好也可能发生转变，同样的事物，对旅游者而言有着更为深层次的其他精神意义附着。比如，公共汽车站在惯常环境中是用于满足交通通勤功能的，但对于圣地巡礼的旅游者而言或变成了打卡、审美、与动漫人物精

① 戴学锋、陈瑶：《全域旅游示范区的改革创建与实践探索》，《旅游学刊》2020年第2期。

神共在的地方。在本地无人问津的废弃的游乐场，对于旅游者而言却有着"回忆杀"的特殊情结。赵师傅油饼包烧麦可能只是周边居民吃早餐的选项之一，但受网红效应的影响后，却变成了旅游者不可错过的旅游体验。这意味着，目的地在管理和发展的过程中需要把握旅游者精神价值的附着点，以旅游者的视野重新挖掘本地公共空间、废弃景观的再利用、再创造价值。

此外，旅游者对新系统的偏好也能够反映其在第一人生的"缺失"，这同样也可能是目的地本地居民亟待补偿的地方。由于切换了系统，旅游者身份角色的单一化使其能够重新拥有发现生活美好事物的洞察力和敏锐度。相较于本地居民，旅游者更容易感知本地居民平常生活中的"小确幸"，这说明，跟随旅游者的视野能够为提高本地居民的幸福感提供新方向。

预估潜在共享冲突，实现和谐共生。旅游者的存在或扰动了本地居民的生活节奏、挤占了其用来满足基本生存需求的空间。如何平衡本地居民的第一人生需求和旅游者的第二人生需求，塑造系统和谐是目的地管理需要思考和解决的问题。对当地居民而言，若旅游发展带来了噪声、物价上涨、交通拥挤、空间实践受阻等负面影响，不仅会影响其对旅游的态度，还会影响其产生拒绝主客互动的行为，例如，拒绝指路、冷眼相待，这反之又会影响旅游者的体验和公民行为。这就需要目的地管理者努力识别主客之间的经济冲突、文化冲突或生态冲突等。

（三）主客共享理念的实践案例

※案例1：杭州市社会资源国际旅游访问点

2018年浙江省杭州市《社会资源国际旅游访问点设置与服务规范》中对"社会资源国际旅游访问点"的定义为："体现当地人们的日常生产、生活、文化等特色，具有接待国内、国际旅游访问者能力并经认定的社会资源点"。旅游访问点不同于传统的旅游景点，能够更为贴近真实的居民生活，展现本地人精神和城市积淀。杭州市的社会资源国际旅游访问点正是主客互动下，地区旅游得到有效发展的典型案例。旅游公共服务价值共创环境的方式有：制度保障、增权激励、信息透明、技术摄入、文化契合等，吸引社会成员参与①。

2004 年开始，杭州率先推出社会资源国际旅游访问点。旅游访问点涵盖城市公共服务、工业旅游、农业旅游、社会生活、社会政治及市民生活六大类，反映着杭州社会资源的各个方面，可以带给旅游者全方位的城市文化生活体验②。城市居民参与到旅游访问点评选过程中，这也是一种前置的、想象中的主客互动方式。这一做法，满足了旅游者想要体验本地居民生活方式的想法。

除此之外，杭州致力于打造"主客共享的生活之城"，在"服务型政府"职能转型的进程中和"旅游大部门"制度的内部协作中都进行了有益的推进。推进过程中，秉持旅游公共服务价值共创的理念，鼓励社会成员加入服务生态系统的建立和维系，实现内部成员的互惠规范、价值共创③。

※案例 2：遗产旅游思维——阿者科实践

遗产旅游思维首先从保护出发，在较少人为破坏的情况下，将城乡遗产改造和开发成旅游产品，打造良好人居环境，改善居民生活质量。遗产旅游思维体现了以人为本的理念，将原住民和旅游者都纳入到考虑的范围之内（此处的遗产仅指物质文化遗产，非物质文化遗产不纳入考虑范围）。"阿者科计划"是将遗产思维应用于减贫的有益实践，"阿者科计划"的实施，能够最大限度地保存民族文化景观、梯田农业景观和蘑菇房聚落等景观，并通过旅游吸引物权化确权的方式，带动原住民参与旅游发展，从而实现旅游减贫。

2018 年 6 月，在保继刚教授的带领下，以平衡遗产保护、传统村落发展与旅游开发为目标的"阿者科计划"开始实施④。9 月，阿者科

---

① 韦鸣秋、白长虹、华成钢：《旅游公共服务价值共创：概念模型、驱动因素与行为过程——以杭州市社会资源国际访问点为例》，《旅游学刊》2020 年第 3 期。

② 殷军领：《杭州出炉 40 个标杆社会资源国际旅游访问点》，2017 年 11 月 10 日，浙江新闻（https://zjnews.zjol.com.cn/zjnews/hznews/201711/t20171110_5595661.shtml）。

③ 韦鸣秋、白长虹、华成钢：《旅游公共服务价值共创：概念模型、驱动因素与行为过程——以杭州市社会资源国际访问点为例》，《旅游学刊》2020 年第 3 期。

④ 许扬、保继刚：《"阿者科计划"对农户生计的影响分析——基于 DFID 可持续生计框架》，《热带地理》2022 年第 6 期。

旅游公司正式挂牌，并开始培训部分村民，使其能够上岗接待旅游者。10—12 月，阿者科旅游公司全力配合修缮传统民居，人居环境得到改善。2019 年 2 月 3 日，阿者科旅游公司开始正式营业，并于 3 月 8 日成功举行第一次旅游发展分红大会。"阿者科计划"的实践表明，即使没有大量的资金，具备地方政府给予政策支持、必要的资金投入、产权建构的技术援助三项条件[①]，不租不售不破坏、不引进社会资本、不放任本村农户无序经营、不破坏传统四条底线[②]，也能够带动原住民参与旅游发展。该计划让居民看见了切实的利好，诸如村貌改观、收入分红，促使居民产生了心理所有权，并产生潜移默化的内生动力。居民愿意自发耕种，保护梯田景观和核心人文景观，促使脱贫攻坚与文化遗产保护和乡村振兴融合发展。

第三节 消费行为异化视角下的产品供给

一 基于解释水平规律的产品供给

注重旅游产品真实性。非惯常环境会带来旅游者解释水平的变化，其也会进一步影响旅游者对体验真实性的诉求。相关研究表明高解释水平下的个体可能会更偏好人际真实性体验，而低解释水平下的个体更偏好内省真实性体验。内省真实性体验主要是旅游者本身的体验，而人际真实性体验是旅游者与他人之间的互动体验。此外，距离越远越容易提升旅游者的解释水平。这意味着，对于远距离旅行而言，目的地的产品供给应致力于增加人际真实性体验，满足旅游者与本地居民真实、真切互动的需求，同时开放目的地的边界，满足旅游者深入了解当地居民的生活方式和文化习惯的需求。

---

① 保继刚、杨兵：《旅游开发中旅游吸引物权的制度化路径与实践效应——以"阿者科计划"减贫试验为例》，《旅游学刊》2022 年第 1 期。

② 中山大学：《中山大学精准扶贫精准脱贫典型项目 阿者科计划》，2019 年 10 月 12 日，中华人民共和国教育部（http://www.moe.gov.cn/jyb_xwfb/xw_zt/moe_357/jyzt_2019n/2019_zt27/dsj/201910/t20191012_403011.html）。

进行旅游产品灵活促销。不同解释水平下的个体，对于"损失"和"获得"营销信息刺激的反应不同。强调"重购成本"更多的是强调"失去"，强调"特色价值"更多的是强调"获得"。在低解释水平下，强调产品的重构成本更容易使旅游者产生购买行为，而在高解释水平下，强调产品的特色价值更容易使旅游者产生购买意愿。这意味着，对于沉浸式体验项目更多的景区，旅游者更容易产生较强的新奇感，进而提高解释水平，那在此时，强调"特色价值"的产品供给和促销更为适用；同样，对于具有独特性、稀缺性社会文化的目的地也应强调社会价值，因为较大的社会距离会引起较高的解释水平。反之，则应该强调"机不可失、失不再来"。

二　基于非惯常环境特殊性作用规律的产品供给

（一）地理差异性视角

重视"她经济"下的产品供给。非惯常环境的地理差异性在一定程度上增加了旅游者可接受范围的阈值。女性地理学研究表明，在日常生活中，女性的消费对象以家庭必需品居多，消费距离一般是小空间、小范围，并且消费购物的路径和对象具有较高的重复性。而在旅游活动中，女性的可以接受的消费范围极度扩大，消费的对象类型也变得多样化，从妥协家庭回归到了自己本身的需求。旅游目的地在产品供给时应该抓住"她力量"的转变。对于女性旅游群体而言，其更注重平台种草、住宿品质、情感联结，这意味着未来的产品供给应思考，如何更好地满足女性旅游者的需求，契合"情感经济""美丽经济""健康经济"的发展趋势[①]。

价格营销"量距"而行。地理差异性负向影响货币付出感知与价格敏感度。旅游目的地企业在某些价格发生变动的时间节点（如节假日、淡旺季等）进行营销时，可根据地理差异性大小选取合适的营销手段。例如：目的地和客源地的地理差异性较大时，可通过适当提高价

---

① 关子辰、吴其芸：《七成决策由女性做主 旅游市场中的"她经济"》，2022 年 3 月 8 日，北京商报（https：//www.sohu.com/a/528232486_ 115865）。

格，提供更加优质的服务，并侧重于宣传产品和服务的体验价值来进行营销；相反，当目的地和客源地的环境差异较小时，目的地则应该对定价非常谨慎，在促销时突出强调价格现金折扣或价格的优惠变动等信息。例如，在旅游纪念品商店、超市等购买场景增加当地的自然风景装饰，强调场景的社交属性或商品礼品功能可以降低消费者对价格的敏感度，从而刺激购买。

（二）停留暂时性视角

充分发挥时间压力的调节作用。由于非惯常环境的地理差异性，旅游者往往会想要购买一些纪念品馈赠亲朋好友，或作为自己曾经来过的一种纪念。因此，具有社交功能和留念功能的产品可能更受消费者的欢迎。但非惯常环境同样具有另一个特征，就是停留暂时性，它会进而影响旅游者对产品类型的选择。具体来说，当个体在非惯常环境下感知到的购买时间比较紧迫时（时间距离近），可能更愿意购买具有留念属性的产品（社会距离近）。而当个体在非惯常环境下感知到的购买时间不紧迫时（时间距离远），可能更愿意购买具有社交属性的产品（社会距离远）。这就说明，旅游目的地在旅游集散中心、景区出口等容易产生时间压力刺激的地方应该更多地供给具有留念属性的产品，而在景区内部、酒店、步行街区等时间感知相对松散的地方应该更大程度地供给社交属性产品。

挖掘集体时间的新价值。非惯常环境的停留暂时性会让有限的时间变得特别，降低了私人时间中的工作时间、学习时间、社交时间等，增加了集体时间所占有的权重，为不同时间诉求的平衡带来转机。家庭成员会更多地关注对方的需求，并转变自身的偏好。非惯常环境带来的时间感知变化，说明尽管代际间存在着较大的差异，父母和孩子的需求也并不相同。但是，在家庭旅游中祖父母可以专注于孩子的娱乐活动，而孙子也能做出积极的反应，这比他们在其他时间的相处中更容易保持良好行为。这意味着，代际差异大并不是家庭旅游产品供给低质量的借口，旅游目的地依旧可以注重家庭旅游、情侣旅游、代际旅游等产品的供给，并增加不同年龄家庭成员的相处、互动时间，通过集体时间的感知，创造关注、转变的机会。"一家一团""全家人的暑假""把时间留给最爱的家人"等主题旅游产品的供给正是抓住了集体时间的新价值，从而提升旅游的幸福感和趣味性。

※案例1：开元集团产品供给——家庭旅游新关怀

2016年，开元酒店集团提出了"自然生活成长营"的亲子家庭旅游产品的概念。在开元芳草地乡村酒店针对3—12岁孩子及其父母，以"陪伴孩子自然成长"为愿景，落实了"家庭旅游者关爱计划"的产品升级，进行了自然、文化相关的产品供给。此外，开元集团还提供满足家庭亲子出行的私人化定制产品。例如，针对宾客的探索特点，提前做好城市攻略，提供"省心服务"，降低家长带娃旅游的顾虑，真正做到同时考虑家长和孩子的时间与偏好，并最大化集体时间对于家庭关系共创的价值。同时，开元关怀服务体系中的"女性关爱""长者关爱"计划也同步升级，当三代同堂家庭宾客同时入住时，在有房情况下，将优先考虑连通房与相邻房。开元集团做到了理解所需，按需供给①。

（三）身份匿名性视角

提供探索冒险类产品。对于部分个体来说，许多需求和行为会受到惯常环境的规则和氛围的约束。比如热爱探险的旅游者在日常生活中，可能被家人以安全为由禁止参加极限运动；喜欢cosplay的个体也很胆怯在惯常环境中进行服饰装扮，担心遇见熟人后的尴尬；想要尝试新鲜的事物（密室逃脱、VR游戏、昆虫宴等），又担心与自己的年龄和身份不相符。而非惯常环境的高匿名性为旅游者提供了一种特殊的、开脱的刺激性氛围，允许他们摆脱原有社会习俗的束缚，放纵自己的行为②。这意味着，旅游目的地在进行产品供给时，可以在此类"惯常环境难以实现，但非惯常环境能够满足""想做而不敢做"的产品上做文章。例如，定制化的身体挑战类旅游产品，骑行川藏线、滑雪旅游、高空跳伞、暴走旅游、潜水等，开发集运动、娱乐、交际于一体的综合性产品；cosplay服装摄影主题旅游。

---

① 开元酒店：《聚焦家庭旅行，打造行业IP，开元酒店集团产品升级探秘》（https：//mp. weixin. qq. com/s/EYQOq3Cn－l2ylDC－lMdKkg）。

② Goffman, E., *Notes on the management of spoiled identity*, New York：Prentiss－Hall，1963.

※案例2：冒险类旅游体验——"体育＋旅游"新玩法

呀诺达雨林文化旅游区位于以雨林为核心的生态区内，拥有着得天独厚的原始森林和次生林，热带雨林资源优越，负氧离子丰富，是植物的资源宝库。海南呀诺达雨林文化旅游区抓住了海南省发展"体育＋旅游"的机遇，推出了全新旅游产品——呀诺达雨林荒野学校。产品涵盖了"营地、探险、亲子、团建"等多方向的沉浸式雨林探险。用4小时沉浸式的体验，完成"学习＋实践＋体验＋探险"的结合。让旅游者形成对原始雨林的整体认知、获得野外生存技能，还可在冒险中认识雨林动植物、体验雨林穿越的紧张刺激。呀诺达雨林荒野学校产品结合了山地运动及特色户外探险内容，依托于优越的自然资源，通过多元化内容，打造雨林探险特色旅游产品，开辟了体育旅游的新赛道①。

持续供给具有反思和教育意义的产品。在高身份匿名性的情况下，旅游者会产生放纵自己行为的倾向，这些行为中既有合理追求适度享乐的行为，也有极端的失范行为。旅游产品供给不仅要满足旅游者的享乐需求，还要在最大限度上规范旅游者的不文明行为，或促使其产生对于自身和社会发展可持续的行为。生态旅游、红色旅游、扶贫旅游等形式，会成为当下和未来旅游产品供给的主旋律。生态旅游鼓励的保护环境、可持续发展以及社会旅游、志愿旅游强调的关心社会福祉等都可以在有限的非惯常环境里，强化或重塑旅游者的价值观，使其意识到过度消费的不合适、保护环境的重要、利他的快乐，从而获得由内而外的幸福和满足。

---

① 郭振莹、陈建峰：《"体育＋旅游"新玩法 呀诺达景区打造雨林探险特色旅游产品》，2020年9月15日，经济日报—中国经济网（http：//city. ce. cn/news/202009/15/t20200915_7284053. shtml）。

参考文献

保继刚、杨兵：《旅游开发中旅游吸引物权的制度化路径与实践效应——以"阿者科计划"减贫试验为例》，《旅游学刊》2022 年第 1 期。

曹国新、汪忠烈、刘蕾：《论旅游学的定义：一种基于本体论的考察》，《江西财经大学学报》2005 年第 3 期。

曹晶晶、章锦河、周珺等：《"远方"有多远？——感知距离对旅游目的地选择行为影响的研究进展》，《旅游学刊》2018 年第 7 期。

曹诗图、曹国新、邓苏：《对旅游本质的哲学辨析》，《旅游科学》2011 年第 1 期。

曹诗图、韩国威：《以海德格尔的基础存在论与诗意栖居观解读旅游本质》，《理论月刊》2012 年第 6 期。

陈海波：《非惯常环境及其体验：旅游核心概念的再探讨》，《旅游学刊》2017 年第 2 期。

陈海波：《旅游的起源及相关问题再考》，《旅游学刊》2020 年第 9 期。

邓勇勇：《旅游本质的探讨——回顾、共识与展望》，《旅游学刊》2019 年第 4 期。

樊友猛、谢彦君：《"体验"的内涵与旅游体验属性新探》，《旅游学刊》2017 年第 11 期。

范秀成、张运来：《情感影响冲动性购买的机制研究》，《社会科学家》2006 年第 2 期。

方芳：《从反日常到日常：当代旅游实践的还原和再认识》，《旅游学刊》2022 年第 1 期。

管婧婧、董雪旺、鲍碧丽：《非惯常环境及其对旅游者行为影响的逻辑梳理》，《旅游学刊》2018 年第 4 期。

郭青青、王良燕、韩冰：《拥挤的空间，挤压的时间——竞争思维模式的中介作用和经济流动性感知的调节作用》，《管理评论》2022 年第 34 期。

郭伟锋、郑向敏、王中华：《诗意栖居与旅游地的文化空间形象》，《河南师范大学学报》（哲学社会科学版）2019 年第 6 期。

洪学婷、张宏梅、黄震方等：《旅游体验前后日常环境行为对具体地点环境行为的影响——以大学生黄山旅游体验为例》，《人文地理》2019 年第 3 期。

黄俊、李晔、张宏伟：《解释水平理论的应用及发展》，《心理科学进展》2015 年第 1 期。

黄鹂、李启庚、贾国庆：《旅游购物体验要素对顾客价值及其满意和购买意向的影响》，《旅游学刊》2009 年第 2 期。

黄潇婷、郭福美、林谷洋等：《"旅游者行为研究前沿"系列笔谈》，《旅游论坛》2022 年第 3 期。

姜海涛：《旅游场视角下的旅游反常行为》，《社会科学家》2013 年第 2 期。

李春晓、冯浩妍、吕兴洋、李晓义：《穷家富路？非惯常环境下消费者价格感知研究》，《旅游学刊》2020 年第 11 期。

李琳、唐亚男、李春晓等：《非惯常环境及行为：基于旅游情境的再思考》，《旅游学刊》2022 年第 11 期。

李天然、俞国良：《人类为什么会好奇？人际好奇的概念、功能及理论解释》，《心理科学进展》2015 年第 23 期。

李天元：《旅游学概论》（第 7 版），南开大学出版社 2014 年版。

李志飞：《旅游行为：有限理性与空间转换》，《旅游学刊》2017 年第 12 期。

李志飞：《生活在别处：旅游者二元行为理论》，《旅游学刊》2014 年第 8 期。

李志飞：《体验活动对冲动性购买行为的影响：情感反应视角》，《心理科学》2007 年第 3 期。

李志飞、夏磊、邓胜梁：《旅游者社会行为变化及其影响因素研究——基于常居地—旅游地二元情境》，《旅游学刊》2018 年第 1 期。

李志飞：《异地性对冲动性购买行为影响的实证研究》，《南开管理评论》2007 年第 6 期。

刘凤娥、黄希庭：《自我概念的多维度多层次模型研究述评》，《心理学动态》2001 年第 2 期。

刘健、陈剑、刘思峰等：《风险偏好与属性约简在决策问题中的应用研究》，《管理科学学报》2013 年第 8 期。

刘文：《拉康的镜像理论与自我的建构》，《学术交流》2006 年第 6 期。

龙江智：《从体验视角看旅游的本质及旅游学科体系的构建》，《旅游学刊》2008 年第 6 期。

龙江智、卢昌崇：《从生活世界到旅游世界：心境的跨越》，《旅游学刊》2010 年第 6 期。

明庆忠：《试论旅游学研究的理论基础》，《昆明大学学报》2006 年第 2 期。

申葆嘉：《旅游学原理》，中国旅游出版社 2010 年版。

申葆嘉：《论旅游现象的基础研究》，《旅游学刊》1999 年第 3 期。

申荷永：《论勒温心理学中的动力》，《心理学报》1991 年第 3 期。

宋子千：《学科理论视野下旅游学科建设反思》，《旅游学刊》2012 年第 12 期。

王大伟、刘永芳：《归因风格、时间压力对购买决策影响的实验研究》，《心理科学》2008 年第 4 期。

王欣、邹统钎：《非惯常环境下体验的意义》，《旅游学刊》2011 年第 7 期。

王玉海：《"旅游"概念新探——兼与谢彦君、张凌云两位教授商榷》，《旅游学刊》2010 年第 12 期。

王洲兰、管益杰、于金红等：《时间相关决策中的非理性现象》，《心理科学进展》2012 年第 6 期。

吴才智、荣硕、朱芳婷、谌燕、郭永玉：《基本心理需要及其满足》，

《心理科学进展》2018 年第 6 期。

吴金峰、汪宇、陈红、黄俊锋：《从自我到社会认知：默认网络和镜像神经元系统》，《心理科学进展》2015 年第 10 期。

谢彦君：《基础旅游学》（第三版），中国旅游出版社 2011 年版。

谢彦君、李拉扬：《旅游学的逻辑：在有关旅游学科问题的纷纭争论背后》，《旅游学刊》2013 年第 1 期。

谢彦君：《旅游的本质及其认识方法——从学科自觉的角度看》，《旅游学刊》2010 年第 1 期。

谢彦君：《旅游体验——旅游世界的硬核》，《桂林旅游高等专科学校学报》2005 年第 6 期。

谢彦君：《旅游体验研究：范式化取向及其变革与包容趋势》，《旅游学刊》2019 年第 9 期。

杨振之、胡海霞：《关于旅游真实性问题的批判》，《旅游学刊》2011 年第 12 期。

杨振之：《旅游的本质：人诗意地栖居》，《中国旅游报》2012 年 1 月 4 日。

杨振之：《论旅游的本质》，《旅游学刊》2014 年第 3 期。

杨振之、谢辉基：《旅游体验研究的再思》，《旅游学刊》2017 年第 9 期。

杨振之：《再论旅游的本质》，《旅游学刊》2022 年第 4 期。

衣俊卿：《人的现代化：走出日常生活的世界》，《社会科学研究》1992 年第 1 期。

张凌云：《非惯常环境：旅游核心概念的再研究——建构旅游学研究框架的一种尝试》，《旅游学刊》2009 年第 7 期。

张凌云：《国际上流行的旅游定义和概念综述——兼对旅游本质的再认识》，《旅游学刊》2008 年第 1 期。

张凌云：《旅游：非惯常环境下的特殊体验》，《旅游学刊》2019 年第 9 期。

张凌云：《旅游学研究的新框架：对非惯常环境下消费者行为和现象的研究》，《旅游学刊》2008 年第 10 期。

张凌云：《中国旅游业：全球化背景下的"本地化"思考》，《旅游学刊》2009 年第 8 期。

张盼盼、王灵恩、白军飞等：《旅游城市餐饮消费者食物浪费行为研究》，《资源科学》2018 年第 6 期。

赵红梅、李庆雷：《回望"真实性"（authenticity）（上）——一个旅游研究的热点》，《旅游学刊》2012 年第 4 期。

赵红梅：《也谈"communitas"人类学视野下的一种旅游体验》，《思想战线》2008 年第 4 期。

赵刘、程琦、周武忠：《现象学视角下旅游体验的本体描述与意向构造》，《旅游学刊》2013 年第 10 期。

周文莲：《对雅克·拉康"镜像理论"的批判性解读》，《学术论坛》2013 年第 7 期。

［美］丹尼尔·纳什：《旅游人类学》，宗晓莲译，云南大学出版社 2004 年版。

［美］兰德尔·柯林斯：《互动仪式链》，商务印书馆 2009 年版。

［美］纳尔逊·格拉本：《人类学与旅游时代》，赵红梅译，广西师范大学出版社 2009 年版。

［英］加文·杰克、艾利森·菲普斯：《旅游与跨文化交际——旅游何以如此重要》，王琳、匡晓文译，商务印书馆 2019 年版。

［英］克里斯·希林：《身体与社会理论》（第二版），李康译，北京大学出版社。

Agapito, D. , Valle, P. , Mendes, J. , "The sensory dimension of tourist experiences: Capturing meaningful sensory – informed themes in Southwest Portugal", *Tourism Management*, Vol. 42, No. 3, 2014.

Bechara, A. , "Decision making, impulse control and loss of willpower to resist drugs: A neurocognitive perspective", *Nature Neuroscience*, Vol. 8, No. 11, 2005.

Berlyne, D. E. , "An experimental study of human curiosity", *British Journal of Psychology*, Vol. 45, No. 4, 1954.

Berlyne, D. E. , "Curiosity and Exploration: Animals spend much of their time seeking stimuli whose significance raises problems for psychology", *Science*, Vol. 153, No. 3731, 1966.

Bornemann, T. , Homburg, C. , "Psychological distance and the dual role of price", *Journal of Consumer Research*, Vol. 38, No. 3, 2011.

Bradlow, E. T. , Rao, V. R. , "A hierarchical bayes model for assortment choice", *Journal of Marketing Research*, Vol. 37, No. 2, 2000.

Carstensen, L. L. , Isaacowitz, D. M. , Charles, S. T. , "Taking time seriously: A theory of socioemotional selectivity", *American Psychologist*, Vol. 54, No. 3, 1999.

Crompton, J. L. , Ankomah, P. K. , "Choice set propositions in destination decisions", *Annals of Tourism Research*, Vol. 20, No. 3, 1993.

Dann, G. M. S. , "Anomie, ego – enhancement and tourism", *Annals of Tourism Research*, Vol. 4, No. 4, 1977.

Deci, E. L. , Ryan, R. M. , "The 'what' and 'why' of goal pursuits: Human needs and the self – determination of behavior", *Psychological Inquiry*, Vol. 11, No. 4, 2000.

Desmet, P. , Fokkinga, S. , "Beyond maslow's pyramid: Introducing a typology of thirteen fundamental needs for human – centered design", *Multimodal Technologies and Interaction*, Vol. 4, No. 3, 2020.

Ferreira, M. B. , Garcia – Marques, L. , Sherman, S. J. , Sherman, J. W. , "Automatic and controlled components of judgment and decision making", *Journal of Personality and Social Psychology*, Vol. 91, No. 5, 2006.

Förster, J. , Liberman, N. , & Shapira, O. , "Preparing for novel versus familiar events: Shifts in global and local processing", *Journal of Experimental Psychology: General*, Vol. 138, No. 3, 2009.

Fujita, K. , Han, H. A. , "Moving beyond deliberative control of impulses: The effect of construal levels on evaluative associations in self – control conflicts", *Psychological Science*, Vol. 20, No. 7, 2009.

Fu, X., Kirillova, K., & Lehto, X. Y., "Travel and life: A developmental perspective on tourism consumption over the life course", *Tourism Management*, Vol. 89, 2022.

Graburn, N. H., "The anthropology of tourism", *Annals of Tourism Research*, Vol. 10, No. 1, 1983.

Graburn, N. H., Tourism: The Sacred Journey, In Smith, V. L. (Ed.), Hosts and Guests: The Anthropology of Tourism, Philadelphia: University of Pennsylvania, 1989, pp. 17 – 31.

Gram, M., O'Donohoe, S., Schänzel, H., Marchant, C., Kastarinen, A., "Fun time, finite time: Temporal and emotional dimensions of grandtravel experiences", *Annals of Tourism Research*, Vol. 79, 2019.

Hirschman, E. C., Holbrook, M. B., "Hedonic consumption: Emerging concepts, methods and propositions", *Journal of Marketing*, Vol. 46, No. 3, 1982.

Hütter, M., Fiedler, K., "Advice taking under uncertainty: The impact of genuine advice versus arbitrary anchors on judgment", *Journal of Experimental Social Psychology*, Vol. 85, 2019.

Isabelle, F., Dominique, K., Statia, E., "Home away from home: A longitudinal study of the holiday appropriation process", *Tourism Management*, Vol. 71, 2019.

Iso – Ahola, S. E., "Toward a social psychological theory of tourism motivation: A rejoinder", *Annals of Tourism Research*, Vol. 9, No. 2, 1982.

Jacoby, J., Szybillo, G. J., Berning, C. K., "Time and consumer behavior: An interdisciplinary overview", *Journal of Consumer Research*, Vol. 2, No. 4, 1976.

Jennifer, S. B., Dacher, K., "What is Unique about Self – Conscious Emotions?", *Psychological Inquiry*, Vol. 15, No. 2, 2004.

Jirout, J., Klahr, D., "Children's scientific curiosity: In search of an operational definition of an elusive concept", *Developmental Review*, Vol. 32, No. 2, 2012.

Jun, S. H. , Vogt, C. , "Travel information processing applying a dual – process model", *Annals of Tourism Research*, Vol. 40, 2013.

Kenrick, D. T. , Griskevicius, V. , Neuberg, S. L. , Schaller, M. , "Renovating the pyramid of needs: Contemporary extensions built upon ancient foundations", *Perspectives on Psychological Science*, Vol. 5, No. 3, 2010.

Kim, J. (Jamie), & Fesenmaier, D. R. , "Sharing Tourism Experiences: The Posttrip Experience", *Journal of Travel Research*, Vol. 56, No. 1, 2017.

Kim, S. , Filimonau, V. , Dickinson, J. E. , "Tourist perception of the value of time on holidays: Implications for the time use rebound effect and sustainable travel practice", *Journal of Travel Research*, Vol. 62, No. 2, 2021.

Kivetz, R. , Simonson, I. , "Self – control for the Righteous: Toward a Theory of Precommitment to Indulgence", *Journal of Consumer Research*, Vol. 29, No. 2, 2002.

Krishna, A. , Schwarz, N. , "Sensory marketing, embodiment, and grounded cognition: A review and introduction", *Journal of Consumer Psychology*, Vol. 24, No. 2, 2014.

Larsen, J. , "De – exoticizing tourist travel: Everyday life and sociality on the move", *Leisure Studies*, Vol. 27, No. 1, 2008.

Liberman, N. , Trope, Y. , Wakslak, C. , "Construal level theory and consumer behavior", *Journal of Consumer Psychology*, Vol. 17, No. 2, 2007.

Li, C. , Wang, Y. , Lv, X. , Li, H. , "To buy or not to buy? The effect of time scarcity and travel experience on tourists' impulse buying", *Annals of Tourism Research*, Vol. 86, 2021.

Litman, J. A. , Collins, R. P. , Spielberger, C. D. , "The nature and measurement of sensory curiosity", *Personality and Individual Differences*, Vol. 39, No. 6, 2005.

Litman, J. , "Curiosity and the pleasures of learning: Wanting and liking new information", *Cognition & Emotion*, Vol. 19, No. 6, 2005.

Loewenstein, G. , "The psychology of curiosity: A review and reinterpretation", *Psychological Bulletin*, Vol. 116, No. 1, 1994.

MacCannell, D. , "Why it never really was about authenticity", *Society*, Vol. 45, No. 4, 2008.

McCabe, S. , Li, C. (Spring), & Chen, Z. , "Time for a radical reappraisal of tourist decision making? Toward a new conceptual model", *Journal of Travel Research*, Vol. 55, No. 1, 2016.

Munar, A. M. , Jacobsen, J. K. S. , "Motivations for Sharing Tourism Experiences Through Social Media", *Tourism Management*, Vol. 43, 2014.

Pearce, P. L. , Moscardo, G. M. , "The concept of authenticity in tourist experiences", *The Australian and New Zealand Journal of Sociology*, Vol. 22, No. 1, 1986.

Peluso, A. M. , Pino, G. , Mileti, A. , "The interplay of hedonic trend and time pressure in the evaluation of multi – episode tour experiences", *Tourism Management*, Vol. 90, 2022.

Piazza, J. , Bering, J. M. , "The effects of perceived anonymity on altruistic punishment", *Evolutionary Psychology*, Vol. 6, No. 3, 2008.

Robinson, T. D. , Veresiu, E. , Babi? Rosario, A. , "Consumer timework", *Journal of Consumer Research*, Vol. 49, No. 1, 2022.

Rook, Dennis W. , "The buying impulse", *Journal of Consumer Research*, Vol. 14, No. 2, 1987.

Ryan, R. M. , Deci, E. L. , "The darker and brighter sides of human existence: Basic psychological needs as a unifying concept", *Psychological Inquiry*, Vol. 11, No. 4, 2000.

Sharma, P. , Sivakumaran, B. , Marshall, R. , "Deliberate self – Indulgence Versus Involuntary Loss of Self – Control: Toward a Robust Cross – Cultural Consumer Impulsiveness Scale", *Journal of International Consumer Marketing*, Vol. 23, No. 3 – 4, 2011.

Sharma, P., Sivakumaran, B., Marshall, R., "Impulse buying and variety seeking: A trait – correlates perspective", *Journal of Business Research*, Vol. 63, No. 3, 2010.

Sharma, P., Sivakumaran, B., Marshall, R., "Looking Beyond Impulse Buying: A Cross – Cultural and Multi – domain Investigation of Consumer Impulsiveness", *European Journal of Marketing*, Vol. 48, No. 5 – 6, 2014.

Trope, Y., Liberman, N., "Construal – Level Theory of Psychological Distance", *Psychological Review*, Vol. 117, No. 2, 2010.

Trope, Y., Liberman, N., Wakslak, C., "Construal levels and psychological distance: Effects on representation, prediction, evaluation, and behavior", *Journal of Consumer Psychology*, Vol. 17, No. 2, 2007.

Vohs, K. D., Faber, R. J., "Spent resources: Self – Regulatory Resource Availability Affects Impulse Buying", *Journal of Consumer Research*, Vol. 33, No. 4, 2007.

Wan, E. W., Agrawal, N., "Carryover Effects of Self – Control on Decision Making: A Construal – Level Perspective", *Journal of Consumer Research*, Vol. 38, No. 1, 2011.

Woodside, A. G., Martin, D., "Introduction: The tourist gaze 4. 0: uncovering non – conscious meanings and motivations in the stories tourists tell of trip and destination experiences", *International Journal of Tourism Anthropology*, Vol. 4, No. 1, 2015.

Yu, T. T. F., "Sailing away from the pyramid: A revised visual representation of maslow's theory", *Journal of Humanistic Psychology*, 2022.

后　记

　　至此，迎来了本书的"大结局"，但旅游研究从未"完结"，让我们一起期待新一季的"旅游故事"。感谢看到这里的你，感谢你同我们一起参与旅游叙事，进行旅游学的意义生产。正在阅读的你，一定能感受到本书一以贯之的思想：旅游研究应从惯常与非惯常的系统切换出发，探索如何让人们通过需求漂移来更好地实现熵减。而旅游者追求的熵减就是通过需求漂移使得需求从无序到有序、通过切换系统从生活的低能量状态到高能量状态、通过更遵从本心从更多的无效做功到有效做功的过程。同样，你也一定能够更加充分地认识到需求漂移的内涵以及旅游的特殊意义，更深刻地理解非惯常环境特殊性所带来的旅游者心理及行为的改变。我们相信，看完这本书的你，一定能有一个属于你自己的关于旅游本质的思考。

　　我们的征途从来不只有星辰和大海，还有旅游人的梦想和旅游学的远方。本书是思想碰撞的成果，接下来，我们希望感谢一些存在，旅游学、我们、很多人和你。首先，感谢南开大学旅游学院40多年的旅游教育，使我们能够在旅游学基础理论研究的沃土中成长。感谢旅游大数据与决策团队的各位同事，同时也是家人们，感谢你们提议并鼓励我们完成此书的"创作"。感谢李晓义老师关于元需求这一重要概念的启发与指教，让本书中的旅游元需求思维得以跃动。当然，本书的成型还离不开每一篇研究案例论文的合作者们，包括我的导师 Scott McCabe 教授，因他们的存在，本书才能够"形神兼备""有血有肉"。

　　感谢参与书稿资料整理与校对工作的同学们，你们的智慧、耐心和坚持让本书更为"鲜活"。感谢于晓雅、智媛参与初稿第一章、刘丽娟参与第四章和第六章、温欣参与第五章、文迎迎参与第一章和第八章、纪明君参与第九章和第十一章、吴秋杰参与第十章、马祖琛参与第十一章、韦翊淳和张宸玮参与第十二章的资料收集整理；感谢王玉婷参与初稿第三、四、五章的资料整合与梳理，感谢刘红旭参与初稿第二、六、七章的资料整合与案例翻译；感谢杨钿钿对书稿案例的翻译；感谢范雪聪参与初稿十一章的资料收集以及终稿的文献校对；感谢靳一丹参与终稿的文献校对、格式校对与排版。

最后，感谢所有热爱旅游、热爱旅游研究，能够投身于旅游学科发展的所有追光的人。

李春晓　李琳

2023 年 1 月